法学ライティング

木山泰嗣
Hirotsugu Kiyama

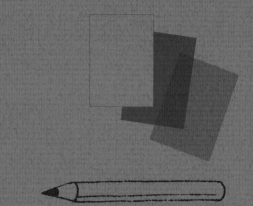

弘文堂

まえがき

　本書は，法学部に入学した学生が，法律文章をどのように書けばよいかについて，ヒントをつかめる1冊をつくれないかという試みを具体化したものです。

　アメリカのロースクールでは，法律文章作成の訓練を行う「リーガル・ライティング」の授業があり，関連書籍もたくさん刊行されているようです。

　しかし，これまで日本の大学における法学教育では，解釈論を中心としたその科目の要諦を，もっぱら講義形式で聴かせる（学生にとっては聴かされる）のが主流で，事例問題を検討し，解答を文章で書くことについては，学生が自学自習すべきことだとされてきました。

　これは，スポーツでいえば，そのスポーツの理論を教室で教わっているだけで，実戦はもちろん，練習もしないのと同じです。不思議な話ですが，これまでの法学教育では，これと同じことが行われてきました。わかりやすいたとえでいえば，算数の理論だけをひたすら授業で教わり，計算ドリルなどの演習は一切やらず，しかし，試験では計算問題を解かせる，というようなものです。

　大学で法学を学ぶと，その成果は，まずは期末試験で問われますが，そこで事例問題が出題されても，学生はどのように答案を書いてよいのかわかりません。なぜなら，条文・判例・学説だけを学び，どのようなことを，どのような順序で，どのように書くべきなのかについては，何も教わっていないからです。**知識のインプットがあれば，それだけですぐに書ける，と考えるのは誤りです。書くトレーニングが，アウトプットとして必要になるからです。**

　本書は，こうした法学教育における新たな試みとして始まった，「法学ライティング」という前期2単位の授業（青山学院大学法学部「司法コース」，2014年度が初年度でした）を担当したわたしが，実際にその授業のなかで，学生に書いてもらった課題を書籍化したものです。授業を受けていない読者の方でも，授業を受けているかのような臨場感が得られるようにし，**書籍全体の構成は「法律文章の書き方」を体系的に一般論として論じる方式は採り**

ませんでした。これをやると，結局，今度は，文章の書き方の「理論」だけを学ぶことになり，同じような結果になる危険もあると思ったからです。そうではなく，本書の読者の方にとっても，より身近な存在と思われる大学2年生（「法学ライティング」を受講された有志16名）に登場してもらい，1つの問題について，実際に学生が作成した2通の答案を掲載し，その作成者である学生2名とわたしとが，「法律文章の書き方」について議論（ディスカッション）をする形式を用いました。

　読者の方は，本書に掲載されている12問の問題について，字数制限を守りながら，答案（文章）を書くことをおすすめします。試験では手書きが求められますが，本書は試験ではありませんので，パソコンを使ってもかまいません（「法学ライティング」の授業でも，答案はパソコンで作成してもらいました。また，文章技術を磨く場なので，内容（判例・学説など）については，自由に調べてよいことにしていました。知識を問う場ではないからです。読者の方も，レポートのように考えて，調べたうえで書くのでも問題ありません）。

　そのうえで，学生の書いた文章例や，わたしの作成した解答例を読んでみてください。解答に絶対はありません。裁判所の判決も，裁判官によって結論や書きぶりは異なります。しかし，一定の作法（形式）があるのも事実です。その基本は「法的三段論法」ですが，これについては本書のなかで，折に触れて解説をしていきます。

　学生は大学2年生の前期に文章を書いて，議論の収録は，その夏から秋に行いました。全員が司法試験を目指しているとか，極めて優秀な人ばかりである，ということではありませんので，逆に，現役法学部生の素朴な悩みが，生（なま）の声として出ていると思います。みなさんにも，共感しながら，読んでいただけるのではないかと思っています。

　「法学ライティング」は，約60名の受講生がいる授業でした。毎回，授業時間内で演習（「あなたの好きなことを紹介してください」などの一般的なテーマで文章を書いてもらい，その場で提出してもらうもの）を行い，それとは別に，第1回と最終回を除いた回（全15回のうち13回），授業外での課題（本書に掲載した問題）も実施しました。毎週120通は，教える側にとっては負担と

はなりますが，学生のためを思い，次の授業には返却し，解説を行いました。そのなかで，良くできていた文章（約10通）は受講生に配布して，他の人の文章を読む機会を，できる限りつくりました。

インプットについては，本を読めばよいとか，授業を聴けばよいということになりがちです（そして，それが正攻法です）。しかし，**アウトプットになると，このように，さまざまな方法で"トライ＆エラー"をしながら学ぶ実践形式のほうが，確実に力が伸びるものです。**

「法学ライティング」の授業では，グループ・ディスカッションの回も，2回設けました。5〜6名のグループで，自分たちの書いた文章を読みあって，わかりやすく書けているところや，意味のとりにくいところを学生同士で指摘するものです。そして最後に，グループでいちばん良い答案を選んで，発表してもらいました。

主体的に参加できる授業が，これからの法学教育の課題になるのではないかと思っています（わたしが大学生のころは，ゼミ以外にはありませんでした）。

読者の方には，このように新しい試みとして始まった「法学ライティング」の授業を，本書を通じて追体験してもらえればと思います。各章の「**4 学生との議論**」は，授業で行われたものではなく，本書を作成するために特別に行い，収録したものです。授業では，約60名の受講生がいるため，基本的には講義形式をとりました。しかし，そこで話した内容のエッセンスは，「**4 学生との議論**」や，「**5 解説**」のなかにできる限り盛り込みました。

ぜひ，法学を学ぶ人が，「文章力を身につけるための最初の1冊」として使っていただければと思います。

以上のような経緯から，**本書は，法学部2年生向けの授業を素材にしたものですが，学年やレベルを問わず，読んでいただければ，文章力をアップさせる視点がわかるように構成しました。**

学部生だけでなく，法科大学院生も使える本です。とくに法学科目未修者コースの方（法学部出身者以外の方）は，入学したての法学部生と同じ境地で

しょう。既修者コースの方も，法律文章の書き方で苦戦されていることを，わたしはよく知っています。これまで，上智大学法科大学院を中心に，「法律文章の書き方」のセミナーを担当してきたからです。そういう方々にとっても，ヒントになる1冊だと思います。

　読者のみなさんに，本書の作成にご協力いただいた学生16名を，ご紹介します。以下，①は「好きなこと」，②は「将来の目標」を指しています。
第1章・第12章
　「フミ」こと伊田芙美佳さん（①スポーツ観戦，②マスコミに就職すること！），「ダーヤマ」こと山田真優さん（①お散歩，ペットのうさぎと戯れること，②裁判所で働く人になる）
第2章
　「にっさん」こと沖山小夜さん（①サックス演奏，モフモフなものを触ること，②働く人のための弁護士！），「みぞおち」こと吉川めぐみさん（①一人カラオケ，買い物，②アナウンサー）
第3章・第7章
　「シムケン」こと志村敬一さん（①コーヒー，②コーヒーについて詳しくなること），「シライ」こと安永麟也さん（①放浪（ストロール）すること，②たくさんありますが，1つ挙げるなら，「法律関係の職に就くこと」）
第4章・第6章
　「ZIP」こと齊藤翔平さん（①木山先生の本を読むこと，②人の心の痛みがわかる弁護士），「ポン」こと中村友香さん（①美味しいものを食べること，②玉の輿）
第5章
　「かなはる」こと金井陽花さん（①チアリーディング，②本を出すこと），「ホクト」こと佐藤北斗さん（①読書，②弁護士）
第8章・第11章
　「あちゃ」こと元田朝子さん（①カラオケ，②司法書士），「しおりん」こと八幡詩織さん（①嵐とKis-My-Ft2のライブDVDをみること，子どもたちと戯れること（笑），②テレビドラマ「HERO」の久利生公平のような検事になること）

第 9 章
　「ブルマ」こと石井鈴乃さん（①日本 100 名城巡り。一生のうちに，全国の名城を制覇し天下統一してみせます。ちなみに私が好きなお城は会津若松城，好きな戦国武将は上杉謙信，②国家公務員），「チチ」こと上野まどかさん（①睡眠，②身長と声を高くすること）

第 10 章
　「ハザマ」こと大西理紗さん（①温泉巡り！　最近は岩盤浴も好きです，②それなりに幸せに生きること），「タカ」こと村上隆昭さん（①自由に街をぶらつくこと，②気ままに過ごし続けること）

　みなさん，本書の刊行時現在，青山学院大学法学部 2 年生（司法コース）の方たちです。ご協力ありがとうございました。
　なお，どの問題を担当するかについては，各自で希望を出してもらいましたが，ほとんど重複することなく分担ができました。長い事例問題が好きな人がいる一方で，短い抽象問題のほうがいいという人，要約が得意，逆に苦手……など，好みがきれいに分かれました。
　これも面白いなと思いましたが，得意なものは伸ばし，さらに苦手なものを克服できると，必ず力がつくはずです。

　本書の制作については，企画から収録，刊行にいたるまで，細部にわたって，弘文堂の北川陽子さんにお世話になりました。2011 年から毎年 1 冊のペースで一緒に本をつくらせてもらっていますが，これで 5 冊目になりました。これからも，毎年 1 冊のペースで，ずっと新しい本をつくれたらと思っています。この場を借りて，心より御礼申し上げます。
　本書を手にとってくださった読者のみなさんが，法学の面白さを知り，文章を上手く書けたときの楽しさや達成感を味わってもらえれば，とても嬉しいです。

　　　2015 年 1 月

　　　　　　　　　　　　　　　　　　　　　　　　　　　木山　泰嗣

【注意事項】

　本書の答案例は，実際に大学2年生が書いた答案を，読者のみなさんに読んでいただき，参考にしてもらうために掲載したもので，解答として，必ずしも完成されたものではありません。この点には，ご留意ください。

　また，答案例については，学生が書いた文章を尊重して，見出しの番号や記号等も含め，原則として，原文のまま掲載しています（ただし，明らかな誤字・脱字については，かえって読者の混乱を招くおそれもあるため，本書に掲載する際に制作サイドで修正をしたものもあります）。

　解答例については，出題者であるわたしが，「自分であればこう書く」という例を示すために，みずから作成し，掲載したものです。しかし，問題に対する解答は1つではありませんし，そもそも，絶対的な答えはありません。結論や記載をする論点の取捨選択，あてはめの仕方などを含め，あくまで1つの参考に過ぎません。**どのような意図で書いたものであるか，どのような点に気をつけて作成をすればよいかについては，「6　解答例」の冒頭や，「4　学生との議論」に記載してあります。それらを読みながら，自分であればどう書くかを考えてください。解答例の丸写しをしたり，それを絶対視して，丸覚えしても，法律文章を書く力は身につきません**（まったく書き方がわからない最初のころは，雰囲気や流れを知るために，書き写してみるのもよいです。ただし，その場合，次のステージでは，必ず自分で考えて文章を書く訓練をしてください。本書は，そのためのヒントを散りばめた1冊です）。

法学ライティング………目次

まえがき……… i
注意事項……… vi

第1章 要約する力を身につけよう — 1

1　この章の趣旨………1
2　演習問題【問題①】………2
3　議論に参加をした学生の文章例………2
4　学生との議論（実際に文章を書いてみて，どうだったか？）………3
5　解説………15
6　解答例………19

column 1　伝わる文章の書き方……………………………………………21

第2章 主張・反論する力を身につけよう — 22

1　この章の趣旨………22
2　演習問題【問題②】………23
3　議論に参加をした学生の文章例………23
4　学生との議論（実際に文章を書いてみて，どうだったか？）………26
5　解説………38
6　解答例………40

column 2　1文を短くする方法……………………………………………43

第3章 抽象問題①（概念の説明）にチャレンジしよう — 44

1　この章の趣旨………44
2　演習問題【問題③】………45
3　議論に参加をした学生の文章例………45
4　学生との議論（実際に文章を書いてみて，どうだったか？）………47
5　解説………56
6　解答例………60

第4章 論証（法解釈①）を実践しよう ── 62

1. この章の趣旨………62
2. 演習問題【問題④】………63
3. 議論に参加をした学生の文章例………63
4. 学生との議論（実際に文章を書いてみて，どうだったか？）………64
5. 解説………73
6. 解答例………77

column 3 接続詞の使い方……………………………………………79

第5章 論証（法解釈②）を実践しよう ── 80

1. この章の趣旨………80
2. 演習問題【問題⑤】………81
3. 議論に参加をした学生の文章例………81
4. 学生との議論（実際に文章を書いてみて，どうだったか？）………83
5. 解説………94
6. 解答例………99

column 4 ナンバリング──判決文のルール………………………100

第6章 規範に対する「あてはめ」の力を身につけよう ── 101

1. この章の趣旨………101
2. 演習問題【問題⑥】………102
3. 議論に参加をした学生の文章例………103
4. 学生との議論（実際に文章を書いてみて，どうだったか？）………106
5. 解説………116
6. 解答例………121

第7章 総合問題（長文の事例問題）にチャレンジしよう— part 1 ———— 124

1 この章の趣旨………124
2 演習問題【問題⑦】………125
3 議論に参加をした学生の文章例………126
4 学生との議論（実際に文章を書いてみて，どうだったか？）………130
5 解説………144
6 解答例………148

column 5 条文の記載方法………………………………………………151

第8章 「他説の批判」と「自説の展開」の技法を身につけよう ———— 152

1 この章の趣旨………152
2 演習問題【問題⑧】………152
3 議論に参加をした学生の文章例………153
4 学生との議論（実際に文章を書いてみて，どうだったか？）………155
5 解説………165
6 解答例………170

column 6 漢字と平仮名，送り仮名………………………………………173

第9章 「条文の適用」の書き方に慣れよう ———— 174

1 この章の趣旨………174
2 演習問題【問題⑨】………174
3 議論に参加をした学生の文章例………175
4 学生との議論（実際に文章を書いてみて，どうだったか？）………178
5 解説………191
6 解答例………194

第10章 総合問題（長文の事例問題）にチャレンジしよう— part 2 ——— 197

1 この章の趣旨……197
2 演習問題【問題⑩】……197
3 議論に参加をした学生の文章例……199
4 学生との議論（実際に文章を書いてみて，どうだったか？）……202
5 解説……217
6 解答例……220

column 7 裁判所に提出する書面のルール……223

第11章 抽象問題②（概念の比較・整理）にチャレンジしよう ——— 224

1 この章の趣旨……224
2 演習問題【問題⑪】……224
3 議論に参加をした学生の文章例……225
4 学生との議論（実際に文章を書いてみて，どうだったか？）……227
5 解説……233
6 解答例……235

column 8 どのような文章が評価されるのか？……237

第12章 要約する力をさらに身につけよう ——— 238

1 この章の趣旨……238
2 演習問題【問題⑫】……238
3 議論に参加をした学生の文章例……239
4 学生との議論（実際に文章を書いてみて，どうだったか？）……242
5 解説……254
6 解答例……254

[巻末資料]
最高裁平成23年11月16日大法廷判決（刑集65巻8号1285頁）……257
最高裁平成25年9月4日大法廷決定（民集67巻6号1320頁）……260

第1章 要約する力を身につけよう

1……この章の趣旨

　要約の力は，法律文章を書く力を身につけるために極めて重要です。司法試験の論文試験では「判決文を要約しなさい。」という出題があるわけではありません。試験対策だけで考えると，不要なトレーニングと思われる方もいるかもしれません。しかし，司法試験を目指す方でも，実務家になった後は，裁判所に提出する書面のほか，クライアントへの説明文書など，長い文章（判決文など）を要約する力が，さまざまな場面で求められます（専門誌などに判例評釈や論文を書く機会もあり，それらの場面で極めて重要なのが要約をする力であることは間違いありません）。**司法試験などを目指すわけではない大学生でも，いろいろな科目で課されるレポートの作成があるでしょう**。社会人になってからも，膨大な資料を短くまとめて上司やクライアントに報告するような場面は多いです。将来，法律家にならなくても，やはり身につけるべき力であるといえます。

　この問題のポイントは，要約の対象が最高裁判決になっているということです。最高裁判決は，大学生にとっては長く感じられるかもしれませんが，第1審（地裁）判決や，控訴審（高裁）判決に比べると，比較的コンパクトにまとめられているものが多いです。ですから，とくに100頁近くになる（場合によってはそれを超える）こともある第1審（地裁）判決を読んで要約させるという問題に比べればやさしくなっている，ということです。とはいえ，10頁を超える判決文をわずか400字でまとめなければならないという点では，長い文章を読んで，ポイントをとらえて短くまとめる力が求められます。これはやってみて初めて，難しいことに気づくものです。**相当に削らないと400字以内には収まらない**からです。読者の方にも，まずは，実際に自分で書いてみることをおすすめします。

2……演習問題

問題①

裁判員制度の合憲性について判断がされた最高裁平成23年11月16日大法廷判決・刑集65巻8号1285頁【憲法判例百選Ⅱ（第6版）181事件】〔→巻末資料参照〕について，判決（最高裁判決）のポイントを，以下の観点から，400字以内でまとめなさい。
1　問題点
2　結論
3　理由

3……議論に参加をした学生の文章例

① フミさんの答案

1）この判例には，いくつかの争点がある。①裁判員制度は憲法80条1項に違反する。②憲法76条3項の裁判官の職権行使が保障されなくなる。③裁判員裁判は，憲法76条2項で禁止されている特別裁判所にあたる。④裁判員は，憲法18条後段に違反する意に反した苦役に服される。
2）本件上告を棄却する。
3）判決理由は，①最高裁判所と異なり，下級裁判所については，裁判官のみで構成される旨を明示した規定はない。②裁判員は裁判官と事実の認定，法令の適用及び量刑について合議するが，最終的な判決は，裁判官に委ねられている。③裁判員制度による裁判体は，地方裁判所に属する。④裁判員となる国民はあくまでも参加するという形で苦役というまでもない。

②ダーヤマさんの答案

　本判決では、裁判員の参加する刑事裁判に関する法律（裁判員法）が憲法違反であるか否かが争われた。最高裁は以下2つの点を検討し、裁判員法に上告人の主張する憲法違反はないと判断した。
　まず、国民の司法参加が一般に憲法上禁じられているか否かについて検討し、国民の司法参加は禁じられていないという見解を示した。理由として、憲法に明文の規定がないことが直ちにその禁止を意味しているものではないこと、国民の司法参加と適正な刑事裁判を実現するための諸原則が調和できることを挙げている。
　次に、裁判員法による裁判員制度の具体的な内容について憲法に違反する点があるか否かについて検討し、憲法に違反する点はないとした。理由として、裁判官が裁判員制度の下でその職務に関して憲法に違反しないこと、裁判官と裁判員の構成する裁判体が憲法の禁ずる特別裁判所に当たらないこと、裁判員の職務等が憲法の禁ずる苦役に当たらないことを挙げている。

4……学生との議論（実際に文章を書いてみて、どうだったか？）

木山：それでは、問題①を始めたいと思います。
　この問題は、憲法の判例で、裁判員裁判の合憲性について下された最高裁の判決を、400字以内で、問題点と結論と理由についてまとめなさいという、字数の少ない要約問題でした。
　順番に聞いていきます。フミさん、問題は難しかったですか、やさしかったですか？
フミ：難しかったです。
木山：どのあたりが難しかったですか？
フミ：400字がすごく短く感じて、400字以内に収めるのが大変でした。
木山：そうですね。この判決文は、普通の判決文に比べて特別長いというわけではないですが、11頁あります。論点もけっこう多いし、かかわる憲法の条文だけでも、31条、37条、76条、80条、18条と多いので、これらを

400字にまとめるとなると，たしかに大変だったと思います。

では，次に，ダーヤマさん。難しかったですか，やさしかったですか？

ダーヤマ：難しかったです。

木山：どんなところが難しかったでしょうか？

ダーヤマ：私も同じなのですが，400字で書かなければいけないということと，問題点，結論，理由という3つのポイントを落とさないように書くことが大変でした。

木山：なるほど。問題文で，問題点と結論と理由の3つを書きなさいと指定されているので，何を書けばいいかのヒントが示されていて，書きやすいという面はあると思います。ただ逆に，400字以内という制約もあるので，400字以内でこの3つを書くとなると，たしかに難しい面もあったのではないかと思います。

フミさんにお聞きしますが，実際に答案を書くにあたって，悩んだ点はありましたか？

フミ：まず，判例を読んで内容を理解するのにすごく時間がかかって，大変だったので，答案をどうやって書いたらいいかがわからなくなりました。あと，結論の部分も，書き方に悩みました。

木山：そうですね，これは，授業の最初にやった課題でしたね。裁判所のWEBサイトを見れば，判決文が読めます。そこで，「各自で読んで下さい」とだけ言って，わたしからは判決の内容などについて事前に解説をすることはしませんでした。自分で判決文を読んで理解するのは大変だったかもしれません。

読んでみて，内容は何となくわかりましたか？

フミ：そんなにわからなかったと思います。でも，1回読んで，「とりあえず書いてみよう」という感じで書き始めました。

木山：細かいところまでみていくと，いろいろな条文の問題がたくさん出てくるので，たしかに，大学2年生の前期の段階では難しかったかもしれないですね。

いま，結論についてもどう書いていいかわからなかったという話がありました。フミさんの答案を見ると，2)の結論のところで，「本件上告を棄却

する。」と書かれていますが，これは，判決主文です。これでよかったのかということは，たしかにありそうですね（笑）。

フミ：授業のときに，「判決主文を書いた人がたくさんいましたが，違いますよ。」，という解説があったのを覚えていて……。「その問題点に対する結論は，どうだったのか」ということを書かなければいけないのに，判決主文をそのまま写してきたような感じで書いてしまいました……。

木山：そうですね。でも，多くの人が通る道だとは思うので，逆に，こういうふうに判決主文を書いてしまったことは，これはこれで勉強になったのではないかと思います。

　要約するにあたっては，最初に問題点を挙げて，そのあとで問題点に対応する結論を挙げることが大事です。この裁判では当事者の請求は棄却されたので，たしかに上告棄却ではあるのです。ただ，裁判員裁判が違憲か合憲かということが問題になるので，結論としては，合憲であると書いたほうがよかったですね。

フミ：はい。

木山：ダーヤマさんは，そのあたりは上手に書けています。文章の３行目に，最高裁は，「裁判員法に上告人の主張する憲法違反はないと判断した。」とあります。このあたりは，わかりましたか？

ダーヤマ：はい。

木山：ダーヤマさんは，答案を書くにあたって悩んだことは，何かありましたか？

ダーヤマ：判決文のなかに，いろいろと判決理由が列挙されていますが，それを，どうまとめたらいいのかがわからなかったです。それと，実際に書いてみて，「これで当っているのかな？」とか，「かなり要約したけれど，これで意味が通じるかな？」といったことを悩みました。

木山：なるほど。結論的には憲法違反はない，つまり合憲だという判断だったわけですけれど，理由については判決文を読んでいくと，いろいろな条文との関係が書かれています。それをひとつひとつ書いていたら，400字に収まらないと思います。どうやってまとめるかは大事ですね。

　ダーヤマさんは，理由を述べたところで，第２段落で「まず」と書いて，

「国民の司法参加が一般に憲法上禁じられているか否か」を争点として挙げられています。第3段落では，「次に」と書いて，「裁判員法による裁判員制度の具体的な内容について憲法に違反する点があるか否か」を挙げられています。大きくこの2つに分けて書いていますね？

ダーヤマ：はい。

木山：このあたりは，自分で読み取って，「こうじゃないか」と思ったのですか？

ダーヤマ：はい，そうです。多分……。

木山：多分？

ダーヤマ：だいぶ前なので，記憶があやふやなのですが……［注：課題は2014年4月に実施され，この収録は同年10月1日に行われた］。判決文を読んでいて，こういうワードがたくさん出てきた気がして，「じゃあ，ここなのかな？」と思って，2つに分けて書きました。

木山：そうですね。判決をおおまかに分けると，たしかにこの2つに分かれるのです。ここはよくできているなと感じました。

　そもそも憲法には，裁判員裁判の規定は一切ありません。もし憲法が，国民が裁判に参加することを禁止しているとすれば，当然違憲になってしまう。そこで，「一般的に禁止しているかどうか」というのが，まず問題になったのです。この点について最高裁は，「それは，条文には書いていないけれど，禁止まではしていないだろう」と言ったわけです。

　しかし，一般的に禁止していないとしても，実際に創設された具体的な裁判員裁判制度のなかに憲法違反になる部分があれば，当然違憲になってきます。それをひとつひとつみていくのは，ダーヤマさんの答案でいうと，「次に」のところに出てくる問題ですね。

　判決文では，実際にはいろいろな条文が挙げられていますけれど，ダーヤマさんは，第3段落の3行目，「理由として」というところで，3つの話をまとめられています。全部書くと400字ではまとまりきらないので，主要なものだけを挙げている。これは，とてもよくできています。

　ただ，読んでいてよくわからなかったのが，「理由として」の後なのですが，「裁判官が裁判員制度の下でその職務に関して憲法に違反しないこと」

という部分。これは，どういう意味なのでしょうか？

ダーヤマ：私も，よくわからないです。

木山：これは何だろう？（笑）

ダーヤマ：何が言いたいのか，ちょっとわからない……（笑）。

木山：わからないですよね？（笑） 書いてからずいぶん時間が経っているので，無理もないですけれど……。

ダーヤマ：そうですね（笑）。

木山：少なくとも，自分で読んで意味がわからないことは，書かないようにしましょう（笑）。

ダーヤマ：多分，書いたときは，自分なりに何か考えて書いたのだと思うのですけれど……。

木山：判決文に書いてあることが何か頭のなかにあって，それをまとめたつもりになっていたのだけれど，上手くまとめられてなかったという感じかもしれませんね。

　いずれにしても，答案を書いた後には，自分でもう1度よく読み直してみて，第三者の目で見てみる。そして，日本語として意味が通じるかというのもチェックするといいと思いますよ。

　フミさんに戻りますけれど，この答案を書くにあたって，工夫した点や意識した点はありましたか？

フミ：まず，400字以内に収まるようにまとめることを意識しました。1回目の課題だったので，まだナンバリングなどは習っていなくて，そういう点で工夫はできなかったんですけれど，自分なりに理解したことをまとめようと思って書きました。

木山：そうですね。これは，1回目の課題だったわけですが，字数制限が問題文に入っている場合，まず，問いに答えるという意味でいうと，たとえば，「400字以内」と書いてあるのに，「いや，まとまらなかったので，1000字で書きました。」というふうになる人がいるのです。それでは全然お話にならない。こうした字数制限は，問題文でもそうですし，レポートや課題などで指定されていても，平気なのか，気にしないのかわかりませんが，守らない人は意外と多いんです。ですから，400字以内にまとめようと意識して，実

際にまとめられたというのは，1回目の課題ですから，それができているだけでも十分によかったと思います。

　あと，ナンバリングは習っていなかったということですけど，一応，1），2），3）というのは，つけていますね？

フミ：はい。でも，この答案が授業で返ってきたときに，「これはいりません。」というコメントが書いてありました……。

木山：ああ……，よくわからないですね，半分の括弧(かっこ)は……（笑）。

ダーヤマ：えっ，でも，よく見ませんか？

木山：あまり見たことがないですね……。

フミ：他の授業で見ていたので書いたのですが……。

木山：判決文や法律の文章では出てこないですね。

フミ：ああ……。

木山：これを使ったから減点ということはないですけど，法律の文章ではあまり使わないです。

フミ：はい……。

木山：あとは，自分なりに理解したことをまとめようとしたというお話でした。1）で番号が，①，②，③，④というふうに，ついていますね。3）でも，①，②，③，④と4つの番号がついているのですが，これは，1）の①〜④と，3）の①〜④が対応しているということですよね？

フミ：多分，そうだと思います……。

木山：このあたりは，対応関係をきちんと見てわかるように書こうということですか？

フミ：そうだと思います。

木山：そういう意味では，ここは上手に書けていると思います。

　細かいことを言えば，1）の1行目に，「この判例には，いくつかの争点がある。」と書いてありますが，「いくつか」というと，何個あるのかがよくわかりません。今回は，要約ですので，具体的な数字で書いたほうがよかったかなと思います。

　フミさんの答案では①〜④を挙げているので，たとえば，「以下の4つの争点がある。」というふうに書くと，次の①〜④につながっていくと思いま

す。
フミ：はい。
木山：ダーヤマさんは，そのあたりも上手にまとめられています。2〜3行目に，「最高裁は以下2つの点を検討し」と書いてあって，そのあとに，「まず」，そして「次に」というかたちで，上の部分で2つと言ったのを，きちんと2つに分けて書いている。こういうふうになっていると，上手ですよね（笑）。

　フミさんの答案では，3）は「判決理由は」で始まりますけれど，この主語に対応する述語がないですね。
フミ：はい。
木山：どうですか，いま見て？
フミ：この答案が返ってきたときのコメントに，「主語と述語が対応していません。」と書いてあったことを覚えていますが，いま自分で読んでみても，全然対応していないと思います。
木山：そうですね。「判決理由は」という主語であれば，「〜である。」とか，「〜であった。」とか，そういうふうにつながるかたちでまとめる必要がありますね。日本語の文章表現としてですが。
フミ：はい。
木山：多分，このあとに，①〜④と書いてある全部が判決理由ですよね。たとえば，判決理由を4つ書かなければいけないときには，「主な判決理由は以下の4つである。」とか，そういうふうに書いて，「①〜」，「②〜」，「③〜」，「④〜」と挙げていけば，すっきりしたのではないかと思います。

　こういう文章を，学生は書いてしまいがちなのですけれど，主語と述語が対応しているかどうかというのは，日本語の文章表現として重要なポイントです。自分で書いたあとに読み直して，チェックをするクセをつけていただければと思います。
フミ：はい。
木山：次に，ダーヤマさん。よくまとまっていると思いますけれど，答案を書くにあたって，意識した点や工夫した点はありますか？
ダーヤマ：400字でまとめることと，3つのポイント，「問題点」，「結論」，

「理由」を落とさないように書くことです。

木山：そこは，よくできていますね。全体の文章を見ても，見出しやナンバリングはないけれど，400字という字数制限を考えると，なかなかつけにくかったのかもしれない。そうした状況のなかで，よくまとめられているなと感じます。

　書き方のスタイルもよくできています。第2段落で，「まず」として1つ目の理由を書いているのですが，2〜3行目で，「見解を示した。」のあとに，「理由として」というかたちで理由を挙げています。「次に」の段落でも2〜3行目で，「憲法に違反する点はないとした。」とあって，次にまた，「理由として」と続いています。対になっているというか，リズムがいいですね。このへんは，意識した？　それとも，自然に出てきたの……？

ダーヤマ：問題文に，「理由」と……。

木山：理由が聞かれているから？

ダーヤマ：「理由」というワードを入れたら，ひと目で「理由」とわかるので，「理由」と書こうと思いました。

木山：なるほど。問題文に，「理由」を書きなさいとあったから書いたの？

ダーヤマ：(問題文に)「理由」とあるから，(答案にも)「理由」と書いたらわかるなあ，という感じです……。

木山：それは大事ですね。

　ダーヤマさんの答案は，最初に授業でやったこの課題の参考答案のなかでも，いちばんよくできていた答案だったんです。

ダーヤマ：そうだったんですか……。

木山：「授業を受ける前にここまで書けるのであれば，もう教えることはありません」ぐらいの，いい出来でした。

　ただ，強いて言えば，憲法の問題でありながら，条文が全く出てきていないことが気になります。

ダーヤマ：そうなんですよ。

木山：それはどうしてですか？

ダーヤマ：条文がたくさん出てきて，何が何だかわからなかったので，「書くのをやめよう」と思って（笑）。

木山：ああ，そういう感じだったのですか？（笑）
ダーヤマ：そうです。
木山：字数制限との関係で書かなかったわけではないと……？
ダーヤマ：字数制限も気になったのですけれど，「もう，条文を入れたら収まりきらないし，条文の意味もわからないからやめよう」と思って，入れていないです。
木山：そういう感じなんですか。
ダーヤマ：はい。
木山：もし条文を挙げるとしたら，第3段落の3行目以下に「理由として」というかたちで，「〜こと」を3つ書いていますよね。そこで，それぞれの該当条文を括弧書きで簡潔に入れてみる。そうすれば，字数もそれほど増えないで書けたのではないかと思います。もちろん，いまの文章のままで該当条文を入れてしまうと，さらにどこかを削らないと400字に収まらなくなってしまいます。でも，そこは文章を工夫すれば，できたのではないかと思います。いずれにしても，よくできていると思いました。
　いま，話をしていて，何か疑問に思ったこととか，気づいたことはありますか？　まず，フミさん，どうですか？　自分の答案を見て，反省点とかでもいいですし。
フミ：主語と述語が対応していないという点は，答案を書いたあとに読み直せば気づくと思うので，そういうことは，しっかりと読み直して訂正するべきだと，いま思いました。
木山：そうですね。最初の課題だったので難しかったと思いますし，最初からダーヤマさんみたいに書ける人は，そんなにいませんので，これから徐々にやっていけばいいと思います。
　ダーヤマさんは，何かありますか？
ダーヤマ：さっき話に出た第3段落の文章，「裁判官が裁判員制度の下でその職務に関して憲法に違反しないこと」というのが，私にも意味がわからないので，読み直してみようかなと思いました（笑）。
木山：そうですね，ここはもったいなかった……（笑）。
ダーヤマ：何が言いたかったのか，全然わからないです（笑）。

木山：はい。わたしも推測すらできませんでした（笑）。

　だいたいそんなところだと思いますが，ちょうど昨日，9月30日に，裁判員制度が合憲かどうかということについて，福島地裁で判決が出たので，最後にちょっと……。

ダーヤマ：「Yahoo! ニュース」で見ました。

木山：あ，見ましたか？ 「タイムリーだな」と思って，新聞記事を持ってきました。ダーヤマさん，どんな内容か，読みましたか？

ダーヤマ：「違憲じゃないよ」，という話ですよね？

木山：はい，結論的にはそうですね。

ダーヤマ：この事件，ストレスなんとかが問題になったものですよね？

木山：そうそう。裁判員をやった人が，実際に殺人事件の遺体の写真などを見てストレスを受けて，それで障害が出たとして，国に対して損害賠償請求を起こしたのです。そのなかで，裁判員裁判が違憲ではないかと，要するに，憲法18条の「意に反する苦役」に当たるのではないかということが問題になりました。

　でも，おふたりが問題①で検討したように，すでに平成23年に最高裁で，裁判員裁判は合憲だという判決が出ているわけですよね。この平成23年の最高裁の判例と，いま，ダーヤマさんが「Yahoo! ニュース」で見たとおっしゃっていた，この損害賠償請求の事件とはどこか違うか，わかりますか？

ダーヤマ：えっ，何だろう？

木山：内容をもう1度確認しましょう。実際に裁判員裁判を担当した人が，裁判員裁判をやったときに，殺人事件の遺体の写真などを見て，ストレスで障害を負った。新聞記事には，「急性ストレス障害」と書いてありますが，これを理由として，国に対して200万円の損害賠償請求を求めたようです。結論としては「棄却」なので，請求は認められなかったのですけれど，そのなかで，裁判員裁判が，憲法18条の「意に反する苦役」に当たるかどうかということが争点になったわけです。

　おふたりが検討した最高裁の事件は，誰が「裁判員裁判は違憲だ」と主張していたか，わかりますか？

ダーヤマ：わからないです（笑）。

木山：わからない？（笑）
　覚えていますか？　フミさんの答案に，「本件上告を棄却する。」と書いてあったこと。
ダーヤマ：「上告人」と，私も書いてあります。
木山：そうそう。その「上告人」は，誰だったのでしょうか？
ダーヤマ：誰だろう？
フミ：誰でしたっけ……？
木山：「裁判員裁判」は，民事事件ですか，刑事事件ですか？
フミ：刑事……。
木山：刑事事件ですよね？　そうすると，刑事事件の当事者って，誰がいますか？
フミ：当事者……？
ダーヤマ：当事者？　被告人。
木山：被告人と，それともう1人？
ダーヤマ：検察。
木山：検察官ですね。そうすると，どちらが，「裁判員裁判は違憲だ」と言ったのですか？
ダーヤマ：どっちだろう？
木山：検察官が言いますか？　「裁判員裁判は違憲だ」と。
ダーヤマ：言わないですね（笑）。
木山：言わないですよね，国家公務員だから（笑）。そうすると，どちらが？
ダーヤマ：被告人ですか？
木山：そうですね。被告人が言ったんですね。つまり，被告人は，自分が裁判員裁判によって裁かれることになって，「自分は被告人の立場で，裁判官の裁判を受ける権利があるのに，そうでない人が入ってくる裁判なんて御免だ！」と主張した。そういうところから，この裁判は出発していた。
フミ・ダーヤマ：ああ……。
木山：一方，昨日の福島地裁の損害賠償事件は，逆に，実際に裁判員裁判を担当した人が，「裁判員裁判なんてやりたくなかった」というふうに言って

いるので，そこが，ちょっと違うところだったんですね。
フミ：ああ……。
ダーヤマ：はい。
木山：おふたりは，裁判員裁判というものを，もし裁判所から召喚されたらやりたいと思いますか？　フミさん，どうですか？
フミ：1回はやってみたいなと思います。
木山：やってみたい？　興味がある？
フミ：はい。一応，法学部に入ったし，興味がないことはないので，やってみたいと思います。
木山：そうなんですね。
　裁判員裁判は，制度としては新しいものです。裁判所は「合憲だ」と言っていますけれど，やはりあったほうがいいと思いますか？
フミ：別に，なくしたほうがいいとは思わないです。
木山：それはなぜですか？
フミ：これまでは，裁判官は，前例とかだけで判決を下してきたけれど，たしかに，司法に全く関係ない人が加わることにはなりますが，そういう人たちの意見も採り入れるべきだと思うので，私は賛成です。
木山：そうですね。従来は裁判官だけが裁判をしてきました。裁判官に常識がないとまでは言えないかもしれないけれど，やはり，広く国民が裁判に参加することで，常識的な一般国民の判断を入れるべきだということが，裁判員裁判の制度が創設された1つの理由でした。
フミ：はい。
木山：ダーヤマさんは，裁判員裁判の裁判員をやってみたいですか？
ダーヤマ：やりたいです。
木山：やりたいですか？（笑）
ダーヤマ：やりたいです。
木山：やはり，皆さん，法学部の学生だから（笑）。興味はありますか？
ダーヤマ：はい，あります。
木山：ああ，そうですか。
　制度そのものも，やはりあったほうがいいと思いますか？

ダーヤマ：とくに，なくす必要はないとは思います。
木山：はい，わかりました。
　この制度は刑事事件に限定されていますけれど，民事事件の裁判でも，裁判員とか，陪審員を入れたほうがいいと思いますか？　民事事件にはいらないですか？
ダーヤマ：うーん……，どうだろう？
木山：そもそも，あまりそういう問題は提起されていないですが，裁判は，一応，刑事と民事両方あるので。いまの日本では，民事事件は，裁判官だけが全てを判断することになっていますよね。
ダーヤマ：ほかの授業で，裁判員裁判の導入で刑事裁判がどう変わったのかということについてまとめるレポートを書いたのですが，そのときに調べたら，飲酒運転とか，そういう事件の裁判に，一般の人が裁判員として参加することで，一般の人たちの常識や世論を反映できるという，いい面もあると書いてあるのを読みました。私は，一般人の常識というか，世間で広く考えられていることを反映する必要がある事件で，裁判員裁判をやればいいのではないかと思います。
木山：そうですね。アメリカだと，弁護士とか検察官をずっとやってきた人が，最後に裁判官になるというシステムになっているのですけれど，日本の場合は，学生から司法試験に受かって裁判官になると，社会に出ないままずっと，裁判所内部の世界に籠もってしまう。それで，常識がないなどとよく批判されています。ですから，裁判員裁判は，たしかにいい面があるのではないかと思います。
　それでは，問題①は，以上で終わりにしたいと思います。ありがとうございました。
フミ・ダーヤマ：ありがとうございました。

5……解説

　1でも書きましたが，**短くまとめる力（要約をする力）は，法律家（実務家）にとっても，社会人にとっても，そして学生にとっても，極めて重要な**

力です。要約するというのは、いわばショートカットです。たとえば、会社で大量の資料があるときに、上司は、すぐに読んで概要を理解できるショートカットがほしいんですね。そこで、忙しい上司に、「要するにこういうことです。」という報告ができると、喜ばれます。これは上司に限らず、弁護士が依頼者に説明をする場合も同じです。依頼者は法律の専門家ではありませんから、判例の事案や内容について長い文章で説明をしても（あるいは長い時間をとって解説をしても）、理解ができません。「要するに、どういうことですか？」と依頼者は聞いてくるはずです。ですから、「要するに、こういうことです。」と、胸を張って答えることができる自信が、実務では必要です。その自信を養うのが要約の力です。いわゆるサマリーです。サマリーは、相手にショートカットをプレゼントするもの。社会人になると、短い時間での報告が求められます。レポートや文書でなくても、「あれどうだった？」と上司に聞かれて、「まずですね……。」と、15分も30分も説明することはできません。上司は、まずは結論が知りたい。重要な理由を1つ伝えてほしいのです。そして問題点や課題があれば、それも手短に教えてほしい。上司はそれを望んでいます。「あれどうだった？」と言われて、「○○です。」というように1分で答えられる力は、日常社会のコミュニケーション力としても極めて重要です。その力は、こうした要約文章を書くことで鍛えられます。ひとつは結論、もうひとつが理由です。そして、理由はたくさんあるかもしれないけれど、最も重要なものは何か。それを考えることです。

　この問題では、裁判員裁判という法律によって設けられた制度が、憲法に違反しないかが問われています。結論は、憲法には違反しない（合憲）ということでした。まずは、その結論を端的に記載することが必要です。フミさんのように、上告は棄却されたと書いても、たしかにそれは結論ではありますが、要約文章としては不十分です。なぜなら、誰が上告をしたのかがわからないと、「上告は棄却された。」だけでは、合憲なのか、違憲なのかはわからないからです。この事案では、合憲と判断された被告人が上告していて、その上告が理由がないとして棄却されているので、「結論は合憲」ということになります。でも、もし、原審（高裁）が違憲と判断し検察官が上告したとして、その上告が棄却された場合は、「結論は違憲」ということになりま

す。ですから,「合憲」なのか,「違憲」なのかを端的に記載することが重要なのです。また,結論は,問題点に対応するものであることが必要です。たとえば,問題点として,「裁判員裁判は憲法に違反するのではないか。」という記載をしたのであれば,結論は,それに対応するかたちで,「裁判員裁判は憲法に違反しない。」と書くべきことになります。字数制限の関係でもっと短くしたければ,「憲法に違反しない。」でもよいですし,「合憲と判断された。」でもかまいません。**いずれにしても,問題点,つまり,自分で設定した「問い」に対応するかたちで「結論」を書くこと。これが重要です。**司法試験では,「論理的な思考力」があるかどうかが問われます。こうした対応関係もしっかりできれば,「論理的な思考力」があることをアピールできます。ですから,あなどれない重要な部分です。「論理」というのは,その文章における「議論の積み重ね」だからです。「一気通貫した答案が合格する」と,司法試験ではよく言われます。読み手（採点者）が,最初から最後まですらすらと読める答案（文章）は,高い評価を得ます。論理的な思考力があると判断されるからです。

　なお,この問題は,最初の課題（問題）ということもあり,400字以内と字数は少なく,判決の要約としても,「1　問題点」「2　結論」「3　理由を挙げればよいという出題にしていますが,こうした指定なしで,判例（判決）をまとめるレポートが出されることもあると思います。その場合は,どのように書けばよいでしょうか。

　判例評釈などを参考にしてもらいたいのですが,**一般的には,①事案の概要,②争点,③当事者の主張,④裁判所の判断,⑤検討（私見）という順序で書きます。**各科目ごとに刊行されている『判例百選』（有斐閣）などで,執筆者の先生の解説部分を項目（見出し）だけでもいいので,ぜひざっと眺めてみてください。見出しがない場合は,どんな内容になっているかを見てください。だいたいこの順序で,この内容が書かれているはずです。

　そして,『判例百選』でも同じなのですが,やはり字数（紙幅）の制限があるなかで,先生方も執筆されている,ということです。通常は,見開き2頁で書くのが『判例百選』のスタイルです。この2頁に収めるように,執筆者の先生方はご努力されています。ということは,重要な部分に行数を割い

て，そうでない部分は削除するなり，短くするなりして，内容にメリハリをつけている，ということです。

　学生のみなさんは，どうしても調べたこと，わかったことを，すべて書きたくなると思います。これだけ勉強したんだぞ，これだけ調べたんだぞ，と。でも，勉強したり，調べたりするのは当然のことで，演劇でいえば，これは舞台裏（楽屋）の話です。舞台で演じられていることだけが評価の対象で，その演技の時間は限られています。いわゆる仕込みの部分に時間をかけるのは当然のことで，それをそのまま吐き出すのが良い文章ではない，ということです。そして，**メリハリをつけるためには，字数制限を意識したうえで，何が重要で，何が重要でないか（細かい議論であるか）を見抜く力が必要になります**。これはすぐにはできないかもしれませんが，大事なポイントをいうと，次のようになります。

　①その判決の結論を導くために，**最も重要な論点（争点）は何か**を考えること，そして，②その論点（争点）の結論を導くために**最も重要だと考えられる理由は何か**を考えること，この２つです。最初は，わからなければ，『判例百選』などの解説を読んだり，体系書を読んだりして，学者の先生や専門家が強調していることをよく読むことです。そして，その場合でも，鵜呑みにしないで，自分の頭で，なるほどと理解できるまでよく考えることです。それでもわからなければ，同級生や先輩に聞いてみるのでもいいですし，先生に質問してみるのでもよいです。法律の勉強は基本は１人でするものですが，同時に議論をすることも重要です。高校生までの勉強と違って，答えが１つではないものが多いですし，答えにたどりつく前提として，「何が問題になっているのか」すらよくわからないという場合も多いからです。こうしたことを整理するためには，自分で問題意識（目的意識）をもって，体系書や判例の解説をたくさん読むことが重要です。**時には，仲間や先生に質問をして議論をすることも重要です**。「話をしているうちに，問題点がすっきりしてきた」ということが，法律の勉強ではよくあります。そうしたらその，すっきりした頭で，もう１度，体系書や判例の解説を読んでみてください。そこに書かれていることの意味が，最初に読んだときよりも，はっきりとわかるようになっているはずです。

なお，ダーヤマさんの答案はとても上手でしたが，1か所よくわからない文章がありました。こうした文章のまま提出をしないためには，きちんと読み直す（見直しをする）ことも重要です。

6……解答例

400字以内という少ない字数制限があるものの，要約なので，上手に整理をしたことが伝わる文章を書きたい問題です。

解答例①は，制限字数が少ない関係上，見出しをつけることはやめて，ナンバリングだけで整理をした例です。

これに対して，**解答例②**は，わかりやすく整理をした印象を全面に出すために，見出しをつけて書いた例です。

解答例①

1 本判決では，裁判員の参加する刑事裁判に関する法律（裁判員法）が，憲法に違反しないかが問題になった。
2 裁判員法は，憲法に違反しない（結論）。
3 理由は，以下のとおりである。上告人は，①憲法には国民の司法参加を想定した規定はないため，裁判員制度は憲法32条，37条1項，76条1項，31条に違反し，また，②同制度は，憲法76条3項，同2項，18条後段にも違反すると主張した。
　本判決は，憲法が，刑事裁判の基本的な担い手として裁判官を想定しているとしながら，他方で，一般的には国民の司法参加を許容しており，適正な刑事裁判を実現するための諸原則が確保されていれば，その内容は立法政策に委ねられていると判示した（①）。
　その上で，裁判員法が定める裁判員制度の具体的な内容についても，憲法違反はないと判示した（②）。

以上

解答例②

1 問題点
   裁判員法が,憲法に違反しないかが問題になった。
2 結論
   裁判員法は,憲法に違反しない。
3 理由
   上告人は,①憲法には国民の司法参加を想定した規定はないため,裁判員制度は憲法32条,37条1項,76条1項,31条に違反し,また,②同制度は,憲法76条3項,同2項,18条後段にも違反すると主張した。
   本判決は,憲法が,刑事裁判の基本的な担い手として裁判官を想定しているとしながら,他方で,一般的には国民の司法参加を許容しており,適正な刑事裁判を実現するための諸原則が確保されていれば,その内容は立法政策に委ねられていると判示した(①)。
   その上で,裁判員法が定める裁判員制度の具体的な内容についても,憲法違反はないと判示した(②)。

以上

伝わる文章の書き方

　文章は誰のためにあるのでしょうか。多くの人は，自分の文章を書くことに必死になっています。答案であれば時間内に解答用紙をうめることで，レポートであれば期限までに提出することで，精一杯のようです。

　このとき，その人の頭にあるのは，「書き終えること」と「期限内に提出をすること」です。しかし，このような思考から脱却しない限り，良い文章を書けるようにはなりません。なぜかというと，このような状態で書く文章には「読み手」が不在だからです。

　提出されたその答案は，採点をする先生のもとにたどりつきます。レポートも評価をする先生のもとにたどりつきます。先生は，「読み手」として，その文章を読みます。そして，「書き手」であるあなたが思っているよりも，はるかに短い時間で「評価」をします。採点をする側にとって，学生の答案やレポートは「ワン・ノブ・ゼム」でしかありません。多数ある文章のなかの1通でしかないのです。書く人はその1通に必死ですが，読む側は全員分を読んで「点数」をつけなければならないのです。

　「読み手」の存在が意識できるようになると，文章に対する「意識」が変わります。伝わる文章は「読み手」に向けられた文章です。そのためには，問題点，結論，理由を端的に示すことが必要です。また，構成やナンバリングなどを工夫して，読みやすくすることが大切です。ぜひ意識をしてみてください。

column 1

第2章 主張・反論する力を身につけよう

1……この章の趣旨

　裁判所の判決をみると，必ず「当事者の主張」という欄があります。判決は，当事者，つまり，原告と被告の間で，互いの主張の攻防があって，争点に対する判断がなされるものだからです。

　一方の当事者が主張をすると，その点について，相手の当事者に対しては「反論」をする機会が与えられます。「双方審尋主義」といって，当事者の双方に対して，平等に主張や反論の機会を与えなければならないとされているからです。

　法曹（法律家）になると，依頼者の側に立って，相手に対する「主張」を構成したり，相手からの主張に対する「反論」を考えることが仕事になります。そして，裁判の場合，こうした主張や反論については，「書面」に記載することになります（書面主義）。

　どれだけ的確に説得力をもって主張ができるか，弱い部分をつつかれたときでも，それを一蹴できるくらいの反論ができるか。こうした主張・反論の巧拙によって，訴訟の結果に影響が出るのが裁判です（民事訴訟では「当事者主義」（弁論主義）が採られていて，訴訟のやり方（腕）に結果が左右される仕組みだからです）。

　法曹には，こうした実務能力が求められます。そこで，司法試験でも，「Xの主張について検討しなさい。」「Yからの反論も考慮しながら検討しなさい。」といった問題が出されることが多いです。

　第2章は，こうした実務能力を鍛えるための基礎問題です。といっても，本書の読者の方すべてが，司法試験受験生ではないと思います（本書の問題を解いた「法学ライティング」の受講生も同じです）。

　あとで解説にも書きますが，大事なことは，常識で考えて，当事者の立場

に立って，リアルに想像することです。社会に出てからも，特定の立場で，「論理的な主張を構築する力」は役立ちます。

2……演習問題

問題②

　Xさんは，7年前に，Yさんから5000万円でピカソの絵を買った。しかし，最近，それが贋作だとわかったという（Xさんがいうには，実際の価値は10万円だったという。）。また，Yさんは当時，同じ手口で複数の人に贋作の絵を高額で売りつけていたようだと，Xさんはいっている。

　あなたがXさんから依頼を受けた弁護士だとした場合，代理人として裁判でどのような主張をするか（Xさんの主張）。逆に，Yさんの代理人になった場合，どのような反論をするか（Yさんの反論）。

　①Xさんの主張と，②Yさんの反論を，それぞれまとめなさい（1200字程度）。

3……議論に参加をした学生の文章例

① みぞおちさんの答案

①Xさんの主張
　7年前XさんはYさんから絵をピカソの描いた絵であると思ったため，5000万円で購入した。しかし最近その絵は贋作であり，Yさんは当時同じ手口で複数の人に絵を高額で売っていたということが分かった。このことから，Yさんは Xさんに買わせた絵が贋作であることを知った上で，自分の儲けのために故意的に嘘をついて買わせたということが想定できる。

第2章　主張・反論する力を身につけよう

また本件の売買契約では、絵が真作であることを大前提にして行われており、Xさんは真作であると信じて本件売買契約を結んだ。これは動機の錯誤にあたる。尚且つ上記よりYさんはXさんがこのような錯誤に陥ったことを認識しているといえるため、民法第95条「意思表示は、法律行為の要素に錯誤があったときは、無効とする。」より、Xさんは錯誤無効を主張できる。

以上のYさんの行為には、相手方であるXさんを欺くことによって購入という意思表示をさせようとする意思と、故意に贋作の絵を本物と偽る欺罔行為があると判断できる。尚且つ騙されたXさんが違法な欺罔行為によって錯誤に陥り、その結果騙したYさんの望んだ購入という意思表示をしている。したがってYさんの行為は詐欺の要件を満たしているため詐欺と断定することができ、民法第96条第1項の「詐欺又は強迫による意思表示は、取り消すことができる」より、売買契約を取り消すことができる。

したがってXさんはYさんとの売買契約は取り消し、XさんはYさんに対して購入した際の金額5000万円を請求することができる。

②Yさんの反論

7年前Xさんに贋作の絵を売った同じ時期に複数の人に絵を高額で売っていたということは、Xさんの証言でしかなく、具体的な証拠は残っていない。そのためYさんがXさんに売った絵が贋作だったと必ずしも知っていたとは限らないため、Yさんが故意でXさんを欺いたとはいえない。

そしてこの絵が真作であることがXさんの購入の動機であったとしても、この動機が示されたとはいえない。

また、Xさんは購入した際にYさんに証明書を要求又は鑑定士に鑑定を依頼するなどといった贋作かどうか確かめる行為を怠った。これは民法第95条「表意者に重大な過失があったときは、表意者は、自らその無効を主張することができない。」で示されている、「重大な過失」にあたるため、Xさんは錯誤無効を主張することはできない。

以上のことから、Yさんの行為は詐欺の要件を満たさないことから詐欺にはあたらず、売買契約は取り消されないため5000万円を支払う義務を負わない。

① Xさんの主張

　Yは、ピカソの絵の贋作を「ピカソの絵だ」と言って、Xに5000万円で売りつけた。Xがこの売買契約をするに至った動機は、Y所有の絵がピカソの作品であるとのYの言葉を信じ、手に入れたいと思ったというものである。もしYの所有する絵が贋作だと初めから知っていれば、XがYとの売買契約をすることはなかったはずなので、これは動機の錯誤に該当する。民法95条但書の表意者の過失の有無については、Y所有の絵は非常に精巧にできており、一見して素人に見分けがつくようなものではなかったので、意思表示をしたX側に重大な過失があるとは言いがたい。よって、要件を満たしているため、錯誤が成立する。

　Xに虚偽の事実を述べ、錯誤に陥らせたYの行為は詐欺に該当するため、民法96条を適用し契約は取消可能となる。また、詐欺は同法709条の不法行為にも該当する。不法行為による損害賠償請求の時効は、不法行為が行われてから20年、被害者が損害および加害者を知ってから3年であるが、本件の場合、売買契約は7年前に行われ、売買された絵が贋作であると判明したのは最近であるので、時効は成立せず、損害賠償請求が可能である。

　以上の点から、Yは本件の売買契約を取消し、Xに対して代金5000万円を返還し、さらに損害賠償責任を負うべきである。

② Yさんの反論

　Yは自身の所有する絵すべてが本物のピカソの作品であると信じていた。その理由としては、Y所有の絵が本物の絵と寸分の差も見られないほど精巧に作られており、絵画の鑑定の技術のないYが自身で真贋を区別することはほぼ不可能であったからである。本件の売買契約によってXのもとへ渡った作品についても同様であった。その上、売買契約の際に、YはXに対して単に「ピカソの絵だ」と言っただけであって、鑑定書等を提示して本件の絵が本物であるのは間違いないと言明したわけではない。このことから、Yが善意であり、Xを錯誤に陥れて不当に金銭を得る目的をもっていたのではないことは明らかである。よって、Yの行為は

> 詐欺には該当しないので，民法96条および同法709条は適用されず，Yに損害賠償責任があるとは言えない。
> 　また，本件の売買契約におけるXY間のすれ違いが動機の錯誤にあたるかどうかについて論ずると，民法の条文による明文規定がないものの，過去の判例では，動機の錯誤の成立には，動機が示され，これを相手方が知っていることが必要であると解されている。本件では，XはYに対し本物のピカソの作品を手に入れたいという動機を示していなかったので，Yがその旨を知ることはできなかった。よって，上記の要件を満たしていないので，本件で錯誤は成立しないことになる。
> 　以上の点から，本件の売買契約は有効であり，Yに代金返還の義務および損害賠償責任はないといえる。

4……学生との議論（実際に文章を書いてみて，どうだったか？）

木山：それでは，問題②を始めたいと思います。

　問題②は，民法の問題です。事例問題ですが，そんなに長い事例ではありません。特徴は，「①Xさんの主張と，②Yさんの反論を，それぞれまとめなさい。」となっていることです。当事者の立場に立って，（Xさんは）どんなことを主張したいと考えるか，（Yさんは）どんなことを反論したいと考えるか，そういうことをまとめてもらうという問題です。

　順番に聞いていきます。まず，みぞおちさん。この問題は難しかったですか？

みぞおち：難しかったです。

木山：難しかった？

みぞおち：はい。

木山：どのへんが難しかったですか？

みぞおち：もともとあまり，民法の問題で事例問題をやる習慣というか，機会がなかったので，民法の参考書とにらめっこしながら1つずつ書いていきました。

木山：みぞおちさんは，95条の話とか96条の話を，コンパクトにまとめられていますね。調べた後で，答案を書くにあたって難しかった点はありましたか？

みぞおち：最初の，事実をコンパクトにまとめる部分を，どこまで書けばいいのかというのと，あと，Xさんの主張とYさんの反論を同じ分量で，1：1ぐらいで書きたいと思っていたのですが，どうしてもYさんの量がなかなか広がらなくて，短くなってしまい，全体的に1200字よりもちょっとコンパクトになってしまったという点があります。

木山：次に，にっさん……でいいのかな？（笑）

にっさん：はい（笑）。

木山：この問題は難しかったですか，やさしかったですか？

にっさん：ちょっと難しかったです。

木山：ちょっと難しかった？　どんなところがですか？

にっさん：最初は，民法の問題は，とくに「錯誤」は，1年生の授業でやっていたので，X側のほうは簡単かなと思って，ずらずらと書いていたのですが，Yさん側の反論が，なかなか思い浮かばなくて，それぞれの主張に説得力をもたせるのが難しかったです。

木山：説得力をもたせるために，工夫をした点はありますか？

にっさん：判例で，Yさん側の反論について，裁判官の意見が書いてあるものを探して，錯誤が成立しないための条件というのを調べたり……。

木山：Yさんの立場からすると，錯誤が成立すると困るので，成立しないためにはどういう判例があるかとか，そういうものを調べたということですか？

にっさん：はい。

木山：では，みぞおちさん。さっきもちょっと，お話に出ていましたけれど，答案を書くにあたって，悩んだ点とか，意識して書いた点はありますか？事実をコンパクトにまとめるという話や，バランスの話が出ていましたね。

みぞおち：そうですね，意識した点は……，工夫した点に入ってしまうかもしれないですが……。

木山：かまいませんよ。

第2章　主張・反論する力を身につけよう

みぞおち：意識した点は，1文1文をできるだけ短くする点です。授業を受けてから意識するようになったのですが，どれだけ長くても2行に，1文が2行にならない程度に短くしようと意識しました。あと，条文を，いままでは，文字数を稼ぐために全文引用していたのですが，必要な部分だけ引用するように，ちょっと書き換えたりはしました。

木山：1文を短くするというのは，すごく大事なことなんですよね。でも，実際に書いてみると，どうしても，長くなってしまう。

みぞおち：はい。

木山：今回，みぞおちさんは，1文ができる限り2行にならないようにというか，2行以内ぐらいに収まるようにされたということです。これは，書いているときに，長めになったら1文を短くカットするとか，そういう工夫をされたのですか？

みぞおち：はい，そうです。私は，最初，だらだらと書いていって，どうしても長くなってしまうので，それをもう1回読み直して，短く書き換えるようにしています。気をつけたのは，日本語としておかしくならないようにということと，接続詞の使い方。たとえば，「しかし」とか，「以上の」，「したがって」とかの接続詞が，できるだけ流れとしておかしくならないように意識しました。ちょっとかぶっている点もありますが……（笑）。

木山：いや，大丈夫ですよ（笑）。いま，条文の引用という話もありましたね。大事なところです。たとえば，「②Ｙさんの反論」の第3段落の下から2行目なのですが，「『重大な過失』にあたるため」というところを，かぎ括弧で引用していますね？　こういうところ［注：『重大な過失』の部分］は，よくできていると思います。

みぞおち：はい。

木山：最初に書いた答案では，若干引用部分が長かったようでしたよね，たしか？

みぞおち：そうですね。最初は全文，いらない部分まで含めて引用していたのですが，それを，必要な部分だけに少し減らしました。

木山：なるほど。大学2年生なので，まだ法律文章を書き慣れていないですよね。よくあるのは，いまのみぞおちさんの話にもありましたけれど，関係

する条文を全部そのまま引用してしまう。こういう書き方です。みぞおちさんも，ちょっとその傾向があったわけです。

みぞおち：(笑)。

木山：いまの答案でも，よりよくというふうに考えると，たとえば，「①Xさんの主張」の第3段落の最後のところに，「詐欺又は強迫による意思表示は，取り消すことができる」として，96条1項の引用があります。ところで，この問題では，「強迫」は問題にはなっていますか？

みぞおち：ああ，そうか！

木山：そうだよね(笑)。そう考えると，ここの「強迫」によるという部分は，カットしたほうがよかった。

みぞおち：はい。

木山：つまり，「詐欺」のあとに「……」を入れて，「又は強迫」という部分をカットして，「詐欺……による」と書く。

みぞおち：なるほど。

木山：そうすると，よりよかったと感じました。

みぞおち：はい。

木山：では，にっさんのほうにいきましょう。答案を書くにあたって，悩んだ点とか，意識した点はありますか？

にっさん：意識した点……。問題文には「Yさんの反論」というふうに書いてあったので，Xさんの主張に照らし合わせて，比較しやすいように，Xさんの主張それぞれに対する反論を書いて，見やすくしてみました。

木山：なるほど。そうですね。問題は，「Xさんの主張」と「Yさんの反論」ということで，それを整理する問題になっていますね。それぞれ当事者なので，たとえばXさんが，「それは錯誤じゃないか。」と言えば，Yさんとしては，「いや，錯誤に当たらない。」と。Xさんが，「詐欺じゃないか。」と言えば，Yさんは，「いや，詐欺ではない。」と言う。裁判でも当事者の主張というのは，そんなふうになってくると思うのです。だから，いまの視点はすごくいいと思います。

にっさん：はい。

木山：ただ，そう考えると，書き方としては，少し比較しにくいですね。に

っさんの答案は，まずXさんの主張のほうで，第1段落は，「錯誤」の話ですね。第2段落では，「詐欺」の話になっている。それに対して，Yさんの反論のほうをみると，最初が「詐欺に当たらない」という話で，次が「錯誤に当たらない」という話になっている（笑）。ここは，どうですか？

にっさん：ああ，そうですね（笑）。文章の構成上，何となく，そうしてしまったのですが……。

木山：対応させるという意味では，逆ですよね？　錯誤を先にするなら，Yさんも錯誤を先にするというふうに書いたほうが，わかりやすかったと思います。どうですか？

にっさん：そうですね（笑）。

木山：「Yさんは先に詐欺を書かなきゃ」という，何か意味はあったのですか？

にっさん：最初に詐欺の可能性を消しておこうと思って。

木山：なるほど。

にっさん：問題文に，「同じ手口で複数の人に贋作の絵を高額で売りつけていたようだ」という記述があったので，Yさんは，別に詐欺のつもりでそういう絵を売ったわけではない，ということを書いておこうと思いました。

木山：Yさんとしては，「詐欺なんてしてないんだけど」と，そこをまず強く言いたいだろうと思ったということですか？　たしかに主張としては，そちらが先に出てくるということは，あるかもしれないですね。

にっさん：はい。

木山：あとは，答案の書き方の整理という点では，さきほど言ったように，Xで先に錯誤を書くなら，Yでも先に錯誤から書いたほうが，読みやすかったかな。ただ，意図はわかりました。

にっさん：はい。

木山：それでは，中身に入っていきたいと思います。まず，みぞおちさんの答案ですね。すごくよくできていると思ったところは，Yさんの反論です。

みぞおち：わあ、本当ですか？

木山：たとえば，1行目から2行目にかけて，「7年前Xさんに贋作の絵を売った同じ時期に複数の人に絵を高額で売っていた」とあります。いま，に

っさんからもお話があったのですが，これはまさに，にっさんが書かれているように，あくまで「Xさんの証言でしかなく，具体的な証拠は残っていない」ということですよね。このあたりは，上手だなあと思いました。このアイディアは，どこから出てきたのですか？

みぞおち：えーと，アイディアですか？

木山：さきほど，95条とか，96条はいろいろ調べたと言っていましたけれど，こういう事実の問題は，多分，民法の本を読んでも，直接的な答えは載っていないと思うのです。だから，みぞおちさんが，ご自身で考えたのではないかと思うのですが，どのあたりから……？

みぞおち：はい。これは，実際に自分がYさんとして反論すると考えたときに，「いや，それを証明しろよ。」，「証明がないのか？」と，まず言うと思ったので。「いや，そんなことない！」という否定から入ると思ったのです。その証拠があるとは問題文には書いていなかったので，そこから反論を進めていきました。自分がYさんになったつもりで，まず否定から入りました。

木山：すごくいい考えだと思います。民法の問題というのは，一般の人同士のトラブルを扱うことが多いですから。いま，みぞおちさんがおっしゃったように，その人の立場に立ったらどういうことを言いたいだろうとか，どういうことを反論したいかといったことを考える。これが，大前提なんですね。出発点はすごくよかったと思います。

みぞおち：ありがとうございます。

木山：実際に，立証の問題について考えても，詐欺取消しを主張するXさんの側で，「詐欺があった」ことを立証しないといけない。これが，民事訴訟法上の考え方なのです。ここは，法的にみても，いい書き方になっていたと思います。

　そして，②の第3段落に，「Xさんは，購入した際にYさんに証明書を要求又は鑑定士に鑑定を依頼するなどといった贋作かどうか確かめる行為を怠った。」とあります。このあたりも，すごく上手だと思いました。この部分も，Yさんの立場で考えたということですか？

みぞおち：そうですね。同じように，Yさんの立場に立ったときに，Xさんのダメなところというか，欠けている部分を指摘して，Xさんがもっとちゃ

んとしていれば，というところを突こうと思ったので，「もっと早くに，これが本物かどうかわかっていたら，こんなことにならなかっただろう」ということを考えつきました。

木山：そうですね。この錯誤が認められるための要件としては，「表意者本人に重大な過失がないこと」もあるわけですが，たしかに，みぞおちさんのおっしゃるように，「もっとちゃんとしていれば」という話なんですよね。

みぞおち：はい。

木山：だから，そういう意味でも，条文の要件の持って行き方も上手だし，出発点が，民法を離れたというか，常識的な観点からの発想ができているのも，非常に上手だと思いました。この，「もっとちゃんとしていれば」という話で言うと，鑑定士に本物かどうかの依頼をすべきだったみたいなことが書いてあるわけですが，これってふつうに行われていることですか？　みぞおちさんが絵を買ったことがあるかはわかりませんが，物を買うときには，鑑定をお願いしないといけないのですか？

みぞおち：うーん……。

木山：たとえば，普段，みぞおちさんは何か物を買うときに，それが本物かどうか，鑑定を依頼したことはありますか？

みぞおち：鑑定は……ないですが，たとえば，ブランド品とか，高額の物を購入するときは，証明書がない物は買おうと思わないです。テレビ番組で，絵や高級品が偽物だったとか，鑑定士によって偽物だとわかることはよく見ていたので，それと同じようなものだと思い，Yさんの反論に付け加えました。

木山：そうすると，やはり，値段が高いからというのが，あるわけですか？

みぞおち：そうですね。もし私がこの絵に5000万円を出すのだったら，たとえば，親しい，絵の価値がよくわかる人にでも確認してもらって，本物だという証明書を書いてもらいます。証明書も何もない状態で，Yさんへの信頼だけで購入するというのは，Xさんの重過失に当たると思いました。

木山：やはり，金額の問題というのが，大きかったのでしょうね。わかりました。

　次に，にっさんのほうにいきましょう。にっさんの答案も，いまのみぞお

ちさんの話の流れで言うと，Ｙさんの反論で，第１段落の６行目あたりでしょうか，「売買契約の際に，ＹはＸに対して単に『ピカソの絵だ』と言っただけであって，鑑定書等を提示して本件の絵が本物であるのは間違いないと言明したわけではない。」という話が出ていますね。このあたりは，問題文をよく読んで書いたということですか？

にっさん：はい。

木山：ここは上手だと思います。やはり鑑定の話が出ているというところです。

　にっさんの答案で気になったところは，授業でも言いましたが，Ｘさんの主張の最後の行です。損害賠償責任の話が，少し出てきている。これを書いている人も，たしかに何人かいました。でも全体で言うと，少数だったと思います。損害賠償責任を書いたのは，何か意味はあったのですか？

にっさん：詐欺に当たった場合は，損害賠償責任があるので，絵を買った代金の5000万円以外に，さらに何かプラスでもらえるものがあるんじゃないかなと思って書いてしまいました。

木山：そうですか……。

にっさん：ちょっと知識不足で……（笑）。

木山：いやいや。いま，書いてしまったという話でしたが，それはそれでいいと思います。いま，にっさんが言っていたように，詐欺取消しとか，錯誤無効になると，結局，契約は最初からなかったことになるので，「払っていた代金を返せ。」「5000万円を返せ。」と言えると，効果はそこにあるんだよと，それがわかっていれば，まずはよいです。

にっさん：はい。

木山：それとは別に，さらに何か損害があれば，損害賠償請求というのは，当然，Ｘさんの主張として出てくると思います。そうなると，どんな損害があったのかということになるのですが，何か考えられる損害はありますか？問題文には，とくに何も書いてないですけれど。こういう状況で，代金5000万円以外に，何か損害があるのかですね。

にっさん：精神的な……（笑）。

木山：精神的な，ね（笑）。たしかに，当事者であれば，言うと思いますね。

ただ，実際は，こういう財産的な問題だと，慰謝料というのはなかなか……。精神的なものなので，認められることは難しいでしょうね。一応，主張はするとは思いますが。具体的な，何か財産的な損害として，考えられそうなことはありますか？

にっさん：あ，ちょっと思いつきません……。

木山：では，答案を書いた時点では，具体的な，代金5000万円以外の損害が，とくにイメージされていたわけではないという感じですか。

にっさん：はい。

木山：もし，このあたりを書くのであれば，何か1つ具体例を挙げて，たとえば，こういう損害があればというふうに書けるとよいですね。5000万円のピカソの絵を，本物だと思って，それを飾るための額を買っていたとか，それに直接関係するような出費があったとか。それが1つでも挙げられると，よりよかったかなと思います。

にっさん：はい。

木山：おふたりとも，Xの主張とYの主張は上手に整理されていたので，60人ぐらい受講者がいるなかで，参考答案にも選ばれています。

みぞおち・にっさん：はい。

木山：にっさんは，問題文にもう1つ入ってきている，「7年前」という事情を，①のところで少し使っていますね。ここで意識したことはありましたか？　「問題文に書いてあるから，何か使わなきゃ」ということですか？

にっさん：損害賠償請求ができると仮定したうえで……（笑），時効があるかどうか調べてみたら，20年だということがわかりました。そうすると，問題の売買契約は，7年前で，時効が成立していないので，損害賠償をするための重要な論拠になるかと思って，書いてみました。

木山：そうですか。不法行為ということ？

にっさん：不法行為ですか……？

木山：それとも錯誤？

にっさん：錯誤無効。

木山：取消しのほうかな？

にっさん：取消しでしたっけ……（笑）。

木山：無効については，時効はないんですよね。取消権の行使については5年という時効がありますが，そのあたりを調べたということですか？

にっさん：はい……。

木山：もう忘れましたか？（笑）　答案に載っているのは，Xさんの主張の第2段落で，不法行為の損害賠償請求の時効ね。民法724条だと思うのですが，ここが書かれています。そうすると，答案を書くときは，ちょっともう忘れてしまったかもしれないのですが［注：課題は2014年4月に実施され，収録は同年9月に行われた］，何か時効に引っ掛かるものがあるかどうかを調べたという感じですかね。

　問題文に載っている事実を，できる限り使っていくという意味では，この「7年」に注目して，損害賠償請求の話だけれど，何とか時効の話を書こうとしたという，その姿勢はよかったと思います。

にっさん：はい。

木山：みぞおちさんは，この「7年」という数字は，「何か使わなきゃ」とか，そういう感じにはなりませんでしたか？

みぞおち：「7年」と書いてあるので，何か必要なのかなと考えてみたけれど，「これは，時効じゃないな」と思った覚えがあります。「時効ではないから書かなくていいや」と考えて，書かなかったです。

木山：なるほど。答案を書いた人のなかにも，そういう思考だった人はいたかもしれないので，ちょっとコメントしておきましょう。

　たしかに，錯誤無効については，時効の規定はないのです。95条では，条文上は時効は出てきません。それから，みぞおちさんがもう1つ検討している96条は，詐欺取消しです。取消権の消滅時効は，民法の126条には，「5年」とあります。その起算点，つまりどの時点から計算して5年かということですが，「詐欺であることを知った時から5年」で消滅時効にかかると考えられています。ですので，そのあてはめの部分が問題となります。

　問題②の場合は，絵が贋作であることを知ったのは，「最近」とあるので，そこから考えると，まだ5年は経っていないんですよね。

みぞおち：そうですね。

木山：ただ「5年」という数字だけ見てしまうと，XさんがYさんから絵を

買ったのは「7年前」だから，「ああ，もう時効の問題は関係ないか」みたいに思われたかもしれません。いずれにしても，みぞおちさんの答案は，全体としてすごくよくまとまっています。これはこれで問題ありません。民法の事例問題文のなかで，何年前とか，そういう時間軸の話が出ているときには，時効を聞いている可能性が高いです。仮に，自分のなかで「時効にはなっていない」という判断をしたときでも，少なくとも，その理由と結論を，短くでもいいので，答案には書いたほうがよかったかな，というところです。

みぞおち：はい。

木山：答案そのものは，この部分がなくても十分よくできてはいますが，次からそのあたりも，意識されるとよいかなと思います。

みぞおち：はい。

木山：全体的には，だいたいそんなところでしょうか。

　では最後に，みぞおちさんからお聞きしますが，いままでの話で，気づきとか，気になったことは，何かありますか？　よくわからないことでもかまいません。

みぞおち：問題文に載っている年数などを，きちんと見ていくという話がありましたが，たとえば，この問題②に，「Xさんがいうには，実際の価値は10万円だったという。」とあるのを，もし，答案のなかに入れるとしたら，何に使ったらよいですか？

木山：そうですね，これも，たしかに，Xさんはそういうふうに言っているわけですよね。そうすると，実際には10万円の価値しかない物を5000万円で売ったという数字を，事実として使うことで，「10万円だと知っていたら，買わなかった。」というように，錯誤の話で書くとか。そういう理由のところで，この数字を使うといいと思います。

みぞおち：なるほど！

木山：実際に，参考答案のなかで，使い方が上手だなと思ったものがありました。この10万円と5000万円というのを計算して，「実際には，その絵画は500分の1の値段だった。」と書いた人がいたんですよね。

みぞおち：なるほど。

木山：そういうふうに書くと，自分の頭で何か考えているな，という感じが

伝わってきます。
　問題文に載っている数字とか、そういう事実はできる限り使っていくのがよいと思います。

みぞおち：はい。

木山：いまの話も、結局、「Xさんが言うには」ということなので、本当に10万円だったかどうかは、わからないのですよね。だから、この部分をYさんの側から使うとすると、「いや、それはあくまでXさんが言っているだけで、これは本物なんだ。」と。

みぞおち：偽物だという証明がない……？

木山：そう、ない。そういうふうに使える可能性もあるかもしれません。

みぞおち：はい、ありがとうございました。

木山：にっさんは、どうですか？

にっさん：損害賠償責任の話のときに言ったのですが、知識不足で、できないことをできると書いたりしていたところがあったので、民法の知識があれば、もう少しよい文章が書けたかなと思います。

木山：そうですね。でもにっさんは、そんなに知識不足というほどではないし、損害賠償責任についても、具体的な損害があるのであれば負うというのでもおかしな話ではないんです。ただ、気になったところを言うと、「②Yさんの反論」の9行目に、「Yが善意であり」という言葉がありました。詐欺取消しの96条、あるいは損害賠償責任の709条で、Yが善意であるかどうかは直接要件にはなっていないので、これは、この事例ではあまり関係ない。そういうのはありましたね。

にっさん：はい。

木山：いろいろな問題を解くなかで、民法の知識を正確にしていけばいいのかなと思います。ということで、いいかな？　ほかに何かありますか？

みぞおち：大丈夫です。

木山：では、問題②は、以上で終わりにしたいと思います。ありがとうございました。

みぞおち・にっさん：ありがとうございました。

5……解説

　当事者の主張を整理する力は，裁判所が判決文を書くときに求められる基本的な技術といえます。裁判官は「引き算」の発想をします。当事者はいいたいことがたくさんあります。ですから，当事者の主張は，実際の訴訟では些末なことも含めて，無数になされることが多いです。しかし，判決文に記載される「当事者の主張」は，そうではありません。すっきりと整理されています。裁判官が，当事者から提出された書面（訴状，答弁書，準備書面）を読んで，この部分が最も言いたいところだろう，この部分が争点の結論に直結する重要な主張だろう，と考える部分を取捨選択して，かつ，長い主張であっても，要約して整理した記述をするからです。

　整理をする技術は，上手な文章を書くにあたって必須の力ですが，こうした観点からも，当事者の主張を所定の字数内で整理させる本問は，法律文章を書く力を鍛えるにはうってつけの問題です。**整理をするために重要なことは，「引き算」の発想です**。つまり，些末なことや重要でないことを見極めて，それらを「捨てる」ことです。**重要なものだけにしぼっていく作業です**。こうした取捨選択をする力があると，この人はできるな（洗練されているな）という印象を読み手（採点者）与えることができます。**字数制限があるということは，重要なものとそうでないものを峻別する力が問われているということなのです**。

　本問における注意点については，学生との議論のなかでかなりの部分をフォローしていますが，重要な点を確認しておきましょう。

　まず，Xの主張，Yの主張を整理させる問題ですから，刑法の犯罪（詐欺罪）を書くことは的外れです。これは刑事裁判（刑事訴訟）になれば問題になりえますが，その場合の当事者は，被害者であるXさんではなく，起訴をする検察官になるからです。

　また，不法行為に基づく損害賠償請求（民法709条）や慰謝料請求（民法710条）について書いた学生もいましたが，本質ではありません。本問の事例からすると，代金の返還が認められれば，基本的には解決できると考えられるからです。もし，損害賠償請求に触れる場合には，代金以外の損害に触

れることが必要ですが，ここに入り込んでいくと，字数との関係で収まるかという問題が出てくるでしょう。学生との議論でも触れましたが，問題文に「7年前」とあるのは，消滅時効について考えさせたいということです。**「問いに答える」という観点からは，全く無視することはできません**。ただし，錯誤無効（民法95条）1本で書いて，これを肯定した場合には，条文上は，取消権ではないので消滅時効はありません。この流れの場合には，触れなくても致命的なミスにはなりません（ただし，取消しではなく無効なので消滅時効の適用はない旨を，簡潔に触れておいたほうがよいでしょう）。これに対して，詐欺取消しを認めた場合には，消滅時効の規定が必ず問題になります。**法律の問題というのは，このように，自分がどの法律構成をとるかによって，そのあとに進む道（書くべき論点）が変わってきます。大事なことは，自分の見解から論理的に導かれる筋道を，丁寧に追って書くことです**。

　当事者の主張を整理する問題では，その人の立場になって考えることが重要です。Xの主張であれば，Xさんの立場になって考えてみる。Xさんであれば，常識的に考えて，どんなことを主張するだろうかと，まず考えてみるのです。そうすると，「とにかく代金を返してほしい！」ということになるはずです。**そのための方法論（法的根拠）について，今度はXさんから依頼を受けた弁護士になったつもりで考えてみるのです**。そうすると，錯誤無効（民法95条）があるし，Yが騙す意図をもっていたとすると詐欺取消し（民法96条）もあるなと，このように考えます。その一方で，Yさんの主張も考えなければなりません。どちらかに偏るのではなく，今度はYさんの立場で考えてみます。そうすると，「詐欺なんてしていない！」という反論が，まず思い浮かぶはずです。実際，問題文にも，Yが詐欺をしたとは書いてありません。それをにおわせる第三者の供述があるだけです。こうした事実のとらえ方も重要になってきます。誰かが何かを言っている，というのは，その発言者の主観的な供述でしかありません。立証された事実とはいえないのです。錯誤無効については，「動機の錯誤」という論点がありますが，これにはまりすぎないことです。なぜならば，本問は，動機の錯誤という法律論（個別の論点）を深く聞いている問題ではなく，広く，当事者双方の主張を考えてほしいという問題になっているからです。そうすると，「動機の錯誤」

はコンパクトに書かなければならないな，となるでしょう。Ｙさんからの反論は，Ｙさんの弁護士になったつもりで考えてみましょう。つまり，錯誤の要件として，ひとつは，動機の表示がなかったということ，もうひとつは，Ｘには重過失があるのではないかということ，これらを95条の条文を見ながら考えるのです。

　学生との議論でも出ましたが，**バランスも重要です。**どちらかの当事者に肩入れしてしまうと，片方の当事者の主張ばかりが長いということが出てくるかもしれませんが，それでは本問の出題意図に迫れません。双方を１：１のバランスで書く。また，字数も限られていますから，**それぞれの立場に立った場合に，最も有効で的確な主張は何かを考える。**そして，**重要な部分に字数を割き，そうでないことところは短くまとめる。**結論に影響を与えない程度のことであれば，思い切って書かない（捨てる）。こうしたことも必要になります。**最終的には，重要なことが読みやすく整理されていることが，読み手から高い評価を得るポイントになるでしょう。**

6……解答例

　Ｘさんの主張とＹさんの主張を１：１のバランスで書いています。それぞれの立場から最も有効な主張に重点を置いて，メリハリをつけて書いています。

　「１　詐欺取消しの主張」「２　錯誤無効の主張」「３　不当利得返還請求」という小見出しを入れることで，主張がバランスよく整理されているとの印象を与えられるように工夫をしています。

> 第１　Ｘさんの主張
> 　１　詐欺取消しの主張
> 　　　Ｙは，同じ手口で複数の人に贋作を高額で売りつける詐欺行為を行っていた。本件におけるＹのＸに対するピカソの絵の売却についても，贋作であり，実際の価値が10万円でしかないことを認識していた。にもかかわらず，本物であるかのように

偽り，5000万円もの高額な代金を得たものである。Xが行った売買契約における意思表示は，「詐欺……による」ものといえる。

よって，XはYに対して，上記売買契約について，詐欺取消し（民法96条1項）を主張する。
　2　錯誤無効の主張

　　　Xは，ピカソの絵を本物だと思ったからこそ，5000万円で買い受けたものである。それが贋作で，実際の価値が10万円であると知っていれば，そのような意思表示をすることはなかった。これは「動機の錯誤」であるとしても，少なくとも，当然ながら「本物のピカソの絵」であるからこそ5000万円で購入するという動機が，黙示に示されていたといえる。

　　　よって，Xは，Yに対して，上記売買契約について，錯誤無効（民法95条）を主張する。
　3　不当利得返還請求

　　　以上より，YがXから得た代金5000万円は，「法律上の原因なく」得た「利益」となる。したがって，Xは，Yに対して，代金5000万円について，不当利得に基づく返還請求を行う。

第2　Yさんの反論
　1　詐欺取消しの主張

　　　Yは，ピカソの絵を本物だと信じており，贋作を売却する意思はなかった。詐欺であることを裏付ける証拠も存在しない。また，仮に詐欺であるとしても，売買から7年も経過しており，Xが詐欺であることを認識してから5年以上経過しているため，取消権は時効で消滅している（民法126条前段）。

　　　よって，Xの詐欺取消しの主張は認められない。
　2　錯誤無効の主張

　　　Xは，「この絵なら5000万円の価値はある」などと満足して，自ら「5000万円で買いたい」といってきたのであるから，「要素の錯誤」はない。また，5000万円もの代金で絵画を購入するのであれば，その時点で価格の妥当性等について調査すべきであり，それを怠ったXには「重大な過失」がある。

　　　よって，Xの錯誤無効の主張は認められない。

第2章　主張・反論する力を身につけよう

3 不当利得返還請求
　以上より，YがXから得た代金5000万円は，「法律上の原因なく」得た「利益」ではない。したがって，XのYに対する5000万円の不当利得返還請求は認められない。

　　　　　　　　　　　　　　　　　　　　　　　　　　　以上

1文を短くする方法

　読み手（採点者）は，忙しいなかで，あなたの文章を読みます。忙しいなかで，たくさんの文章を読んで，点数をつけなければならないのです。もっと言えば，みんな100点とはできないので，差をつけなければなりません。差をつけるのが採点者の仕事なのです。

　こういう状況で「読んでもらえる文章」（答案やレポート）とは，どのような文章でしょうか。自分が集中しにくい環境でも，すっと読める文章をイメージするとわかりやすいでしょう。たとえば，まわりの人の話が耳に入ってくるようなカフェで読む場合，バイトで疲れたあとの帰りの電車で読む場合，などです。そのような環境でも，すっと読める文章が「読みやすい文章」です。

　読みやすい文章は，1文が短いです。1文は，できる限り短くしましょう。近江幸治教授も，『学術論文の作法』（成文堂・2011年）47頁で，「簡潔でわかりやすい文章」の重要性を強調されています。

　1文を短くする方法は，それほど難しくありません。「1センテンス，1テーマ」にすればいいのです。「1文1意」ということです。長くて読みにくい文章は，たいてい単文ではなく，複文になっています。1文に複数の要素が入っているのです。その場合，要素ごとに，文章を切ってしまえばよいのです。そのためには，書いたあとに，自分で読み直すクセをつけてください。何度も読んで，何度も書き直すのです。

column 2

第3章 抽象問題①(概念の説明)にチャレンジしよう

1……この章の趣旨

　抽象的な概念の理解が、法律の学習には不可欠です。この問題で問われている「権力分立」もそうですし、同じく憲法で考えると、「自由権と平等権」であるとか、「自由主義と民主主義」であるとか、「自由権と社会権」といった、抽象的な概念と比較させながら、その理解を問う問題もあります。旧司法試験の論文試験では、こうした**抽象問題**(一行問題とも呼ばれた)が出題されることも多かったのですが、現在の司法試験では、長い**事例問題**となり、抽象問題が出されることはなくなりました(知識だけの勝負ではなく、現場で事案を読んで知識を実際に応用できる力が、現在の司法試験で問われていることを意味します)。しかし、大学の学部における期末試験など、一定の理解があるかどうかが問われる試験では、抽象問題は、なお有効な問題ですし、事例問題と異なり、問題文にヒントが書かれていないため、自分の力で、上手に知識をアウトプットできる力がないと、解答ができない問題でもあります。

　抽象問題は、法律の基本概念を正確に理解できているかを問うためには有効です。逆に言えば、こうした問題を文章にまとめるトレーニングを積むと、「わかったつもりでいたその概念が、本当は理解できていなかった」と気づくことができます。**ヒントがない問題文だけを読んで、法律の概念を文章で説明できる人は、その概念を真に理解できている**、ということになります。逆にそれができなければ、本当はわかっていないことになります。「抽象問題は簡単だ」と思う学生がいる一方で、「(抽象問題は)ヒントがなさすぎて難しい」と思う学生もいます。インプットされた知識が物を言う問題ですが、**こうした問題を解けば、インプットすべき知識を確認することができます。**

2……演習問題

問題③

権力分立について論じなさい（800字程度）。

3……議論に参加をした学生の文章例

①シムケンさんの答案

1 意義と趣旨
　権力分立とは，国家作用を分けて，それぞれを異なる機関に帰属させて，抑制と均衡を保つことである。趣旨は相互の抑制・均衡を保つことで，国民の権利・自由を確保することである。これは，権力が集中しすぎると，権力は腐敗し，ひいては人権を侵害するという考えに基づく。

2 歴史的背景
　権力分立原理はモンテスキューによって確立した。彼は国の統治権を司法・立法・行政（執行）の3つに区別し，そのうち2つ以上が1つの機関に独占されないようにする必要があるとした。この考えは現在にも受け継がれている。しかし，権力分立の制度は大きく分けて2つの仕組みとなっている。

3 各国の権力分立
　1つは立法権が優位しているヨーロッパ型である。これは国民代表たる議会が国政の中心的地位にあるという考えである。立法権優位の帰結として，つまり立法権は司法権に優越するため，裁判所は違憲立法審査権を行使することはできない。その代わり，このような体制をとる国では憲法裁判所が置かれ，議会の暴走阻止の役割を担っている。
　2つめは三権を対等であって，相互不可侵なものとしてとら

えるアメリカ型である。このような体制の下では，司法権と立法権は対等なのだから，司法権が違憲審査をすることは認められる。
4　日本の権力分立
　　現行日本国憲法でも，権力分立を採用している。具体的には立法権は国会に（憲法41条），行政権は内閣に（憲法65条），司法権は裁判所に（憲法76条）に分属されるとしている。また裁判所の違憲審査権を認めていることから，一般にアメリカ型の権力分立システムを採用しているといわれている。
5　問題点
　　社会システムが複雑化したことから，現在行政権が肥大をしすぎているという指摘がある。これは立法・裁判という手段では解決に時間がかかるという欠点を補う有効な手段である。しかし行政には現行制度上国民の監視が及ばない。そのため国民の人権侵害の危険性が高い。よって国会・司法が人権擁護の視点から行政活動を監視することが求められる。

　　　　　　　　　　　　　　　　　　　　　　　　　以上

② シライさんの答案

1　権力分立について
(1)　権力分立とは，国家権力をいくつかに分け，それぞれを異なる独立の機関に担当させ，相互の抑制・均衡の作用を通じて権力の集中・濫用を防止し，それによって国民の自由の保全をはかる制度である。権力分立の典型例としては，立法，司法，行政に分ける，三権分立が挙げられる。
(2)　権力分立は，ジョン・ロックの『統治論』によって提唱された。ただし，彼の場合は，現在の三権分立と異なるものであった。彼の考えは，立法権，執行権，同盟権に分け，立法権を最優位に置く考えであった。これを，立法，司法，行政の三権に整理したのは，モンテスキューである。このモンテスキューの

考えが，ほかの国にも導入されていった。この考えは，17世紀から18世紀あたりにかけて発達したものである。これは，当時のフランスにおけるアンシャンレジーム下の専制政治に対する強烈な批判を含んでおり，絶対主義国家の打破に役立った。
(3) そして，(1)の意義から，以下のように4つの特性が導き出せる。
　㋐　権力の集中により権力が濫用され国民の自由が侵されないように国家権力から国民の自由を守るという「自由主義的」。
　㋑　お互いの権力を抑制しあい小さくす方向に働くという「消極的」。
　㋒　国家権力およびそれを行使する人間に対して，疑ってかかるという「懐疑的」。
　㋓　どのような政治体制のもとでも当てはまる原理という意味で「中立的」。
(4) 日本の場合，明治憲法も一応三権分立を認めていたが，天皇が統治権の総攬者であったため，それは不徹底なものであった。現行憲法は，立法権は国会に，行政権は内閣に，司法権は裁判所に分属させるが，議院内閣制及び裁判所の法令審査権を認めている。
(5) 問題点は，日本の場合，議院内閣制で行政と立法が連帯しているため，行政が肥大化するおそれがある。さらに，権力分立は，相互に抑制しあうため，迅速性が害されることもある。

　　　　　　　　　　　　　　　　　　　　　　　　　　以上

4……学生との議論（実際に文章を書いてみて，どうだったか？）

木山：この問題は「権力分立について論じなさい」というものでした。最初は，簡単な質問からいきましょう。解いてみて，難しかったか，やさしかったか，ごくふつうだったか。そのあたりから聞いていきたいと思います。まず，シムケンさんから。

シムケン：僕は，そんなに難しくなかったと感じました。というのは，基本書を見ると，ある程度のことが書かれてあるので，書く内容には困らなかっ

たからです。

木山：「権力分立」というと，学校で習っていたという感じですか？

シムケン：憲法の授業自体は，ふつうは「人権」から始まるので，この権力分立が出てくる統治機構の部分は，そんなには講義で聴いているわけではないんですが，それでも，まず憲法の授業の始めのところと，高校までに習ってきた知識，これにプラスして基本書もあるので，それを使って書きました。

木山：シライさんは，どうでしたか？

シライ：僕は，この問題のレベルはやや，やさしかったと感じました。

木山：やや，やさしかった？

シライ：はい。その理由としては，さっきシムケンさんが言ったように，中・高からの復習とか，大学1年生の最初のほうの授業で習ったこととか，あと，基本書を見ればわかるものなので，書く素材についてはそんなに悩みませんでした。

木山：わかりました。ただ，字数の制限があるわけですよね。この問題では，「800字程度」とあります。そうすると，書く素材はそんなに困らなかったかもしれないですけど，800字でまとめるとなると，どんなことを書くべきかといった問題も出てくると思うんです。そのあたりは，シムケンさんはいかがでしたか？

シムケン：僕は，この問題自体が権力分立であって，三権分立じゃないので，少なくとも日本型の三権分立のことであって，アメリカ型の三権分立に触れただけでは，多分，不十分なんだろうと思いました。それでまず，歴史的背景とか，他のヨーロッパ型の権力分立のかたちについて，比較的ウェイトを置いて書き，最後に，ここは日本ですから，日本の話に触れないわけにはいかないだろう，ということで，ヨーロッパなどの歴史的背景と比較しながら書いていく。これが，この出題意図ではないかと思って，そこをまとめました。

木山：実際に書いてみて，800字にまとめる作業というのは，すぐできましたか？

シムケン：いや，けっこう，削りました。

木山：削った？

シムケン：はい。

木山：削るときは，どういうものを削ったんですか？

シムケン：まず初めに，いらない言葉。具体的には，いらない接続詞であったり，ここは不必要なんじゃないかという語句を削って，それでも字数が多ければ，この場合，さっき言ったように比較の観点ですから，そことあまり関係しないようなところを削っていきました。

木山：シムケンさんの答案の全体を見てみると，1〜5まで見出しがついていて，だいたい同じぐらいの分量で，5つのことを書かれています。こうしたバランスについても，意識をされたのでしょうか？

シムケン：うーん，これ自体は，正直，そんなに意識してはいなかったというか……。

木山：たまたま？

シムケン：たまたま，こうなってしまいました。

木山：シライさんはどうですか？ 800字にまとめるということと，何を書こうかという話ですが。

シライ：はい。僕の場合，けっこう，800字にまとめることに苦戦しました。まず，必要なことは必ず800字以内に書かないといけないなと思ったんですが，いくつ論点を挙げるのかということが，自分にとっては難しいところでした。あと，挙げた論点をどれだけ膨らませるか，1つの論点をどれだけ膨らませるかというところを考えて書きました。権力分立っていうのは，1冊の本ができるくらい書くべき量があるのに，800字にまとめなければならないので，それをどれだけ上手く，大事なところを要約して，たとえば，インターネットとかに書いてある短い文章のようにまとめるかということを，意識しながら書いてみました。

木山：そうですね，権力分立だと，書くべきことも，実際書こうと思うと，たくさんありますよね。

シライ：はい。

木山：シムケンさんみたいに，歴史的な部分，それからヨーロッパ型とアメリカ型の対比を書いたりと，そういうふうに書いても800字はいってしまう。日本の憲法における権力分立の問題として考えてみても，それぞれ事例とか，

判例もあるし，論点もある。これはこれで書くことがたくさんある。そうすると，何を書いて，何を書かないか，そういう判断が難しいんじゃないかなと。だから，おふたりも，この問題について，書く素材自体はそんなに難しくはないという感想をもったようですが，おそらく，書いた人の多くも，同じように感じたと思うんですね。でも，逆に言うと，誰でもある程度のことは書けてしまう。そのなかで良い答案になるには，つまり，他の人に差をつけて，光る答案を書くためにどうしたらいいか。それを考えると，実は，けっこう難しい問題でもあると思うのです。

おふたりとも，日本の憲法における権力分立については，そんなに書いていないですね。

シライ：そうですね。

木山：そのへんは，何か，悩みっていうのはなかったですか？

シムケン：僕は，やっぱり，「権力分立」っていう言葉の存在が大きかったんですよ。法律学の辞典類には「三権分立」で載っていて，「権力分立」という語は，そのままでは出てこない。でも，日本に焦点を当てようとすると，どうしても三権分立になってしまって，それが理由で，やはり，そのヨーロッパ型の，若干変わったところに触れざるをえなかったという感じがします。

木山：実際には，そういう分類の仕方もありますが，憲法上の，いわゆる小・中・高で習う「三権分立」そのものを，「権力分立」と呼ぶ場合もあるので，その言葉の表現の違いから必ずしも書くことが変わるというわけではないです。今回，とくに法律の課題として考えると，権力分立も，歴史的な観点や政治的な観点からでも800字書けるし，憲法の論点からでも800字書けます。そういうところが，けっこう悩み所になるだろうと思い，出題してみました。

シライさんは，まず形式的なことで言うと，文章の書き方として，「権力分立について」という見出しがあって，そこには，「１（たていち）」とナンバリングされています。でも，そのあとに「２（たてに）」がないですね。このあたりはどうでしょうか？

シライ：自分は，見出しを立てるか立てないかでけっこう迷って，本当は「１（たていち）」じゃなくて，ふつうに「権力分立について」という題名を書いて，

その次に(1)(2)(3)(4)(5)でしっかり見出しを立てようと思ったんですけど，見出しの立て方がよくわからなくて，こういう感じになってしまいました。

木山：なるほど。全体で見ると，やはり「1（たていち）」をつけた以上は，「2（たてに）」が出てこないと，あまり意味のないナンバリングであり，タイトルになってしまいますね。さらに，問題文そのものが「権力分立について論じなさい。」なので，この最初の部分［注：「1　権力分立について」］はなくていいかな，と思います。この「1（たていち）」が取れると(1)から(5)が残るので，この(1)から(5)が，1，2，3，4，5になる。そうすると，シムケンさんが，「1（たていち）」から「5（たてご）」で分けているように，シライさんの答案も，ここに見出しを1つずつ，同じようにつけていくと，もう少しわかりやすい答案になったと思います。

たとえば「1（たていち）」だったら，シムケンさんみたいに「意義と趣旨」とか，「意義」とか，そういう見出しをつけて，「2（たてに）」では，「歴史的背景」とかね。そういうのでもいいです。「3（たてさん）」は，特性を書いているから「4つの特性」とか，「特性」というふうに書くといいと思います。そうすると「4（たてよん）」は，どんなタイトルが考えられますかね？

シライ：そうですね，「日本の場合」？

木山：うん，「日本の場合」ね。「日本における権力分立」ということですかね。で，「5（たてご）」が，「問題点」かな。このように整理していくと，パッと見では，シムケンさんとシライさんの答案は全然違うようでしたが，シムケンさんの答案の「3（たてさん）」の内容と，シライさんの答案の，ここでいう(3)の内容がちょっと違う以外は，実は，けっこう似たような構成をとっていることに気づきますね。

そのように考えると，内容をどうするかという問題はまた別にあるものの，文章の見た目という意味では，シムケンさんの答案のように，見出しを書いたほうが，ひと目でどこに何があるのかがわかりやすい。シライさんも，そういうふうに書けば，だいぶ印象は変わるんじゃないでしょうか。

でも，見出しをつけると，書きにくいですか？

シライ：そうですね，字数制限があるので。

木山：ああ，字数制限がね。

シライ：見出しを立てると字数をとることもありますし，さらに，見出しを

立てたあとの書き出しが，けっこう難しくて。たとえば，(4)で「日本の場合」という見出しを立てると，この文章のままでは合わないわけじゃないですか。明治憲法から入らないといけなくなるので，文章の最初が，どう書いていいかわからなくなるかなということもあります。

木山：なるほどね。

シライ：書き出しが，ちょっと躊躇してしまった部分があります。

木山：シムケンさんの答案を見ると，「4　日本の権力分立」と見出しがあって，「現行日本国憲法でも……」と書かれています。こういうふうに書いてもいいと思います。

シライ：そうですね。

木山：シライさんも，「日本の場合」と見出しをつけたときでも，文章の最初に「日本の場合」というのをそのまま残してもいいし，取ってもいい。見出しがあれば通じるはずですから。ぜひ，次からやってもらいたいと思います。あと，(4)で条文が挙がっていないので，ここで条文を挙げられるとよかったかな。

シライ：はい。

木山：いま，見出しの話が出たのですが，シムケンさんは，見出しをつけることには，そんなに苦労はないですか？

シムケン：見出し自体は逆から考えたといいますか……。まず，だいたいの流れでとらえていって，初めに「意義と趣旨」を述べて，答案全体をさっと書いてしまい，そのあとで段落ごとに分けて，大枠の内容から，この段落だったらどういうタイトルにするかを考えました。そういうふうに逆算して考えていったんで，あまりそのへんは苦労しなかったかなという気がします。

木山：たしかに，そういう意味では，全体がすごくすっきりした感じでまとめられていると思います。

　ほかに，この答案を書いてみて，何か気になったこととか，わからなかったこととか，ありますか？

シムケン：僕からいいですか？

木山：はい，どうぞ。

シムケン：僕は，こういう問題，とくにいわゆる一行問題だと，書き始めと

書き終わりにけっこう悩んでしまって……。書き始めは「意義と趣旨」みたいなかたちで意義立ててしまえばいいんですが，書き終わりが難しい。いわゆる基本書だと，けっこう論点を投げっ放しで終わっていますよね。何々とは，こうこう，こういうことで，問題点としてはこうこうでと……。たとえば，「○○論としてこういう学説がある。」としたあとに，そのまま次の章に入っていくというかたちで終わりにできますが，今回の問題のように800字くらいだと，これで終わり，みたいな文章が何かしらないと，どうも締まりが悪い気がして……。

木山：そうですね，すごく重要な視点です。基本書の場合は1冊の体系書ですから，そのひとつひとつの項目について，必ずまとめがあるわけではないですよね。おふたりの場合は，答案として書いて，それを評価してもらう立場にあります。そこで，書き出しについては，いま，シムケンさんも言ったように，通常こういう概念を説明する問題では，まず，その概念の定義を書きます。つまり，「権力分立とは」という感じで定義を書いて，その趣旨・目的を述べる。この書き方がスタンダードです。これは，おふたりともできていました。

　終わり方については，決まりがあるわけではないです。でも，やはり答案としての良さというか，「評価する側が丸をつけやすいものにする」という視点がほしいのですね。そういう意味では，800字という短い字数ではあっても，そこに1つテーマがあって「自分のなかで，こういう切り口で書きましたよ。」と言えるものがあるといい。最後に「まとめ」というかたちで書くこと，これがあるといいんです。

　シムケンさんも，シライさんも，最後に「問題点」というかたちで，ほぼ同じような締め括りをしています。書き方は違うけれど，いわゆる行政権の肥大化という話でまとめています。それはそれで悪くはありませんが，最後にこれを書くときに，最初のほうに書いた話とリンクしている，つながっている，そういう感じを文章で見せたいですね。そうすると，他の人より光る答案になると思います。最初の「趣旨」のところに書いてあるように，今回の問題の場合は，「人権侵害を防止する」ということなんですよね。だから，そこと「問題点」とを，どうやってリンクさせるか，ということです。

シライさんはどうですか？
シライ：そうですね。さっき木山先生から言ってもらったこととほぼ一緒なんですけど，僕の場合だと，けっこう，順番で悩みましたね。
木山：順番？
シライ：はい。最初に意義を書くのは，当然というか，決まりごとなんだと思います。次に歴史的背景。そして，自分の場合は，「特性」って書いたんですが，たとえば，この「歴史的背景」を，最後の「4（たてよん）」とかに書くのは，ナンセンスな感じがしてしまう。意味が通じなくなるなという感じがして，権力分立の説明を，まず最初にしておきたかった。それと，日本の場合を最初に書くのもどうかなと思ったので，日本を後回しにして，まとめは書かずに，問題点を最後に持ってこようかなという感じで書きました。
木山：そうですね。答案を書くときは，その文章の構成が大事になってくるので，書く順番は大事だと思います。こういう概念を説明する問題では，絶対的な決まりはないからです。そういう意味では，文章が自然に流れていく。そうした感覚で書ければいいと思います。法律の文章というのは，論理的な流れというものが大事です。読んでいて，「この順番はありえないだろう」という，いま，シライさんが言ったような，ちょっとおかしな順番かもしれないと，自分で何となく感じるようなものができてしまうと，読む人も「あれっ？」，となります。そうすると，この答案の順番は，これはこれでいいのかな。
シライ：はい。
木山：話が前後してしまう，あるいは，自然な流れにならない，それこそが，いちばん避けるべきことです。おふたりとも，この点は，よくできています。最初の入り方は定義を書いて，趣旨を書いてと，そこから入るということですね。あとの歴史的背景については，基本書には書いてあるけれど，通常の法律の試験の答案で書くかというと，あまり書かないですね。
シライ：はい（笑）。
木山：それと，世界的にどうかという視点なども，シムケンさんは書いていますが，たとえば，司法試験の答案とかで書くかというと，これも書かない。もう1つの書き方としては，日本の憲法における権力分立にしぼってしまっ

て，そこにどんどん入っていく。そして，具体的な問題点などを挙げていく。そういう書き方もあるかもしれません。だいたい，そんなところでしょうか。
　ほかにありますか？
シムケン：1つだけいいですか？
木山：はい，どうぞ。
シムケン：いまの新司法試験って，かなり長い文章を読ませて，答えを書いていくというかたちですけれど，こういった一行問題は，長い問題に対して，どういうふうに，つながっていくんでしょうか？
木山：法律の試験では，こういう問題は，昔は一行問題と呼んでいました。実際には1行じゃなくても，つまり，3行とか5行とかあったとしても，内容が抽象問題ということです。つまり，概念の説明をさせるものが，一行問題です。旧試のころは，けっこう出題されていたんですが，いまの試験では，たしかに出されていないです。そういう意味では，シムケンさんが司法試験を目指しているということであれば，「司法試験で出ないじゃないか」，という意見はあるかもしれません。ただ，長い事例を読んで，そこで文章を書いていくためには，そのひとつひとつの制度とか，概念について，自分の頭のなかの引き出しにちゃんと入っていることが，重要です。こういう問題は，その言葉とか概念を見たときに，自分の中で，定義はこうだとか，趣旨はこうだとか，問題点はこうだというのが，すらすらと出てくるような状態をつくるためにあると考えれば，いいトレーニングになると思います。あとは，文章を整理するのも，他方で必要なことです。抽象問題だと，事例問題と違って，書くべきことが限定されていない。それだけに，無限に近いぐらい書くことがたくさんある。そのなかで，それらをどうやってしぼって整理していくか。こうした整理をする力を身につける。そういう意味でも，文章のトレーニングになると思います。
　このあたりで，いいですかね？
シムケン：はい，いいです。
木山：じゃあ，3回目はこれで終わりにしたいと思います。

5……解説

「権力分立について論じなさい」とあるだけで，問題文にはそれ以上のヒントがありません。このような抽象問題では，その概念の意味を理解していることが前提になりますが，たとえ頭のなかに概念の意味や具体例などが入っていたとしても，何をどのような順序で説明すればよいかの「書き方」が思い浮かばないと，相当に苦戦するかもしれません。

　思いつくがままに書き散らすのでは，「整理された文章が書けている」という印象を読み手（採点者）に与えることができません。法律文章は「整理されている」ことが重要ですが，こうした抽象問題ほど，ナンバリングや見出し・小見出しなどを上手に使って，読む人が，パッと見て，どこに何が書かれているかがわかるような工夫をしたいものです。

　そういう意味でも，抽象問題の対応方法を知っておくことが重要です。法律の概念の説明については，一般的には，こうした事項を取り上げればいいという暗黙の了解があります。どの概念でも，基本的にはあてはまる「ものさし」ですので，これを知っておくことが，その概念の意味をもれなく，かつ，整理された文章としてまとめるために重要になってきます。

　一般的には，抽象問題（一行問題）で，概念を説明する場合，次の事項を書いていけばよいと考えられています。

　それは，次の5点です。

① 定義
② 趣旨
③ 条文
④ 具体例
⑤ 問題点

　法律の概念を勉強する場合，最初にすべきことは，その概念の，①「定義」をおさえることです。定義というのは，その概念の意味です。それを2〜3行以内で説明できることが必要になります。**勉強するときに，その概念のポイントはどこにあるか，どの要素が不可欠であるかを考えるクセをつける**と，概念の定義をおさえやすくなります。司法試験では，こうした定義に

ついては，何も見ないですらすらと書けるように記憶しておくことも重要になりますが，一言一句覚えるのは大変ですので，重要な要素をキーワードとして覚えておいて，あとはその場で文章にしていくことになります。たとえば，権力分立の場合であれば，「国家権力を異なる機関に分属させる」ということが，本質的な要素です。まずは，この点が書けるようになる必要があります。そのうえで，それによって，何をしようと考えているのかも考える。そうすると，「チェック＆バランス」というキーワードが出てきます。すなわち，「抑制と均衡」です。権力を分ける，分けた権力をお互いに「抑制と均衡」の関係に立たせる，そういうことになります。**定義が書けていると，しっかりした答案だなという第一印象を読み手に与えられます。**抽象問題では「定義から入る」こと，そして，その定義は，重要な要素（キーワード）をもれなく拾い，「正確に書く」ことが大切です。

　定義と趣旨とをあわせて，「意義」ということがあります。①「定義」は，その概念の用語としての説明ですが，②「趣旨」は，その概念の目的をあらわしています。**法律の概念には，必ず「目的」があります。これを「趣旨」といいます。**権力分立の場合は，究極の目的は人権保障になります。そして，人権保障が権力分立によって実現すると考えられているのは，仮に権力分立がないとすると，権力が暴走する危険があると考えられているからです。分立し，互いに抑制・均衡の関係に立たせることで，特定の権力が暴走することを防ぐのです。それによって，国家権力による人権侵害を防止する，ということです。このような内容を自分の頭のなかで理解することが重要です。理解ができると，あとはキーワードを覚えておけば，その場でわかりやすい説明の文章が書けるようになります。

　法律の概念には，必ず根拠があります。多くの場合は，③「条文」に根拠がありますが，大原則については，あえて条文に書かないという場合もありますので，条文の規定はない場合もあります。権力分立については，明確に「権力分立」と書いた条文は，憲法にはありませんが，立法権（41条），行政権（65条），司法権（76条1項）という，それぞれの条文を挙げることで，権力が3つに分立されていることの説明ができます。こうした**根拠条文を挙げることが，抽象問題では必要になります。**これに対して，条文がない場合

には，「条文はない」ことを指摘したうえで，なぜその概念が認められているのか，その「法的な根拠」を説明することが必要になります。たとえば，民法では「契約自由の原則」という概念がありますが，条文には直接書かれていません。しかし，民法の大原則である「私的自治の原則」から，当然に認められる原則だと理解されています。私人間では，強行法規に反しない限り，どのような契約をするかは当事者の自由だと考えられている，ということです。こうした「根拠」を挙げることが必要になります。

　ここまで書ければ，概念の一応の説明にはなりますが，これだけでは抽象的なレベルの域を出ません。**抽象的な概念をわかりやすく説明するためには，「具体例」が必要です**。そこで，次に，④「具体例」を挙げることになります。この問題では，権力分立の「具体例」を，たとえば，世界の主要な国の例として挙げる，あるいは，日本国憲法における権力分立の具体例を挙げる，ということが必要になります。

　最後に，⑤「問題点」を挙げられると，加点されることが多いでしょう。問題点は，その概念をめぐり，争いになるものです。教科書に載っているような典型的な論点が挙げられれば，それによってその概念がより具体的になります。判例があれば判例を挙げる，ということです。権力分立については，『判例百選』などをみると，さまざまな事例があります。それらの全部を挙げることはスペース（字数制限）の関係上困難でしょうが，典型例をいくつか挙げられるとよいでしょう。

　いずれにしても，こうした抽象問題では，以上の５点について正確に記載をしたうえで，ナンバリング・見出し・小見出しを含めた，読みやすさの工夫をすることが重要です。さらに言えば，**１つの答案（文章全体）のなかで，核となるキーワードや問題意識が貫かれていると，この解答者はできるな，と読み手に思われます**。あとで掲載するわたしが書いた解答例では，権力分立の趣旨（目的）である「人権保障」を，文章全体を貫くキーワードとしてとらえて，文章を作成しています。こうした**「核」となるキーワードを１つ入れられると，論理的な文章である，と評価される可能性も高まります**。単なる情報の羅列ではなく，文章を作成した人の「視点」が貫かれていると評価されるからです。

なお，以上の5点は，抽象問題の一般的な視点でした。ほかには，**反対概念を挙げて，それとの対比をするという説明方法**もあります。たとえば，憲法の「法の支配」であれば，反対概念である「人の支配」を挙げて説明するという手法です。「社会権」であれば，「自由権」を挙げて説明するという方法もあります。この考え方を応用すると，似て非なるものを挙げて「比較する」という視点も生まれます。

　比較をする場合には，次の2つが重要です。ひとつが，①相違点が生じる根本的な原因を明らかにすることで，もうひとつが，②具体的な相違点を示していくことです。この点については，比較問題を取り扱う第11章で，詳しく解説をしたいと思います。

　なお，本問は，以上の視点を用いたとしても，問題文には「権力分立」としか書かれていませんので，どのような情報を，どのような角度から書くべきかについて，書き手の自由度が高い問題になっています。抽象問題では，「○○と××を比較せよ。」と，書き方に具体的な指示がある場合と，「○○を論ぜよ。」と，書くべき対象の自由度が高い場合の2パターンがあります。本問は後者です。

　このような問題では，字数の制限もあることから，まず，①どのような角度から書くべきかを考えることが必要です。また，**レポートや試験問題であれば，他の学生と比較されて評価を受けるので，②最低限書くべきこと（他の学生も必ず書くようなこと）は何かを見極めることも重要になります**。そのうえで，③論理的な文章にするための構成を考えます。また，④読みやすい文章にするための工夫もこらします。そして，さらに⑤自分なりの視点を添えられると高い評価が得られるでしょう。②は共通というか，誰もが最低限書くことですが，⑤は各々のオリジナリティです。「自分の頭で考えてみました」ということが，読み手に伝わる部分ですので，自分の言葉で書くことが重要になりますし，キーワードを設定して，それをくり返し書くことも必要になるでしょう。ある程度くり返さないと，キーワードとして，読み手には伝わらないからです。

6……解答例

　書くべき情報量が多い問題ですので，できる限りコンパクトにしぼって書いています。「1　権力分立の意義」では，定義，趣旨（目的）を書いていますが，趣旨で記載した「人権保障」を，「2　日本国憲法における権力分立」でも，キーワードとしてくり返し挙げて，1つの視点として働くようにしています。

　情報をどこまでしぼるかという意味では，この答案は，「2」で日本における権力分立にしぼっていますが，「1」でフランス人権宣言について軽く述べることにより，（設問は「日本の権力分立について論ぜよ。」と，限定はしていないため），世界的な視点にも最低限触れる配慮をしています。「2」では，各論として，具体的な条文をできる限り挙げて，「具体例」を書いています。整理された印象を与えるため，「(1)　国会と内閣の関係」「(2)　国会・内閣と裁判所の関係」といった小見出しもつけています。なお，「(2)」を，「国会・内閣」VS「裁判所」とまとめているのは，字数制限があるからです。**どこを削るか，どこまでしぼるか，という発想も，文章作成には重要です**。それは，その人の「考えた跡」として，読み手には伝わります。

１　権力分立の意義
　権力分立とは，国家の権力作用を，立法，行政，司法といった異なる機関に分立し，それぞれの機関に独立して権限を行使させることをいう。
　国家権力をひとつの機関に集中させると，権力の濫用が行われる危険がある。こうした濫用を防止するためにあるのが，権力分立である。権力を異なる機関に分立させれば，権力相互間で「抑制と均衡」が働くからである。
　その根本的な目的は，国民の自由・人権を保障することである。国家権力が分立せず，濫用が行われれば，国民の自由や人権は侵害される危険があるからである。フランス革命後の憲法でも，①権力の分立がなく，②国民の人権が保障されていないものは，憲法ではないとされた。

2 日本国憲法における権力分立

日本国憲法も，近代立憲主義の憲法である。その目的は，国民の自由・人権を保障するためであり（憲法（以下省略）13条，97条。人権尊重），国家権力も，立法権は国会に（41条），行政権は内閣に（65条），司法権は裁判所に（76条1項），分立させられているからである（三権分立）。

国会は民主主義を，内閣は福祉主義を，裁判所は自由主義の実現を担っている。この観点から整理すると，具体的には，以下のとおりである。

(1) 国会と内閣の関係

福祉主義（25条）の下で，行政権は重要である。しかし，主権者たる国民の意思を実現する国会は，代表機関であり（43条），一般的抽象的法規範たる「立法」権を独占し，内閣の命令に対し委任の範囲という限定を付すなど（73条6号但書）の民主的コントロールを行う（民主主義）。また，内閣は国会に対して連帯責任を負う（66条3項。議院内閣制）。

(2) 国会・内閣と裁判所の関係

国民主権の下では，このように民主主義が重要である。しかし，多数派による人権侵害の危険を防止する必要もある。そこで，少数者の人権を保障し，法の支配を貫徹する役割を，裁判所が担う（自由主義）。具体的には違憲審査権がある（81条）。

(3) まとめ

こうして，人権保障を図るための，統治機構（権力分立）がある。

以上

第4章 論証（法解釈①）を実践しよう

1……この章の趣旨

　法学部に入学しても，定期試験で何を書いてよいかわからない，という学生が多いです。何を隠そう，わたしも全くわかりませんでした。これは，何を書くべきか，どのように書くべきかについて，これまで法学部の教育課程では教えてこなかった（「書き方は自分で考えなさい」というスタンスであった）という，日本の法学教育の所産です。

　最近，法科大学院（ロースクール）では，文章の書き方についての授業を設けたり，勉強会を開催したりと，ようやく，「法律文章の書き方」についても教育がなされるようになってきましたが，まだまだ足りないというのが現状でしょう。

　そういう事情もあり，法学部2年生前期の段階で，本書のもとになった「法学ライティング」という履修科目が，2014年度から青山学院大学法学部では新設されています（そして，『センスのよい法律文章の書き方』（中央経済社・2012年）などの著作があったわたしが，授業を担当することになりました）。小学校で習う算数や国語も，アウトプットの時間があったと思います。インプットとの比率でいうと，アウトプットのほうが多いくらいではなかったでしょうか。いわゆるドリルで，何度も計算をしたり，漢字を書いたりという作業です。

　法律文章もアウトプット（書くこと）の練習が必要です。本章は，法律文章における，ごく基本的な「論証」を実践してもらうための練習問題です。テーマは「髪型の自由」で，憲法には明文の規定がない「新しい人権」がどこまで保障されるか，という議論です。規定があるものについては，条文どおりで済みますが，規定がないものについては「論点」になります。

　論点の書き方について，まずは，定型的なパターン（型）を知ることが重

要です。九九をやらないで，方程式は解けないのと同じです。

2……演習問題

問題④

髪型の自由が，憲法上保障されているかについて，反対説にも触れながら論じなさい（400字程度）。

3……議論に参加をした学生の文章例

① ZIPさんの答案

問題提起
　髪型の自由は，憲法上保障されるか。
主張
　思うに，個人の自由は広く認められなければならない。
規範
　そこで，13条後段の幸福追求権の内容としてあらゆる生活領域に関する行為の自由が保障されているものと解する（一般行為自由説）。
　そして，生活領域に関する自由の中に髪型の自由が，他者の権利を侵害しない限度で保障されているものと解する。
理由
　なぜなら，人権保障の範囲を狭くしてしまうと人権保障を弱めてしまう恐れがあるからである。さらに，自由権の本来の意義は，国家に対して個人の自由な権利を保障することにあり，個人の自由は広く認められるべきであるからである。
批判
　この説に対しては，憲法上の人権は個人の人格的生存に必要不可

欠なものに限られるとする説（人格的利益説）から，人権のインフレ化がおき人権保障の重要性が低下してしまうとの批判がある。
反論
　しかし，人権保障の重要性は人権に応じて取り扱いをすれば防止できるため，問題にはならないとの反論ができる。

②ポンさんの答案

　髪型の自由は憲法上直接的に保障されているわけではないが憲法13条幸福追求権によって包括的に保障されているといえる。これは個人の選択の自由を国の公権力よって阻害されない権利であり，人間なら誰しも持っている権利である。だが，この自由がすべて認められてしまうと高校や中学の校則による髪型の規制が憲法に違反しているという解釈になってしまう。
　そこで，髪型を規制する校則が憲法13条に違反するか考えるにあたってポイントとなるのは，校則により髪型の自由を制限する目的は何か，その目的を達成するための規制の態様や程度が規制の目的と十分合理的な関連性があるかどうかだ。
　教育機関における髪型の規制は学業に専念させることや校内の秩序を守ることが目的であり，その目的を達成するのに必要最小限度の措置であるといえる。よって教育機関における髪型の規制は憲法に違反しているとは言い難い。

4 ……学生との議論（実際に文章を書いてみて，どうだったか？）

木山：それでは，問題④について始めたいと思います。
　この問題は憲法の問題で，「髪型の自由が，憲法上保障されるかについて，反対説にも触れながら論じなさい。」という問題でした。字数は400字程度です。まず，ZIPさんからお聞きします。問題は，難しかったですか，や

さしかったですか？
ZIP：少し難しかったです。
木山：少し？
ZIP：はい。
木山：どのあたりが難しかったですか？
ZIP：400字という短い字数で，反対説に触れながら，自分が論じたいことをいかにまとめていくかで悩みました。
木山：書く内容は思い浮かびましたか？　書くべきことはいろいろありそうだなあ，という感じだったのでしょうか？
ZIP：うーん，そんなにはなかったのですが……。
木山：そんなにはない？　それでも，400字にするためにまとめるのは大変だったという感じですか？
ZIP：少し削らないと400字に収まらないかなあ，という感じでした。
木山：わかりました。ポンさんはどうですか？　難しかったですか，簡単でしたか？
ポン：やや難しかったです。
木山：やや難しかった？
ポン：はい。
木山：どのあたりが，でしょうか？
ポン：13条の条文自体がけっこう抽象的なので，それが髪型の自由を保障しているかどうかということを，具体的に書くのが難しかったのと，あと，やはり，反対説に触れるのが難しかったです。
木山：答案をどういう順序で，どういうふうに書いていけばいいか，というあたりでしょうか？
ポン：そうですね。
木山：13条は，幸福追求権だと言われていますが，そこに，髪型の自由を保障するとは書かれていない。そこで，その13条の条文と問題で聞かれている髪型の自由とを，どのように結びつけて書いていけばいいか，そのあたりでしょうか？
ポン：はい。

木山：おふたりとも，反対説に触れることが難しかったようですが，書く内容そのものについてはどうでしたか？　書き方には，難しいところもあったかもしれませんが，どういう考え方がありましたかね，ポンさん？　反対説というからには，まず自説を決めないといけないですね。そして，自説を決めたら，逆の考えとして反対説が出てくるわけですが，書く前の準備としてはどうでしたか？

ポン：自説に関しては，憲法の，過去の参考書をいろいろ読んで，その判例を調べたりして書けたのですが，反対説があまり載っていなくて，自分で，こんな反対説が考えられるかなあと思って書いてみました。上手く書けなかったのですけど……（笑）。そんな感じです。

木山：ポンさんは，説としては，髪型の自由も 13 条で保障されるという考えに立ったということですね？

ポン：はい。

木山：その考え方に立った理由は，調べたらそういう考えがあったから，という感じですか？　自分でも，どうなのかなあと考えたりはしましたか？

ポン：その説を読んで，ふつうに考えたら，入るかなあ，と思ったので……。

木山：そういうふうに思った？

ポン：はい。

木山：いまの話とも重なりますが，ZIP さんも，髪型の自由は 13 条で保障されるという考えだと思います。それは自分で，保障されるべきだと考えたのですか？

ZIP：そうです。一般的に，あらゆる自由が保障されるのか，生活力に関する限度で保障されるのか，と考えたときに，髪型の自由を国家が制約するのは，ダメだろうと僕は思ったので，保障されているとの立場をとりました。

木山：ZIP さんの場合は，たとえば，「規範」の 2 行目を見ると，括弧書きで，「一般的行為自由説」という，13 条で幅広くいろいろな人権を認めていこうという考え方が，自説として書かれていますよね。他方で，「批判」の 2 行目を見ると，また括弧書きで，限定する考え方として「人格的利益説」という，もう 1 つの学説が挙げられています。このあたりの学説については，問題を解くにあたって調べたのですか？

ZIP：憲法の参考書を開いてみて……。調べました。
木山：そうですか。調べたときに、学説はこの2つだけでしたか？　それとも、ほかにもありましたか？
ZIP：僕が調べたものでは、この2つだけでした。
木山：大きく分けると、この2つが代表的ですね。次の質問に入ります。まずZIPさんから。400字程度で、反対説にも触れながらまとめるという問題なのですが、この答案を書くにあたって、意識した点や、悩んだ点はありましたか？
ZIP：理由づけとか、規範をちゃんと書かなければ伝わらないので、なるべくそこに分量を割くようにして、批判は短くしたかったのですが、これが限界でした。
木山：答案の書き方に特徴があって、「問題提起」、「主張」、「規範」、「理由」、「批判」、「反論」という見出しをつけて書いています。これは、何か意図があったのですか？
ZIP：うーん……。
木山：「問題提起」というのは、よくありますよね。「問題提起」を最初に書くのは王道というか、一般的な書き方です。ただ、そのあとに、「主張」を入れるというのは……。
ZIP：ふつうの法律の試験の答案であれば、ここまで細かく分ける必要はないと思うのですが、授業の一環で、短く書かなければいけないなかで、見た瞬間、どこに何が書いてあるかということをわかりやすくするために、この見出しをつけました。
木山：なるほど。そういう工夫をされたということですね。
　ポンさんは逆で、見出しをつけていないですよね。ポンさんは答案を書くときに、意識した点や、悩んだ点はありましたか？
ポン：調べていくと情報がたくさん入ってきて、400字だとどうしても全部を入れるのが難しかったので、私はZIPさんと違って、「主張」、「規範」とか分けずに、1個のまとまった文章にして、論点というか、ポイントだけははっきりさせて、これが認められると思うから憲法上保障される、といった書き方にしました。

木山：字数が少ないので、見出しを入れると字数もとってしまう、というところですかね。わかりました。

　続いて、中身に入ろうと思いますが、この問題は、髪型の自由が憲法上保障されるかということを、一般論として聞いている問題です。ポンさんの答案については、第2段落で、いわゆる違憲審査基準というか、校則が髪型の自由を侵害していないか、という話が出てきています。この問題で、このあたりを入れるべきだったのかどうか……。

ポン：……。

木山：書いたときは、ここまで書くべきかどうかについては、何か考えましたか？　校則で自由を侵害云々ということは、問題には書かれていないですよね？　でも、あえて校則の問題をここに持ってきた。これは、何か考えがあったのでしょうか？

ポン：いや……（笑）。

木山：とくにはない、と（笑）。髪型の自由を何が規制しているかと考えると、ということなんですけど。

ポン：髪型の自由が憲法上保障されるかと問われたときに、これがもし憲法上保障されていなかったら、学校の、「こんな髪型にしろ」といった規制を絶対に守らなければいけなくなるのか？、という問題がパッと思い浮かんだので、それだったら、具体的なことを書いたほうが伝わりやすいかなと思ったのと、あと、自分の言葉で書きたかったので……。それで、校則を出しました。

木山：実際に、髪型の自由が憲法で問題になる事案というのは、いまのポンさんの話のように、中学校とか高校とかの校則なんですよね。そういう判例も実際にありました。だから、具体例としてそこに気づいたことは、すごくよかったと思います。ただ、「問いに対する答え」として考えると、髪型の自由が憲法上保障されるかどうかの問題と、保障されているとしても、その人権を制約することは許されるかどうかという校則の規制の問題は、別の問題なんですよね。憲法の答案の一般的な書き方でいうと、2つのレベルがあって、その人権を制約することは許されるかという校則規制の問題は、2段階目の問題なんですね。慣れていないと、ちょっと難しかったかもしれませ

んが，問題としては，校則の規制がどうかという違憲審査基準の話までは，求められていなかったのです。

あと，ポンさんの答案で気になったのは，ＺＩＰさんの答案だと，１行目に，「髪型の自由は憲法上保障されるか。」という問題提起があるのですが，ポンさんの答案に，問題提起は書いてありますか？
ポン：問題提起は書いていないです。
木山：書いていない（笑）。これは，あえて書かなかったのですか？
ポン：いや，まったく何も文章の構造を考えて書いていなかったので，ただ意見を書いただけになってしまっています。
木山：なるほど。そうすると，どういう順序で，何を書いていいかということが，書いた当時は，まだわからなかったということですね？
ポン：わからなかったです。
木山：では，いま，同じ問題を書くとしたら，やはり問題提起から書いていきますか？
ポン：問題提起を書いて……，ＺＩＰさんと同じ感じになると思います。
木山：そうですか。わかりました。

次に，ＺＩＰさんの答案にいきたいと思います。ＺＩＰさんの答案は，さきほどお話があったように，見出しをつけることで，どこに何が書いてあるかを伝えようとした。そういう工夫があったようですね。内容を見ていくと，たとえば，「理由」の１行目で，「人権保障の範囲を狭くしてしまうと人権保障を弱めてしまう恐れがある」と書かれています。いま，読み返してみて，これについて思うことはありますか？
ＺＩＰ：逆に，「なんで？」っていう突っ込みが，出てしまいます。
木山：同じく「理由」の３～４行目に，「個人の自由は広く認められるべき」という価値判断が書いてあって，それと，最初の「主張」のところを見ると，「思うに，個人の自由は広く認められなければならない。」とあります。伝えたいことはわかるのですが，要するに，広く認めよう，ということですよね。ただ，その理由がどこにあるのかと考えると，まとまりきっていないかな，という感じがあります。どうでしょうか？　いま，「主張」の部分と「理由」の部分を合わせて読んでみると。

ZIP：主張に関しては，それほど問題はないと思うのですが，理由づけのところが，そもそも主張と同じになってしまっている。
木山：そう，くり返しになっていますね。
ZIP：しかも，説得的な理由を，全然書けていないかな……と思います。
木山：結論というか，主張を，ちょっと言葉を変えてもう1度言っているようなかたちになっています。
　これはZIPさんの説というか，考え方だから，結論としては広く認めるべきである，それはそれでいいとは思います。
　そのあとに，反対説としての批判があります。「批判」は，上手にまとめられています。2～3行目の，「人権のインフレ化」はキーワードです。何でもかんでも認めてしまうと，憲法上保障されている人権の価値が，相対的に下がってしまうのではないか。だから，人格的生存に不可欠なものに限るべきだと。こういう考え方（人格的利益説）が，実際にあります。ですから，「批判」は上手にまとめられていると思いました。
　では，この批判に自説からどうやって応えていくか。これが「反論」の部分になってくると思います。この，「人権保障の重要性は人権に応じて取り扱いをすれば防止できる」とあるのは，どういう意味なんですか？　反論ではあるのですが。
ZIP：多分，この反論に対しては，新しい規範を立てないといけないんだと思うのですが，そこについては触れられていないので，ちゃんとした反論にはなっていませんよね。
木山：ここは，どういう意味なのか，本に書いてあることではなくてですね，ZIPさんの頭のなかにある考えでいいので，説明してみてください。「人権に応じて取り扱いをする」というのは，どういうことを言いたかったのですか？
ZIP：まず，僕は，自由は広く認めるべきだと思っていて，認められる自由のなかで，さらに，規制の度合いを変えていって保障していこう，ということなんです。
木山：保障されるかされないかの議論のなかで，人権によって取扱いを変えるということですか？　それとも，髪型の自由でも，服装の自由でも，何で

も広く保障はしていくけれど，そのあと，何か取扱いを変えるということですか？
ZIP：そうですね……。
木山：どうなんでしょう，そこは？
ZIP：人格的利益説から言ってしまうと，そもそも保障されない範囲が出てきてしまうので，まずは，いったん保障は及ぶけれども，なかには，そこまで保障する必要のないものもあるから，規制の対応を変えていくべきだ，という内容なんです。しかしそこは，詳しくは書けませんでした。
木山：規制そのものは存在するものなので，わたしたちの側で変えることはできないと思うのですが，規制があったときに，どこまで規制が許されるかという視点で判断していくということでしょうか？　そうではない？
ZIP：そう……です。
木山：規制をどうするかは，わたしたちの側で勝手には考えられないですよね？　たとえば，髪型の自由だとしたら，パーマをかけることを禁止するとか，茶髪にするのは禁止，という校則があった場合に，その規制が許されるかどうかの検討のなかで考えていくということですかね？
ZIP：はい，そうですね。
木山：批判の部分はすごくわかりやすいです。けれど，反対説を書くときに大事なことがあって，2つの説があるという前提で考えた場合，紹介した反対説のほうが説得力をもってしまうと，論証としては失敗してしまうんです。だから，反対説が上手に紹介されているけれど，それに対する反論があまりピンと来ない，あるいは説得的でないとなると，読み手（採点者）に，「じゃあ，反対説のほうがいいんじゃないの？」とみられる危険があります。反対説を上手にたたいていく。これも大事なことなんです。

　ポンさんの答案に移りましょう。さきほど，反対説を書かないといけないので，という話がありました。反対説はどこに書いてあるのですか？
ポン：多分，書いたときに，問題文をあまり理解してなかったと思うんです（笑）。反対説の意味がよくわかっていなかったというか。
木山：わかっていなかった……。では，そのときは，反対説というのは，何のことを指しているという理解だったのですか？

ポン：うーん……。
木山：4行目を見ると、「だが」というところですが、この自由がすべて認められてしまうと、規制が憲法に違反しているという解釈になってしまう、とあります。ポンさんの説は、基本的に、包括的に保障される、広く保障されるという考えですよね？　だけど、その流れのなかで、「だが」と書いてある。ですからわたしは、もしかしたら、ここで、少し自説に対する他説からの批判を書こうとしたのかな、と思いました。そういう意味ですか？
ポン：そうだと思います（笑）。
木山：ただ、答案の書き方としては、ZIPさんも書いているようなかたちで、反対の考えはこうだ、と明確に書いたうえで、それをたたいていく、反論していくというのが、よかったかなと思います。
　だいたい、そんなところかと思います。ZIPさんは、気になったことや聞いておきたいこと、あるいは感想などありますか？
ZIP：うーん……、やっぱり難しかったです。
木山：難しかった？
ZIP：はい。
木山：わたしの印象ですが、「主張」を、こういうかたちで分けることが成功する場合と、逆に、いろいろな良さを挙げすぎて、説得力に欠けるようにみえる場合とありますね。今回の答案の場合は、もう少しまとめたほうがよかったかなと思います。「主張」と「理由」の部分を一緒にしてみるとか。「問題提起」とか「規範」、それから「批判」、「反論」というところは、上手に整理されていましたが、自説の「理由」の部分は、少しわかりにくい面があったと感じました。
　ポンさんは、どうですか？　最後に何か。
ポン：やはり、これを書いたときは、文章としてどうやってまとめていけばいいか、まだわからなくて、なおかつ400字という少ない字数で、なのに書きたいことはたくさんあって……、という感じでした。まとめ方がよくわからず、ただ一方で、ZIPさんのように、「主張」、「批判」とか並べていくと、400字を超えてしまうような気がするので、そこをどうやって上手く書けばいいかということを、悩みました。

木山：そうですね。これも4回目の課題なので，そのあと，授業ではいろいろやりましたよね。論証としては，まず問題提起を書いて，それから，自説の理由を書いて，規範を立てるというのが，オーソドックスな書き方です。反対説を批判する場合には，しっかりたたく。その流れで書くと，すっきりするように思います。

　おふたりとは，また，もう少しあとで，これと似たような論点の応用問題についても，議論することになりますので〔→第6章参照〕，どれぐらい成長したかを見てみたいと思います（笑）。

ZIP・ポン：（笑）

木山：では，問題④は，これで終わりにしたいと思います。

5……解説

　論証の方法は，次の順序で行うのが一般的です。まず，①「**問題提起**」をします。次に，②自説の「**理由**」を書きます。最後に，③自説の「**結論**」を書きます。**＜①問題提起→②理由→③結論＞というシンプルな流れ**です。まずは，この基本型をマスターすることが重要です。

　この「論証」については，次章で解説する「法的三段論法」が基本にはあるのですが，ここではあえて触れずに，わかりやすい部分にしぼって説明します。いま，＜①問題提起→②理由→③結論＞の順序で書くと言いましたが，この③「結論」部分については，厳密には，法解釈によって得られた規範と，そのあてはめが必要になります。詳しくは，法的三段論法の解説〔→第5章参照〕でお話ししますが，条文を解釈することを「**法解釈**」といい，その法解釈によって導く一般的なルール（基準や要件）を「**規範**」といいます。そのため，③「結論」の部分は，厳密には，「規範を立てる」（**規範定立**といいます）ことと，定立した規範（に問題文の事実）を「**あてはめ**」る作業の2つが必要になります。「**規範定立**」→「**あてはめ**」**というプロセス**です。それによって「結論」が出ます。これをひとつひとつ順に書いていくと，**＜①問題提起→②理由→③規範定立→④あてはめ→⑤結論＞**と，整理することができきます。

本問は,「髪型の自由が,憲法上保障されているか」を問う問題なので,個別の「事実」は記載されていませんが,これを「論点」のレベルで考えると,「(憲法に明文の規定はない)『新しい人権』は認められるか(新しい人権は憲法上保障されるか)」,という**「論点」**になります。

　この「新しい人権」という論点については,大きく分けて,2つの考え方があります。学生との議論でも出てきましたが,ひとつが,**「一般的自由説」(一般的行為自由説)**です。これは,憲法13条後段の幸福追求権を根拠として,広く,さまざまな人権を認めるという考え方です。しかし,この説によると,喫煙の自由,嫌煙の自由,服装の自由,髪型の自由,バイクに乗る自由,散歩の自由……と,無限にさまざまな人権が存在することになってしまうため,憲法が保障している既存の人権の価値を相対的に低下させる(**「人権のインフレ化」**と評されています)との批判があります。

　これに対して,こうした問題を乗り越えるために,人格的生存に不可欠といえるもののみ,憲法13条後段の幸福追求権としての保障が及ぶという考え方があります。これを**「人格的利益説」**といいます。プライバシー権や知る権利は,人格的生存に不可欠といえるはずですので,この説に立ったうえで,新しい人権を認める考え方が,判例の判断にも整合的だといえますが,学説としては一般的自由説もありますので,答案ではどちらの説に立ってもよいことになります。

　本問では,「反対説にも触れながら」とあるため,どちらを自説としたとしても,反対説の紹介と批判が必要になります。反対説を紹介して批判(反論)することは,一般的な法律文章(法学部・法科大学院の試験など)の論証では必須ではありません。しかし,**「問いに答える」**ことが何より重要ですから,問題文に**「反対説に触れながら」「異なる見解に論及しながら」**という指示がある場合には,必ず触れなければなりません。ここで大事なことは,紹介した反対説のほうが自説より説得力があるとみえないように注意することです。反対説は,概要をさらりと紹介して,その明らかに弱い部分を端的に指摘(批判・反論)すればよいのです。そうではなく,反対説を詳細に紹介してしまうと,自説の論証より,反対説の紹介のほうが長くなることがあります。これでは,反対説のほうが説得的にみえてしまいかねません。また,

的確な反論ができなければ，反対説を批判（反論）したとしても，自説より反対説のほうがかえって魅力的にみえてしまうという危険もありますので，注意が必要です。**とくに本問は，「400字程度」という短い字数制限があるため，反対説は短く紹介をして，最も弱い部分をたたけばよいでしょう。**

「新しい人権」の「論点」に話を戻します。このような2つの考え方がある論点ですが，本問では，どちらの説に立ったとしても，反対説を紹介して批判をし，自説の優位性を論じることが必要になります。この自説の論証については，いわゆる「法解釈」の部分になります。「問題提起」を行い，「論証」（自説の根拠を示す）をして，「結論」という流れです。

問題提起については，条文がどうなっているかを指摘することや，論点の名称を指摘することも重要です。本問の場合，条文については明文はないので，その旨を指摘します。論点の名称は「新しい人権」ですね。そして，新しい人権という論点の論証になると，上記のとおり，結論の部分は，「考え方」があらわれることになります。ひとつは，「一般的に多くの自由を人権として保障する」という考え（一般的自由説），もうひとつが，「人格的生存に不可欠なものに限り人権として保障する」という考え（人格的利益説）です。これは，「規範」と呼ばれるものになります。そうすると，新しい人権の論点について「規範」を導いたあとには，「あてはめ」も必要になります。人格的生存説に立った場合には，とくに，髪型の自由が人格的生存に不可欠といえるかを「あてはめ」の部分で論じることになります。通常は，不可欠とはいえない，となると思いますが，不可欠といえるという考え方があっても間違いとまではいえません。

このようなプロセスで，「問い」である「髪型の自由が，憲法上保障されているか」についての「答え」である「結論」が出てきます。**法律文章では，「問い」に「答える」ことが重要ですが，単に「答え」を示すだけでは得点は伸びません。その理由を丁寧に論じることが必要です**（そのための技法が，上記のプロセスなのです）。

以上のとおり，**論証とは，自説（とその理由）を，説得力をもって書くことです**。よくある間違い（誤解）は，「判例は，○○と言っている。だから，○○である。」という書き方です。これは，「判例」を紹介しただけで，「論

証」にはなっていません。「論証」は，どの条文から，どのようにして，その規範が導かれるのかを，説得的に論述することが必要になります。判例を知っていれば，その結論は判例と同じにすることが多いと思いますが，そのプロセス（論証）は，わかりやすい文章で記すことが重要です。判例（判決文）の書き方は，とくに古い判例であるほど，わかりにくかったり，論理が飛躍していたりすることもありますので，**わかりやすい言葉で論理を組み立て，丁寧に文章を書くことが必要です**。同様に，「学説は，○○と言っている。だから，○○である。」もダメですし，「○○という説がある。よって，○○である。」もダメです。まずは，初学者の方は，このあたりでつまずく例が多いので，気をつけてください。**自分の言葉で，「自説」を論証することが重要なのです**。

話がまた少し戻りますが，「問題提起」の書き方について，整理しておきましょう。**問題提起の書き方**は，一般論としては，以下の4つの要素を意識するとよいです。

① 純粋な問い
② 条文とその文言の指摘（条文がない場合には，明文がないことの指摘）
③ 論点名
④ 論点になる理由

この4つの要素は，必ずすべて書かなければならない，というものではありません。実際には，字数や紙幅との関係で，全部書いている余裕はないことのほうが多いと思います。しかし最初のうちは，練習としてでよいので，どの論点についても，この4つの要素をふまえて文章にしてみましょう。自分の頭で考えて文章にすることが重要です。わからなければ調べればよいのです。そういう練習をくり返していくと，読みやすい，自然な問題提起ができるようになります。

①の純粋な問いとは，「髪型の自由が保障されるか」というような，問題文で指定されているような問いです。多くの場合は，この①は最低限書くべきことでしょう。続いて②は，法解釈ですから，条文との関係を指摘します。本問では，「明文がない」ことを指摘すべきことは，すでに述べたとおりです。③の論点名は，知識の有無を示すものになりますが，簡潔に書ければ，

「きちんと勉強していますよ」というアピールにはなります。「新しい人権が問題になる。」と書けば、髪型の自由の問題は「新しい人権」という論点に関する問題であることがわかっているな、と読み手（採点者）には伝わります。ここまでは、ある程度勉強すれば書ける人が多いですが、さらに、「なぜ論点になるのか」という、④の論点が生じる理由も書けるとよいです。ここが書けると、単に調べたものを吐き出しているとか、覚えたものを吐き出しているだけだとは思われなくなります。

本章では、「論証」のパターンを説明しました。参考答案（解答例）などの文章をたくさん読んで、どの部分が「問題提起」になっているかなどについて、最初のうちは意識してチェックをするとよいです。

とくに最初のうちは、「問題提起」「理由」「規範」などの項目ごとに色を決めて、その色のペンで解答例に下線を引いたりすると、ビジュアル的に、論証の要素がつかめるようになります。

6……解答例

髪型の自由は、憲法上保障されているか。明文がないため問題となる。

この点、一般的に、個人の自己決定権は、13条後段で保障されるとする考えもある。この考えによれば、髪型の自由も、同条後段で保障されることになる。

しかし、このような考えを採ると、人権のインフレ化が起き、既存の人権の価値が相対的に希薄化する危険がある。よって、妥当ではない。

たしかに、13条後段は、「幸福追求に対する国民の権利」に最大の尊重を求め、包括的基本権として、幸福追求権を保障している。しかし、「個人の尊厳」を保障した13条前段からすれば、尊重に値するものに限り、人権としての保障が及ぶと考えるべきである。

したがって、明文がないにもかかわらず、13条後段で保障されるのは、人格的生存に不可欠な権利に限られると考える。

これを本件についてみると，髪型の自由は，人格的生存に不可欠とまではいえない。
　よって，髪型の自由は，憲法上保障されていないと考える。

以上

接続詞の使い方

　接続詞は，読み手に「予測」をもたらす「記号」です。いわば「論理のベクトル」です。「たとえば」とあれば，具体例がくるな，とわかります。「しかし」とあれば，直前に書かれていることと反対の内容になると予測できます。「よって」とあれば，結論がくることがわかります。読みやすい文章は，接続詞の使い方が上手です。接続詞の使い方が上手だと，読み手に，その文章が向かう「方向性」を示すことができるからです。

　法律の文章でよくあるのは，「たしかに」と「しかし」を組み合わせるものです。法律の答えは1つではなく，多くの場合，反対の考え方があるものです。「たしかに」と書いて，まず反対の考え方を紹介します。そのあとに「しかし」と書いて，その考え方を否定します。批判，反論です。この2つの接続詞があると，読む側は安心して読めます。

　複数のことを並列的に順序立てて述べるときは，「まず」「次に」「最後に」の接続詞を使う方法もあります。結論を示す場合は，「よって」と「したがって」です。

　同じ接続詞を続けて使うのは，よくありません。体系書などを読むときも，「接続詞の使われ方」に注意しましょう。プロが書いた文章を意識して読むことで，自然な接続詞の使い方が，次第にわかってくるはずです。

　なお，公用文では，接続詞はできるだけ平仮名で書くべきとされています。「たとえば」「さらに」「ただし」「したがって」，というようにです。

第5章 論証（法解釈②）を実践しよう

1……この章の趣旨

　法律文章における「論証」の書き方は，複雑な事例問題を解く場合や，基本科目ではない応用科目（商法，民事訴訟法，刑事訴訟法，行政法など）の事例問題を解く場合などにも，将来的には，基礎力として身につけておくことが必要になります。

　第4章では，「髪型の自由」という「新しい人権」の論点について，「論証」をしてもらいました。本章も，同じように，「論証」をしてもらう出題になっています。

　こうした論点の論証力は，法律文章の書き方を自分なりに書けるようになったと自信をもつために，最初にクリアすべき技術といえます。

　結論は，判例をみればわかります。しかし，その結論にいたるプロセスをどのように文章で書いていけばよいかを判断できるようになるためには，トレーニングが必要です。それを本書でも試してもらいたいという趣旨です。

　第4章と違うのは，同じ論証でも，科目が「憲法」から「民法」に変わった点と，本章が，「あてはめ」は不要で，「規範定立」まででよいことになっている点です。

　動機の錯誤をベースにした事例問題は，あとでまだ出てきますので〔→第7章参照〕，まずはその基礎力を，本問を通じて養っていただければと思います。

2 演習問題

問題⑤

　Aは，画商Bから著名な画家Cの署名入りの絵画（以下「本件絵画」という。）を代金2000万円で買い受け，代金全額を支払って，その引渡しを受けた。

　この事案において，AがBに錯誤無効の主張をするためには，そもそも「動機の錯誤」について錯誤無効を主張できるか，という論点をクリアする必要がある。

　この論点について（他の問題は検討する必要はない。），一般的な，①問題提起，②論証（③の理由），③規範定立（論点の結論）を記載しなさい（400字以内）。

3 議論に参加をした学生の文章例

①かなはるさんの答案

① 問題提起
　意思表示の動機に錯誤がある場合，表意者は錯誤無効を主張できるか。動機の錯誤が「錯誤」（民法95条）にあたるかが問題となる。

② 論証
　そもそも「錯誤」とは，表示に対応する内心の効果意思が存在せず，さらにその意思の不存在について表意者の認識が欠けていることをいう。
　この点，動機は意思の形成過程に過ぎないため，動機の錯誤は「錯誤」にはあたらないとも思える。
　しかし，民法95条の趣旨は表意者の保護にあり，実際に問題

となることが多い動機の錯誤を一切含めないとすると，同条の存在意義が薄くなる。

他方，あまりに表意者の保護を厚くすると，取引の安全が害されることになる。

③ 規範定立

そこで，表意者の保護と取引の安全の調和から，動機の錯誤であっても動機が明示または黙示に表示されて意思表示の内容になった場合には，「錯誤」にあたると解する。

以上

> ②ホクトさんの答案

1 問題提起

錯誤無効は，①法律行為の要素に錯誤があり，②表意者に重過失がないときに主張できる（民法95条）。そこで，動機の錯誤が①に含まれるかが問題となる。

2 論証

錯誤とは，意思と表示の不一致（意思の不存在）のことをいう。一方，動機はその前段階の理由であり意思の不存在ではない。そのため，動機の錯誤には原則民法95条の適用ができない。

しかし，錯誤の事案では以下のことが考えられる。①動機と効果意思の区別は難しい。②動機の錯誤も取引の安全を害する。③問題となるのは動機の錯誤の場合がほとんどである。

そこで，動機が相手方に表示され，かつ法律行為の内容に含まれるとき，それを「要素」の一つとすることができる。また，表示の手段が黙示であっても相手方が気づきうるときは動機が表示されたと解することができる。

3 規範定立

「動機の錯誤」には，法律行為の要素となる動機の内容を，相手方が認識可能なときに民法95条の適用ができる。

以上

4……学生との議論（実際に文章を書いてみて、どうだったか？）

木山：それでは，問題⑤を始めたいと思います。本問の論点は，「動機の錯誤」ですね。民法の典型論点ですが，民法総則で勉強する，とても重要な論点です。これについて論証を書きなさい，という問題です。問題文に，一般論で書いていいとありますから，あてはめなどもいりません。その意味では，通常の問題に比べると，解きやすいかもしれません。

　まずは，ホクトさんにお聞きします。この問題は難しかったですか，やさしかったですか？

ホクト：民法総則で，一応，「動機の錯誤」という概念を学んでいたので，内容自体としては，難しさはあまり感じなかったです。事例問題とは違って，一般論を書く問題だったので，要件とか，効果というのは，比較的わかりやすかったかなと思います。

木山：勉強していれば，「動機の錯誤」というのは，何となくわかるかなということだと思います。かなはるさんは，いかがでしたか？

かなはる：そうですね。やはり私も，論点が有名なものだったので，書きやすいという印象がありました。それと，書くべきこともはじめから区分されていたので，特別難しいとは思いませんでした。

木山：ということは，おふたりとも，完璧な答案が書けたということになりますかね（一同笑）。ともかく，そんなに難しくはなかった，ということですね？

　問題は，それが，知っている論点で，それほどひねりがなかったとしても，どうやって表現していくかということになります。

　ホクトさんは，この答案を書くにあたって，意識したこととか，工夫したことなどはありましたか？

ホクト：書くべきことが，あらかじめ問題提起と論証と規範定立の3つに分かれていたので，とくに，それぞれのバランスをどうするかという点で，とても悩みました。「動機の錯誤」は知っている概念ではあったのですが，実際に，字数制限のあるなかで，どれだけ書けばいいのかに悩んで，結局，問題提起は比較的短く書いて，論証を長めに書いてみました。

木山：問題⑤は，400字以内という字数制限があるんですよね。書いてみると，意外とはみ出してしまったりして，まとめるのが大変だったと思います。ホクトさんは，問題文のなかで問題提起，論証，規範定立というふうに指示されていたので，その3つを表題につけて書いていった。バランス的には，やはり論証の部分が長くなっているという感じですね。

　かなはるさんは，この問題を解くにあたって，工夫した点や意識した点はありましたか？

かなはる：まず意識したのは，接続詞の使い方と1文の読みやすさですね。読み手にとってわかりやすい文章にするために，冒頭に端的な接続詞を入れることを心がけました。

　あとは，「動機の錯誤」という論点自体に，「原則」と「例外」が含まれていると思うので，そこの表現方法も意識しました。

木山：なるほど。接続詞の使い方は，こういう法律の文章では，読み手にどのように伝えていくかという意味で，すごく大事なことですね。

　たしかに，かなはるさんの答案だと，接続詞は，問題提起の最初のところにはないですが，論証の部分に入ると，最初の段落は「そもそも」とある。次が「この点」，その次が「しかし」，最後が「他方で」。規範定立は「そこで」とあって，接続詞が，必ず入っています。

　いま，「原則」と「例外」という話がありましたが，それは，具体的にはどういう意味ですか？

かなはる：「③　規範定立」にもありますが，そもそも「動機」というのは，意思の形成過程であるので，原則的には「錯誤」に当たりません。しかし，その動機が明示または黙示に表示されて，意思表示の内容になった場合には，錯誤に当たると解されています。今回の論点では，その2つに分かれた部分が最も大事なところではないかと思い，意識的に書き分けました。

木山：なるほど。「②　論証」の第2段落目に，「動機の錯誤は『錯誤』にはあたらないとも思える。」とあります。ここは，原則というか，そういう意識で，書いたということですか？

かなはる：そうですね。

木山：「原則として」という言葉を，とくに入れていないみたいですが，そ

のあたりの表現については，悩んだ点はありましたか？

かなはる：そうですね……，「原則」と「例外」という言葉を入れるか否かでは，けっこう悩んだのですが，なるべくそういった言葉を入れずに，自然な流れで文章を構成したいと思っていたので，あえて使いませんでした。「原則」「例外」という言葉を入れなくても，どうすればわかりやすい文章になるかを考えて書きました。

木山：なるほど。ホクトさんの文章を見ると，「2　論証」の第1段落3行目に，「動機の錯誤には原則民法95条の適用ができない。」と書かれています。ホクトさんの場合は，「原則」とか，「原則として」と，文章中に「原則」という言葉が入っています。これは，いま，かなはるさんが言っていたような，「原則」と「例外」という点を意識したのですか？

ホクト：「動機の錯誤」は，本来の「錯誤」とは，実際には異なるものなので，「原則」「例外」という書き方をしようと考えたんです。ただ，「原則」という言葉を入れたなら，「例外」という言葉も入れるべきだったんじゃないかなと，いま，感じています。

木山：もし入れるとすると，どのあたりに，どういうふうに入れますか？

ホクト：「2　論証」の第3段落目の2行目ですかね？　「それを『要素』の一つとすることができる。」という文章の前に入れて，「例外的に，それを『要素』の一つとすることができる。」としようかなと思いました。

木山：なるほど。「例外」を論証のなかに入れていく，ということですね……。

ホクト：または，規範定立のところで入れてもいいんじゃないかなと思っています。

木山：規範は規範でどうなるかという話だから，そこに入れるのもいいですが，このホクトさんの答案だと，「2　論証」の第3段落，「そこで……」の次の行，「また」のところですか？

　「また，表示の手段が黙示であっても相手方が気づきうるときは」と……，そうか，ここは2つに分かれているからね。ここにどう入れるかと急に言われても，にわかには結論が出ませんが，要するに，「そこで……」からの3行のなかに，「例外」をどうやって取り込んでいくかという話になりそうで

すね。わかりました。
　一般的な論証なので，(この本のテキストでも) 大事な部分なのですが，最初の部分で「問題提起」を書くことが，法律文章のお作法みたいなところがあります。
　ホクトさんからお聞きします。ホクトさんの答案では，「1　問題提起」に，①，②が入っています。ここで，工夫したところ，悩んだところはありますか？
ホクト：問題提起で，まず，条文の文言をしっかり入れていこうかなと考えました。ただ，それをくり返すと，問題提起の分量が多くなってしまうと思ったので，ナンバリングをつけることで，「動機の錯誤が①に含まれるか」というかたちで，字数を減らせるような工夫をしました。
木山：なるほど。最初にお話にあったように，400字という字数の制約から，問題提起は短くせざるをえなかったということでしょうか？
ホクト：はい。
木山：いまおっしゃった，条文の文言とは，たとえば「錯誤」とか，そういう部分的な文言というよりも，全文引用すると長くなってしまうからということですか？
ホクト：はい。
木山：わかりました。
　わたしが気になったのは，別に大きな問題はないのですが，「②表意者に重過失がないときに主張できる」とある，この「重過失」の部分です。
ホクト：そうですね。
木山：ここ，いまのコメントとして，何かありますか？
ホクト：違和感がありますよね……。
木山：うん。どんな違和感ですか？
ホクト：論証で述べていないところというか，「動機の錯誤」の本質的な問題にかかわってこないところではあったので……。
木山：そうですよね。
ホクト：ただ，「錯誤無効」と結論するために，どうしようかなと思って，入れてみたんですけれど……。

木山：短い 400 字の勝負なのに，あえて，②という番号をつけて問題提起に書いていながら，そのあと，この②は，結局出てこないんだよね。

ホクト：そうですね。

木山：だからここでは，いま，ホクトさんもおっしゃったように，「動機の錯誤」とは直接関係がないので，あえて書かなくてもよかったのかなと思いました。

　同時に，文章の表現の仕方としてですが，この①②という番号ですね。これは「1　問題提起」で①②が出てきて，「2　論証」の第2段落でも，①②③が出てきます。このあたりはどうでしょう。同じ記号を使っているあたりなんですが，いま思うと，どうですか？

ホクト：たしかに，書いているときは何も感じなかったのですが，実際に自分でもう1回改めて見てみると，①と番号をつけて，番号だけでわかるようにして，字数を減らしたつもりだったのですが，あとで別の①が出てくると，やっぱり混乱してしまうかなと感じますね。だから，その2つ目の①②③は，違う記号に変えたほうがよかったと思います。

木山：そうですね。このA4・1枚だけの文章のなかで，同じ①②が出てきてしまうと，本来読みやすくするために使うはずの番号が，逆に，混乱を招いてしまう。これでは，番号を活かしきれてないなあという印象を与えてしまいます。

ホクト：はい。

木山：書き方はそれぞれですが，「2　論証」の第2段階，「しかし」のところは，あえて①②③という番号をつけなくてもよかったのかな，という気がします。一般に，規範定立で①②③を使うのは，そのあとのあてはめを書くときにどう活かすかと考えながら，どの規範を使っているかを明確にするためです。ホクトさんの，この①②③というのは，仮に(1)(2)などに変えたとしても同じことで，1回使っているだけなんですよね。だから，あえて番号をつけなくてもいいのかなと，好みの問題ではありますが，そう思います。

　かなはるさんは，問題提起を短くまとめられていますが，工夫した点とか，悩んだ点はありますか？

かなはる：まず気をつけた点は，"錯誤"のような条文のなかにある文言は，かぎ括弧に入れて，"民法95条"のような条文名は，丸括弧に入れるということです。最初は，"動機の錯誤"をかぎ括弧に入れようかと思ったのですが，法律文章としては正しくないですよね。以前授業で，それは違うということを知って，それから記号や括弧などの使い方は気をつけるようにしています。

木山：そうですか。それで，そのあともずっと，かなはるさんの文章は，錯誤を書くときはかぎ括弧を，論証のところでも，規範定立でも，書いているのですね。

かなはる：はい。

木山：これは，条文の文言の「錯誤」であることを示すため，ということですか？

かなはる：はい。

木山：それは，とてもいいことだと思います。問題提起は，短ければ短いほどいいのですが，他方で，何が問題なのかということを，明確に示すことも重要です。この2行で［注：実際の答案では2行に収まっていた］，2つの文章に分けたというのは，何か意図があるんですか？

かなはる：1文にまとめてもよかったかなと思ったのですが……。

木山：いや，分けたのはいいと思うんですよ。

かなはる：主張できることと，要件効果ですか？ この事例では，効果は無効だけれど，論証の問題としては，錯誤無効を主張できるかと，動機の錯誤に当たるかという，2つあるかなと思ったので，そこはあえて一緒にせず，2つの文章にしました。でも，そんなに意識はしていないです。

木山：無意識というか，自然に分けていたのですね。この分け方はすごくいいと思います。これを説明しようとすると，多分，最初の文章は，いま，おっしゃったように効果の部分で，問題文も錯誤無効を主張できるかとなっていたので，それを受けて書いた。そのあとに，実際に問題となる部分，つまり，要件のなかで問題となる部分を，論点として書いたと。こういうことだと思います。

かなはる：はい。

木山：では，問題提起はこのあたりにして，論証に移りましょう。論証については，動機の錯誤といっても，理由などを考え出すといろいろありますから，意外と，上手にまとめるのは難しいのではないかと思います。まず，ホクトさんからみていきたいと思います。

ホクトさんは，論証で意識した点は何かありますか？

ホクト：段階を分けて書いた点です。

木山：段階？

ホクト：まず，そもそも動機の錯誤は，民法95条の「錯誤」に適用できないということを言って……。

木山：原則として，ということですか？

ホクト：原則論としてまず言うんですが，ただ，それだけだと，実際に起こった問題に対応できないということを，第2段落目で3つに分けて書いているのですが［注：①，②，③のこと］，それを，それぞれの場合にどう判断するのかということを，第3段落目で，例外として述べています。

木山：なるほど。3つの段落に，ちょうど3行ずつに分けて書かれていますが［注：実際の答案では「2　論証」の各段落は，いずれも3行だった］，第1段落は原則論の話をした，ということですね。第2段落では，その原則論を貫いたときに起きる，結果の不都合性といった点を指摘している。そして最後に，第3段落で，例外的にどう修正していくか，という解決策を示した。こういうことかと思います。段階に分けて書くというのは，なるほどなあと思いました。

ホクトさんは，段階に分けて書いてみて，書いたあとでの感想でいいのですが，書き方の方法として，もっと変えられないかなとか，こういうふうにしたほうがよかったなとか，そういうことはありますか？　それとも，これでもうOKという感じですか？

ホクト：さきほども言ったとおり，①②③というナンバリングは，いらなかったんじゃないかなと感じています。そこを直すことでしょうか。それと，実際，結論は出ないんですけど，第3段落目で，できれば，「例外的」という言葉が入れられたらよかったと思っています。

木山：そうですね。そうすると，より論理的な文章になってくると思います。

あとは，第2段落で，「以下のことが考えられる。」として，3つの要素を挙げられているわけですが，「動機と効果意思の区別は難しい。」とか，「動機の錯誤も取引の安全を害する。」とか，「問題となるのは動機の錯誤の場合がほとんどである。」と書いてあります。たしかにそのとおりなので，これはこれでいいとは思います。ただ，3つの要素を一挙にまとめて書いてしまっているので，以降の文章への流れが，やや見えにくい。そんなところが，改善点かもしれないですね。

ホクト：そうですね，たしかに。

木山：結びつきというか，いわば，問題が3つあるみたいな感じで書かれているわけですが，そのあと，どれがどうつながってくるか。これは，法律を知っている人，わかっている人が見れば，もちろんわかる。でも，わからない人にはわからないです。それは，論理の流れが，書き方としてみると，上手に表現しきれていないからだと思います〔注：結果，答案の評価としては，論理的な思考力がないと判断される危険がある〕。

あと，わたしが気になったのが，第3段落の2〜3行目です。「また」に続けて，「表示の手段が黙示であっても相手方が気づきうるときは動機が表示されたと解することができる。」とあります。

ホクト：はい。

木山：これは，もし，ホクトさんがこういう考え方なのだとすれば，それはそれで1つの考え方であるとは思いますが，この文章には，2つの要件が入ってしまっているんですよね。動機の表示手段は，黙示でもよい，ということではなくて，黙示の場合は「相手が気づきうる」こと，それが前提になっていると思うんです。ここは結局，規範にはどのようにつながっていくのですか？

ホクト：そうですね，いちばん言いたかったのは，動機が相手方に表示されたってことなので……。

木山：そうですか。それは，規範のなかで明確には書かれていないということですか，そうすると？

ホクト：そう……，なりますね。

木山：ホクトさんの頭のなかでは，要するにこれは，表示があれば黙示でも

いいよ、ということだったのですか？
ホクト：はい。
木山：そうすると、表示の話は、第3段落目の「気づきうるときは」のあとにありますが、それが「3　規範定立」にきて、「相手方が認識可能なとき」という、ちょっと抽象的な方向に、また少し論理の流れがぶれてしまっているので、ここがリンクすると、よりストレートにわかりやすくなったのではないかと思います。
ホクト：はい。
木山：でも、内容的には、よく書けていたと思います。
　かなはるさんは、論証の部分で意識した点はありますか？
かなはる：そうですね、これは、わたしの論証全体にもかかわってくるところなのですが、やはり、簡潔な文章にするために、接続詞の使い方には注意を払いました。今回の答案でいうと、「そもそも」で前提、「この点」で原則、「しかし」で問題点、「他方」でさらなる対立を示しています。こうすることによって、視覚的にも内容的にも、1つの流れをつくるよう意識しました。
木山：なるほど。かなはるさんの論証は、とてもすっきりしているなあというふうに思いました。たとえば、いま、お話にあった、「しかし」のところで、趣旨として「表意者の保護」という、わかりやすいキーワードが出てきます。そのあと、「他方」のところでは、「取引の安全」という、これもまた、逆の意味でのキーワードが出てくる。その2つのぶつかり合いみたいなところから、いわば妥協の産物として、「そこで」ということで、規範が出てくるのだと思います。ここでも、「表意者の保護と取引の安全の調和から」と改めて書いてある。前の「②　論証」で出てきた「表意者の保護」と「取引の安全」という同じキーワードを、重ねて使っているんですよね。かつ、「調和」と言っている。これがうまくリンクしてくる。そのへんが上手だなあと思いました。
　ホクトさん、どうですか？　この書き方は。
ホクト：論証から規範定立までしっかりつながっているのが、とても上手いなと思いました。
木山：そうですよね。3段階という、とてもわかりやすい流れで書かれてい

るし。多分，ホクトさんの頭のなかでも，基本的には同じようなことを考えていたはずなんです。ただ，文章の表現という点でみると，さっきお話ししたように，論証の最後の部分と規範との結びつきが，少しぶれた感がありました。このあたりは，かなはるさんの答案が参考になるのではないかと思います。

　だいたい，そんなところだと思います。ホクトさん，最後に何か聞いておきたいこととか，気になったことはありますか？　この問題に限らず，何でもいいですよ。

ホクト：いままでの会話で，自分のなかで改善するところがいっぱいみつかったんですけど……。

木山：はい，意外とありますよね。

ホクト：最初，自分１人でやっていると，全然気づかないのですが，こうやって指摘されると，何か違うなと感じたり，さらに，かなはるさんの解答を見せてもらって，自分に足りないものが何だったのかということに気づかされたりしました。この，論証からの規範定立へのリンクが，自分には欠けていることが，今回，とくに気になりました。

木山：文章表現というのは，簡単なようで，意外と難しいところがあるんですよね。知っていることを書く場合，たとえば，400字以内で自己紹介をしてくださいとか，自分のことを書いてくださいという場合，自分のことは知っているから，調べる必要もない。すると，内容そのものは，簡単だな，と感じると思うのです。ところが，実際まとめようとすると，制限字数内で，どう表現するかとか，逆に，どこを書かないようにするかとか，そのへんが意外と難しい。だから，おふたりとも最初の印象として，問題そのものはごくふつうで，それほど難しそうではないと思われた。それは多分，そのとおりだと思うのです。しかし，実際書いてみると，たとえば，こうした問題を試験で学生50人に出したとしたら，ちゃんと勉強してきた人は，ああ，自分の知っているあれだなという感じで，多分，40人から45人ぐらいは，ある程度書いてくると思うんです。そうすると，逆に，簡単な問題ほど差をつけるのは大変になってきます。油断すると，差をつけられてしまう危険性すらありますよね。そういう意味では，今回は，簡単なようで実は難しいとい

う，奥の深い問題だったと思います。

　ほかにもありますか，ホクトさん。

ホクト：僕は，指定された字数のなかでまとめるのが，どうしても苦手ですね。今回の論証でも，本当はもっと言いたいことがいっぱいあって，でも，400字だとまとまらないので短くしたのですが，まとめすぎて，それでつながらなくなってしまったというところがあって……。

木山：ホクトさんの答案は，全体のバランスとしてはいいんですよね。問題提起，論証，規範定立，それぞれの分量・行数は。あとは，読んだときの印象として，最初の問題提起に重過失をもってきているところもそうだし，論証の第2段落で3つの要素を挙げている点もそうなのですが，多分，ホクトさんには書きたいことはいろいろあるし，思い浮かんだこともたくさんあったのでしょう。それらの何を取捨選択するかとか，まとめるかというところで，少し苦しんだのかなと感じました。このあたりは，どんどん，いろいろないい文章を見て，書き方に慣れていくことが必要だと思います。

　かなはるさんは，どうでしたか？　ほかに何か気づいた点とか，気になる点とかは，ありますか？

かなはる：やはり私も，文章を書くにあたって，取捨選択が，とくに難しいなと感じました。それは，キーワードの選択であったり，どの情報を入れるべきなのか，どの情報は必要ないのか，ということを的確に判断し，限られた字数で，いかに上手く論証のなかに取り入れられるか，という点で強く実感しました。あとは，民法の教科書や，学術書の文章は，堅い法律の文言がすごく多いですよね。おそらく，私たちの頭のなかに入っているのも，そういった堅い文章だと思うのですが，今回のような答案として書くときには，そのまま書くとわかりづらくて，伝わりにくいと思うんです。だから，それをいかに変型させて，わかりやすく表現するかが，法律の文章を書くうえで，課題になると思いました。

木山：本当にそうなんですよね。法律文章の作成にもインプットとアウトプットの作業があるわけですが，算数や数学のインプットとアウトプットとは，違うのです。どこが違うのかというと，法律文章の場合，基本書や体系書に書いてあることを理解して覚えて，そのまま書けばいいかというと，そうで

はない。自分の頭で文章を組み立てて，しかも，自分の言葉でわかりやすく書かないといけない。

「法学ライティング」は，まさに，そのアウトプットの面を鍛えようという目的で行っている科目です。読むのも大事だし，書くのも大事。両方やらないといけないよ，ということですね。

5………解説

本問も，第4章に続き，一般的な論証のトレーニングになる問題です。問題文には，A，B，Cという人物が出てきますが，一般的な論証を書いてもらうような出題形式になっています。なぜかというと，「この論点について……一般的な，①問題提起，②論証（③の理由），③規範定立（論点の結論）を記載しなさい。」と，問題文にあるからです。この部分には，さらにかっこ書きで，「他の問題は検討する必要はない。」と念押しされています。

したがって，**本問で答案に書くべきことは，「動機の錯誤」という民法の論点について，＜①問題提起→②理由→③規範定立＞の3つを書けばよく，それ以上に「あてはめ」をする必要はありません。**もし，③規範定立のあとに，A，B，Cという人物について「あてはめ」を行い，具体的な結論（「たとえば，Aは錯誤無効を主張できる。」といったこと）を記載すると，「余事記載」となります。

法律の事例問題では「問いに答えること」が，まずもって重要です。どんなに立派なことを書いたとしても，「問い」と関係がないこと（問題文で問われていないこと）を書いた場合，そこに点はつきません。配点が0の部分をどんなに書いても，得点は0だからです。さらに，こうした「問われていないこと」の記載が増えると，結果として，答案全体に占める「問われていること」の分量が減っていくことになります。そうすると，配点がある「問われていること」の部分についての記載が淡泊になってしまい，点数も伸びなくなるというダブルパンチを食らうことになります。

「余事記載」はしないことが大切です。**配点がない部分をいくら書いても，「よく勉強したね。」とは評価されないのです。**この点は，法律の事例問題の

答案を書くときには，気をつけてください。司法試験の論文試験になっても，この，「問いに答える」ということができていないために，点数が伸びない人がたくさんいます。**法律の知識があっても，問いに答えられない人は，コミュニケーション能力がないとみなされます**。法律家になってから，依頼者の相談を聴いて，その相談の本質でないことばかり答えても，役立つ法律家とはいえません。

　読者のみなさんは法律家になることまでは目指していないかもしれませんが，社会に出れば，コミュニケーション力は極めて重要です。たとえば，顧客のニーズに応える，上司の求めていることを察知するといった力は，問題文を読んで「問われていること」を正確に理解して，その「問われていること」だけに正面から答えるという訓練をすることによっても，大きく磨かれていきます。

　この問題も，受講生のなかには，「Aが〜」「Bが〜」と，一般論ではない「具体論」（あてはめなど）を展開していた学生も多かったのですが，そういう答案は，本問では求められていない，ということに気づくことが重要です。

　もし，読者のみなさんが「問われていないこと」を書いてしまった場合には，「問いに答える」ことの意味を理解するチャンスですから，めげずに，素直に自分の間違えた方向性を認め，修正をしてください。**素直になることも，極めて重要です。素直な人は，間違えても，めげずにトライしてグングン伸びていきます**。逆に，自分のやり方などにこだわりすぎて，素直になれないタイプの人は，自己流で行き着くところまで行ってしまい，そこで大きな挫折を味わって初めて気づくこということがあります（わたし自身そういうタイプでしたので，そのタイプの人の気持ちもよくわかります。でも，いずれ修正せざるをえなくなります。常に，素直に謙虚に，人から教わっていくほうが，結果として，断然早く力がつきます）。

　論点は，「動機の錯誤」という，民法（総則）の典型論点です。前章では「憲法」の論点でしたが，本章では「民法」の論点に科目を変えて，同じく論証を問うものです。ただし，上記のとおり，規範定立まででよいとなっているため，あてはめは不要です。

　「問いに答えること」の重要性は，本問に限らず，本書の全問題に共通し

ています。本章の解説としては，ここで終わりにします。

　なお，本問のように，一般的な論証（①問題提起，②理由，③規範定立）だけ書けばよい，という問題は，通常は出ません。これは，「法学ライティング」が，法律文章力ゼロからスタートするというスタンスの科目であるため，あえて，その部分だけを書いてもらう演習問題にしています。ですから，実際に問題を解くときには，こうした「①問題提起，②理由，③規範定立」という部分は，問題文には書いてありませんが，自分で考えて書いていくことになります。この点は留意してください。

　さて，**法律文章は，「法的三段論法」を大きな軸として展開するもの**になっています。本章のねらいは，「論証」の型をマスターすることですが，前章と異なり，「法的三段論法」という視点で学んでいただきたいのです（法的三段論法については，次章とあわせて，ひととおり学べるようになっています）。

　法的三段論法とは，判決文がまさにその形式で書かれています。大前提としての「**法解釈**」を行い，次に，小前提としての「**事実認定**」を行い，最後に，両者を「**あてはめ**」ることで，結論を導く手法です。

　これをわかりやすくビジュアル化すると，次のようになります。

【**大前提**】法解釈：法規に論理則をあてはめて「法規範」を定立
　　↓
【**小前提**】事実認定：証拠に経験則をあてはめて「事実」を認定
　　↓
【**結　論**】法規範に事実を「**あてはめ**」る

　論理学にいう三段論法と，発想の基本は同じです。この論法では，まず，一般論としての【**命題**】（たとえば「人は死ぬ」）があり，次に，具体論としての【**事例**】（「アリストテレスは人だ」）が登場します。そして，この【**事例**】を【**命題**】にあてはめることで，（「アリストテレスは〔人である以上〕死ぬ」）【**結論**】を導くのです。

【**命　題**】人は死ぬ

↓
【事　例】アリストテレスは人だ
　　↓
【結　論】アリストテレスは死ぬ

　いま，法的三段論法も，論理学の三段論法と基本的には同じであるといいましたが，【命題】部分は異なります。法的三段論法では，【命題】が，法でなければならないからです。つまり，法律（憲法の場合は憲法）の解釈として導かれるルールである必要があります。ですから，【命題】部分は，法的三段論法では「法解釈」になるのです。
　判例を学ぶのは，こうした「法解釈」の結論とプロセスを知るためです。判例（最高裁判決）は，その事案を解決するために考えられたものですが，一般論として他の事案でも適用できるルール（規範）が判示されることがあります。この部分を抽出できると，他の似たような事案にも，「規範」（法規範のこと）として使うことができるようになります。
　また，論理学の三段論法にいう【事例】についても，法的三段論法では，「証拠による事実認定」という特色が出てきます。これは，裁判所が行う作業の多くが「事実認定」であることからもわかるように，いかにして証拠によって事実を認定するかというのが，多くの裁判の焦点になるのです。
　弁護士や検察官になった場合には，当事者に有利な証拠を発見し，それを的確に裁判所に提出することが必要です（最良証拠を「ベスト・エヴィデンス」と呼ぶことがありますが，それをいかにみつけて提出するかが，腕のみせどころになるのです）。もっとも，こうした事実認定については，みなさんはそれほど気にとめる必要はありません。なぜかというと，法学部・法科大学院の問題や司法試験では，裁判実務のように，「証拠から事実を認定させる」という「事実認定」までは問われないことが，ほとんどだからです（問題文にある事実が，「認定された事実」だと考えてよいわけです）。
　そこで，実際には，①「法解釈」をして，「法規範」を定立します（一般に，単に「規範」といい，これを，「規範定立」といいます）。次に，②定立した「規範」に，問題文にある事実を「あてはめ」る。こうして，結論を導きま

す。これが，法学部・法科大学院における事例問題の検討順序です。

　重要なことなので，このプロセスを整理しておきましょう。事実認定は不要な問題の場合のプロセスです（不要な場合といいましたが，法学部の試験やレポートでは，ほとんどが不要だと思います）。

　まずは，①法解釈を行い，「規範」を定立します。次に，②（自分で答案に）定立した「規範」に，「（問題文にある）事実」を「あてはめ」ます。事実認定が不要な問題の場合（司法試験レベルまでの多くの事例問題の場合）は，この2段階ができればよいことになります。

　そして，以上の2段階を論じる前提として，「問題提起」を行います。問題提起については，前章でお話ししたので，その一般的な書き方については，ここでは省略しますが（76～77頁をご確認ください），**問題提起には4つの要素がありました。①「純粋な問い」，②「条文とその文言の指摘（条文がない場合には明文がないことの指摘）」，③「論点名」，④「論点になる理由」の4つでした**。この4要素を，どのように入れ込んでいくべきかについては，わたしの書いた「解答例」（99頁）の最初の3行をよくみてください。

　まず，最初の「動機の錯誤は『錯誤』（民法95条本文）にあたるか。」という部分が，①「純粋な問い」にあたります。この文章は，同時に，②「条文と条文の文言の指摘」も含んでいます。「（民法95条本文）」が「条文の指摘」で，『錯誤』が「条文の文言の指摘」になっているからです。さらに，「動機の錯誤」という部分は，③「論点名」にもなっています。そして，「『錯誤』とは内心的効果意思と表示の不一致をいうところ，動機に錯誤がある場合は，両者に不一致がないとも思えるため問題となる。」という部分は，④「論点になる理由」です。

　動機の錯誤は，民法の典型論点ですから，論証（「理由」→「規範定立」）は，多くの人がある程度書ける可能性があります。しかし，「問題提起」は，このように，4つの要素を意識しながら，工夫をして文章を書けるかどうかで差がつきやすいところです。これが絶対の答え（書き方）ということではありません。自分でわかりやすい（読みやすい）問題提起を，本書に掲載した学生の答案の文章なども参考にしながら，ぜひ探求してください。

6……解答例

　第1段落が「問題提起」になっています。第2段落から第4段落までは，自説の「理由」です。第2段落（「たしかに～」）で，「錯誤」の定義を書いています。第3段落（「しかし～」）では，民法95条本文の「趣旨」を記載しています。一言で言えば，（勘違いをした，つまり錯誤に陥った）「表意者の保護」（静的安全）です。第4段落（「他方で～」）では，95条但書きの趣旨を書いています。表意者に重過失がある場合には錯誤無効を主張できないとされている理由です。すなわち，表意者が勘違いをしている（錯誤に陥っている）とは思わず信じて取引をした「相手方の保護」（取引の安全（動的安全））です。最後の第5段落では，「規範定立」がされています。

　動機の錯誤は「錯誤」（民法95条本文）にあたるか。「錯誤」とは内心的効果意思と表示の不一致をいうところ，動機に錯誤がある場合は，両者に不一致がないとも思えるため問題となる。
　たしかに，民法95条が定める「錯誤」は，表意者が内心で求めた意思（内心的効果意思）と，現実に表示された内容（表示された意思）との間に不一致があり，そのことを表意者本人が知らなかった場合をいう。
　しかし，同条が錯誤のある意思表示を無効とした趣旨は，「法律行為の要素」に誤解があってなされた意思表示は，真意と異なるものであり，保護に値するからである。
　他方で，同条但書きが重過失ある表意者を保護しないのは，表意者の錯誤を知らずに取引をした相手方の信頼を保護するためである。
　そこで，動機に錯誤がある場合，それだけでは「錯誤」にはあたらないが，動機が黙示または明示で相手方に表示されていた場合には「錯誤」にあたると考える（判例も同様の結論を採っている。）。

　　　　　　　　　　　　　　　　　　　　　　　　　　　以上

ナンバリング──判決文のルール

　本書では,「ナンバリング」という言葉がよく登場します。法律文章を整理して書く場合,内容や項目ごとに「番号」をつけていきます。これを「ナンバリング」と,本書では呼んでいます。番号の使い方については,学生の答案をみると,人それぞれです。絶対という決まりはありませんので,基本的には自由です。

　しかし,判決文ではルールがあります。現在の判決文は横書きになっています。従前はたて書きだったのですが,平成13年1月1日から裁判所の書類は横書きに変わりました。当時,わたしは,ちょうど司法試験の受験勉強をしており,前の年まで,論文試験の問題文と答案用紙はたて書きだったのに,この年からいずれも横書きになり,慣れるまで時間がかかりました。

　「公用文作成の要領」には,次のようにルールが書かれています。「項目の細切は,たとえば次のような順序を用いる。」とあります。そして,「横書きの場合」は,「第1→1→(1)→ア→(ｱ)」の順番で,項目の番号をつけるべきことが書かれています。現在の判決文も,基本的にこの順番で記載されています。

　もちろん,絶対的なルールではありませんので参考レベルですが,裁判官の書く判決文は,これにならっています。司法試験の答案も,この順番でナンバリングをつける人が多いです。

column 4

第6章 規範に対する「あてはめ」の力を身につけよう

1……この章の趣旨

　本章も，法的三段論法をマスターするための問題です。法的三段論法で，まず行うべきことは，大前提としての「法解釈」でした〔→第5章参照〕。この部分は，最初のうちは難しいかもしれませんが，ある程度勉強をしていけば，また，法律文章を書くトレーニングを積み重ねていけば，次第にコツがつかめて書けるようになってきます。ある意味，「型」が決まっているものですので，人によっては，キーワードなどを記憶することで，上手に書けてしまう部分です。

　一方，法解釈によって定立した「規範」に対して，問題文にある事実を「あてはめ」ていく作業は，センスのある人は自然とできますが，多くの人は苦戦します。法解釈と違って，単にキーワードを記憶すればよいものではなく，その問題文の事例と正面から向き合う必要があるからです。端的にいえば，文章の読解力や，説得的に文章を書く国語力が物を言う部分です。

　といっても，純粋に国語力が試される文章ではなく，あくまで法律文章の一部分になりますから，書き方を知ることが重要です。**大事なことは，「規範」，つまり抽象的な基準（ルール）を，具体的な事例にどのようにあてはめていくかということです**。これは，本章のような長文の事例を読んで，答案を書くトレーニングをするなかで鍛えていくしかありません。

　本章の目的は，法的三段論法のうち，「規範の定立」と，定立した規範に対する「あてはめ」の力を養ってもらうことにあります。前章とあわせて，「法的三段論法」の書き方が完成するようにつくっています。くり返しトライしていただき，その都度，解説や学生との議論などを読み込んでみてください。力がつくはずです。

2……演習問題

問題⑥

　県立A高校では、校則でバイクでの通学を禁止していた。同校の3年生であるX（18才）は、日曜日の夕方に、自宅で月曜1限の数学の宿題をやろうとしたところ、教科書を教室に置き忘れてしまったことに気づき、「学校が閉まる前に行かねば」と、バイクに乗ってすぐさまA高校に向かった。

　Xはバイクの免許を取得しており、休日にはバイト先に向かうときなどにバイクを使っていたが、これまで通学の際に乗ったことは1度もなかった。また、Xは、成績もよく、学校生活でも特に問題は認められない、優秀な生徒だった。

　Xは、バイク通学が校則で禁止されていたことを知っていたので、学校から約200メートル離れた駅の駐輪場にバイクをとめ、そこから歩き始めたところ、部活の指導で休日出勤していた担任教師Bに遭遇し、問いただされた。

　Xは、宿題をやるためにやむなくバイクに乗ってきたことと、学校に来るのにバイクに乗ったのは今回が初めてであることを説明した上で、「申し訳ありませんでした。」と頭を下げた。しかし、Bは、「うそに決まっている。いつもバイクで通学していたんだろう。」と、聞く耳を全くもたなかった。

　そして、そのまま弁解の機会が与えられることもないままに、Xは、翌日、校則違反を理由に、A高校（Y校長）から退学処分を受けた。

　この事例に含まれる憲法上の問題について、以下の観点から、あなたの見解を論じなさい（1200字以内）。

① 　Xにバイクに乗る自由は保障されるか。
② 　A高校のバイク通学を禁止する校則は合憲か。
③ 　Xの退学処分は合憲か。

3……議論に参加をした学生の文章例

①ZIPさんの答案

1. まず、バイクに乗る自由は、憲法上の人権として保障されるか。憲法に、明文がないため問題となる。

   たしかに、国家権力を制限し個人の自由を保障する近代立憲主義の理念から、個人の自由を広く保護する必要がある。

   そこで、13条後段は、あらゆる生活領域に関する行為の自由を保障し、制約の合憲性は比較考量により決するべきであると解する。(一般的自由説)

   しかし、このように広く人権を認めてしまうと人権のインフレ化を招き、その価値が相対的に低下してしまう恐れがある。また、裁判所の主観的判断で、権利が創設されてしまう危険性もある。

   よって、個人の人格的生存に不可欠な権利・自由に限られると解するのが妥当である。(人格的利益説)

   この点、バイクに乗る自由は、人格的生存に不可欠というのは困難であるため、バイクに乗る自由は憲法上保障されていない。

   そうだとしても、憲法上の自己決定権の全うのために一定の保障を及ぼすべきである。

2. 次に、バイクに乗る自由に一定の保障を及ぼすべきであるとして、バイクでの通学を禁止するA高校の校則は合憲であるか。

   確かに、学校の校則は、学校ごとに自由に決められるのが普通である。そして法で強制されるものでもないため、とても自由度の高いものである。ただし、A高校は県立高校であるため私立高校と比較して内容の適切さはより重要であると考えられる。

   そこで、①校則の目的が重要であり、②目的達成のために実質的関連性があれば合憲であると解する。

この点について，①Ａ高校の校則は，事故の防止，非行の防止，勉強への集中にあり，未成年者の心身の健全な発達，人格的自立の助長・促進を図る目的であるといえるため，これは極めて重要である。②そして，未成年者のバイクの事故率は極めて高く，危険をともなうと考えられる。また，バイクに乗ることにより非行に走る可能性も考えられないわけではない。
　　　よって，これらを防止する目的達成のために実質的関連性はあるといえるため，バイクでの通学を禁止するＡ高校の校則は，合憲である。
3. 最後に，Ａ高校の校則が合憲だとして，Ｘに対するＹ校長の退学処分は合憲か。校長の退学処分の司法審査の可否が問題となる。
　　　原則として，学内の事に司法審査は及ばない。なぜなら，学校という限られた範囲での出来事に司法審査が及ぶとすると，司法審査の範囲が広すぎるため妥当ではない。
　　　しかし，退学処分は生徒にとって重大な不利益であり，一般市民法秩序と直接関係を有するので，司法審査の対象となると考える。
　　　そこで，Ｙ校長の処分が裁量権の逸脱とならない限りは合憲であると解する。
　　　この点につき，Ｘは，一度も通学の際にバイクを使ったことなどなく極めて優秀な生徒であり謝罪の言葉も述べている。それにもかかわらず，有無を言わさず退学処分というのはかなり重い処分である。退学ではなく，停学や反省文などといった軽い処分をすることもできたはずである。
　　　よって，Ｙ校長の処分は裁量権の逸脱であるため，Ｘに対するＹ校長の退学処分は，違憲である。

②ポンさんの答案

1. Xにバイクに乗る自由は認められる。但し通学に使用する自由は認められない。

　Xは18才であり、バイクに乗るための免許も持っている。日常生活においてXがバイクに乗ることは何ら問題ない。

　しかしXの通う高校の校則はバイク通学の禁止を定めている。校則とは通常その学校に通うものは必ず守らなければならないものであり、守らなければそれ相応の処罰を受けるものである。A高校に通う生徒である以上XもA高校の定めた校則に従わなくてはいけない。つまりXは通学目的でバイクに乗ることは禁止されるということになる。

2. しかしXのバイクに乗る自由が憲法13条によって保障されていると考えた場合、それを制限するA高校の校則は違憲ではないかという疑問が出てくる。

　ここで検討すべきなのは校則の目的についてである。校則とは生徒を守り、校内の秩序を形成するためのものである。この目的を達成するために必要最小限度で生徒の自由を制限するのは客観的に見て違法ではないとするのが妥当である。

　よってバイクで通学することによる交通事故の防止、また校内の風紀を乱さないことを目的として定めたA高校の校則は違憲ではないといえる。

3. だがこの事件で問題なのはA高校のXに対する処罰の方法である。

　Xは日ごろから成績優秀、学校生活でもとくに問題が認められる生徒ではなかった。それにバイクで登校したことは一度もなく、この事件が初めてだったという。さらにXは担任教師Bに事件を目撃され、指導を受けた際に反抗することなく素直に謝罪した。にもかかわらず担任BはXの主張には全く聞く耳を持たず、一度たりとも弁解の機会を与えなかった。またY校長も弁解の機会をXに一度も与えないまま校則違反として

事件の翌日退学処分を下した。
　Xには退学処分を受けるほどの過失があったとは思えない。校則を守らずバイクで登校してしまったことはXの責任であるが担任教師Bに指導をされた際も素直に聞き入れ，謝罪をしたのだから学校史上最高の処分である退学処分を下すのは明らかに間違っていると言わざるを得ない。
　校則の処罰とはあくまでも生徒に過ちを反省させ，更生させることを目的としなくてはならない。だが，A高校側はXの主張を一切聞き入れずしかも退学処分という重大な決定をたった一日足らずでし，即Xを退学させたのは明らかに憲法13条違反であるといえる。
　よってA高校のバイクによる通学の禁止を定めた校則そのものは違憲ではないが，A高校がXに対してした処分は違憲であるといえる。

4……学生との議論（実際に文章を書いてみて，どうだったか？）

木山：それでは，問題⑥に入りたいと思います。

　問題⑥は憲法の事例問題で，事例の内容も，問題文も長めです。いろいろ具体的な事実が書いてありますが，高校生が退学処分を受けてしまったという事案ですね。問題としては，①②③というかたちで，そもそも「バイクに乗る自由は保障されるか」，「校則は合憲か」，「退学処分は合憲か」と，分けて書いてあります。司法試験の問題などになると，こういう①から③までは，問題で指定されないほうが多く，自分で考えて書かなければいけないのですが，法学部の2年生ということで，設問を区切って，書くべきことを指定し，出題しています。

　ZIPさんから，順番にいきたいと思います。この問題は難しかったですか，やさしかったですか？

ZIP：難しかったです。まず，問題文が長くて，答案構成をしていくときに，書きたいことがいっぱい出てきてしまい，それを，どういう順番でしっかり

書いていくか，けっこう長めに考えてから書いたので，難しかったという印象です。

木山：そうですよね。3つの設問がありますが，①の「Xにバイクに乗る自由は保障されるか。」は，ちょうどＺＩＰさんとポンさんが問題④でやった，「髪型の自由が憲法上保障されるか。」と同じような論点ですね。問題④は，400字で書いてもらったわけですが，今回は，ここをどれぐらい短くまとめるか，という悩みも出てきたかもしれません。こうしたバランスについては，いかがですか？　何か意識をしたことはありますか？

ZIP：うーん……。

木山：3つのことを聞かれているわけですが，どれかを長くしようと考えたのか，どれも同じぐらいの分量で書こうと思ったのか。

ZIP：書いたときは，だいたい同じぐらいの分量で書けばいいかな，というふうに思っていました。でも，いま，こうやって自分の答案をみると，ちょっとバランスが悪いな，と感じます。

木山：どのあたりですか？

ZIP：「1.（たていち）」が，ちょっと長すぎる。これだけ事案が長いので，あてはめをするべきだと思いますから，「3.（たてさん）」を，もうちょっと長くするべきだと思います。

木山：そうですね。字数の制限がありますので，どこかを長くするということは，逆に，別の部分を短くしないといけないということになりますね。「1.（たていち）」については，これはこれでよく書けてはいますが，「3.（たてさん）」のあてはめをもっと長くしたいと考えると，「1.（たていち）」をもっと短くせざるをえない。こうした配分のバランスの検討が，たしかに必要だったかもしれません。

　次に，ポンさんに聞きたいと思います。問題は難しかったですか？　簡単でしたか？

ポン：うーん……，ほかの問題に比べると，わたしとしては，比較的書きやすかったです。

木山：そうですか。

ポン：難しくはなかったです。

木山：書きやすかったのは，どういう理由ですか？

第6章　規範に対する「あてはめ」の力を身につけよう

ポン：問題文に先生が，①，②，③として，何について論じればいいかという目安を書いてくれています。だから，自分で問題点を挙げたりせず，それについて書けばよかったので，書きやすかったです。

木山：前に，「髪型の自由が保障されるか」という，問題④をやりましたが，たしかあのときは，ポンさんから，問題には書いていないけれど，校則の話を，自分で具体例を思い浮かべて書いた，という話がありましたよね。ポンさんの場合は，事例で，長めにいろいろな情報が入っているほうが，書きやすいという感じですか？

ポン：書きやすいです。

木山：次に，ＺＩＰさんにお聞きします。さきほどバランスの話が出ましたが，答案を書くにあたって，工夫した点とか，意識した点はありましたか？

ＺＩＰ：やっぱり文章が長いので，文章間のつながりに接続詞をたくさん使ったりして，読んでいて，急につながりが途絶えたりするようなところがないようにしました。

木山：文章の流れについては，たしかにそうですね。接続詞を上手に使うことが大事です。こういう，長く書かなければならないものほど，最初から最後まですらすら読めるような，論理の流れが出る文章が高く評価されます。

　実際，ＺＩＰさんの答案は，「1.（たていち）」で「まず」というふうに入って，大きなまとまりでいうと，「2.（たてに）」で「次に」とあって，「3.（たてさん）」は「最後に」というかたちになっていて，3つのまとまりが上手につながっています。また，それぞれの内容としても，「1.（たていち）」のなかで「確かに」，「そこで」，「しかし」，「よって」という流れで，上手に，論理が展開できています。「2.（たてに）」も同様に，「確かに」，「そこで」というかたちで，「3.（たてさん）」も「原則として」，「しかし」という流れで，意識されたところは，すごくよくできていると思います。

　ＺＩＰさんは，問題④の答案では，細かい見出しをつけていました。この問題ではつけなかったのは，何か理由があるのですか？

ＺＩＰ：そうですね……，問題④のときは，文章が短い分，自分の書きたいことがパッと見てわかるように，というだけの意味で見出しをつけたのですが，この問題⑥の場合は，問題④のように詳しくつけていると，何が何だかわからなくなってしまうので，もう大まかに，最初に，設問のとおり３つに分け

ました。

木山：なるほど。
　ポンさんは，この答案は書きやすかったということでしたが，書くときに意識したこととか，工夫したことはありましたか？

ポン：意識したことは，最低限聞かれていることにだけは答えようということで，1個1個の文章があまり長くならないようにしました。あとは，「1.（たていち）」，「2.（たてに）」，「3.（たてさん）」で，文章が1個ずつで切れてしまわないように，それぞれの間に全部つながりをもたせるという工夫はしたつもりです。

木山：ポンさんの答案は，バランスという意味では，「1.（たていち）」，「2.（たてに）」，「3.（たてさん）」と分けているうちの，設問③の退学処分が違憲かどうかの解答にあたる「3.（たてさん）」がいちばん長くなっていますね。ここを長くしたのには，理由がありますか？　あえて長くしたとか。

ポン：事例を読んだときに，いちばん問題になるところだと思ったのが，この設問③だったので，そこを重点的に書こうという意識がありました。実際，書くことも多かったので，必然的に長くなりました。

木山：なるほど。聞かれていることに答えようとしたというお話でしたが，まさに，こういう問題では，問いに答えていくという姿勢がすごく大事です。いま，ポンさんのお話にあったように，かなり長い事例で，退学処分の内容について具体的にたくさん書かれている。ということは，その設問③の「あてはめ」を，出題者はたくさん書いてほしいのであって，それが，まさにこの問題の趣旨だったわけです。そういう意味では，「3.（たてさん）」を詳細に書いたことは非常によかったと思います。
　ＺＩＰさんも，さきほど，「3.（たてさん）」を，もっと長くすればよかったと話されていましたが，やはり，問いがそれだけ詳細に聞いているからだと思います。

ＺＩＰ：はい。

木山：では，答案の中身に入っていきたいと思います。ＺＩＰさんの答案では，「1.（たていち）」の，人権として保障されるかどうかの議論のなかで，ちょっとわかりにくくなっているところがあります。第3段落目で，「一般的自由説」という，ＺＩＰさんの答案からすると，反対説に当たる見解が書いてあるのですが，結びは「解する。」とありますよね？

ZIP：ええ。

木山：この文章だけ読むと，「ああ，ZIPさんは『一般的自由説』に立っているんだな。」というふうに読めるのです。でも，そのあとを読んでいくと，「しかし」とあって，この「一般的自由説」を批判しています。結局，第5段階で，「よって」として，「人格的利益説」に立って，こちらの説が妥当だと言っているのです。ここの書き方は，ちょっとどうかなあと思いました。いかがですか？

ZIP：そうですね。「解する。」と断言してしまうと，自分がそっちの立場のように読み取れてしまうので……。

木山：うん，そうですよね。

ZIP：ここは，「決するべきであるかのように思える。」とか，そういう感じでまとめておくのがよかったかなあと思います。

木山：そうですね。もし，反対説として紹介するのであれば，「このように決すべきとする考え方もある。」といった書き方がよいと思います。
　次に，この保障の問題について，ポンさんの答案をみていきましょう。ポンさんは，「1.」(たていち)のところはどうですか？

ポン：自分の答案を読み直して思ったのが，何によって保障されるかについてまったく書いていないので，文章に深みがないというか，主張の根拠がないように思いました。

木山：いま，自己分析されたとおりで，「2.」(たてに)の1行目を見ると，「Xのバイクに乗る自由が憲法13条によって保障されていると考えた場合」と書いてあるけれど，そういうふうに保障されるかどうか自体が設問①で聞かれているので，そこが載っていないですよね。

ポン：はい，そこが載っていないです……。

木山：そこがちょっと，もったいなかったですね。そういう意味では，設問①は，ZIPさんの書き方も参考にしながら，書いていくのがいいと思います。
　では，設問②のほうに入ります。ZIPさんの答案は，「2.」(たてに)がすごくよくできていますね。書くにあたって，意識したのはどんなことでしたか？

ZIP：校則が，違憲か，合憲かと考えたとき，まず規範を立てるじゃないで

すか。
木山：はい。
ZIP：その規範に対しての理由づけを，問題文にはないところから考えて書きました。
木山：規範というのは，「2.」の第3段落目で，①，②と書いてありますが，どうしてこの規範にするかの理由を，その前の段落でちゃんと書いたということですか？
ZIP：いや，なぜ規範をこういうふうにするかではなくて，その，自分が立てた規範にあてはめるときに，校則の趣旨とかを自分で考えて……。
木山：うん，あてはめでね？
ZIP：はい。
木山：「この点について」とある「2.」の第4段落でしょうか？　たしかに，ここは，すごくよく考えられていますね。「校則の目的」というのは，たしかに問題文には何も書いていないわけです。ですから，ご自分で考えられて，A高校の校則は，事故の防止とか非行の防止，勉強の集中，いろいろな目的があるのではないかと述べている。規範を立てて，あてはめをしています。設問②では，この部分が，非常によくできていると思いました。こういうふうに①，②という番号をつけて，あてはめでも，その①，②をきちんと明示して，あてはめていくのはいいですよね。
　ポンさんは，「2.」は，けっこうコンパクトにまとめていますね。ZIPさんの場合は，設問②についてが非常に充実していますが，ポンさんは，設問②の校則が合憲かについては，コンパクトに書いています。ここは，何か意識したことはありましたか？
ポン：意識したこと……。
木山：設問③の解答が長くなっていて，設問②はけっこう短めにしていますよね？
ポン：私も，ZIPさんと一緒で，校則の目的を一応書いて，それとあわせてみたときに，バイクで通学することを禁止するという校則が，憲法13条違反になるとは考えられなかったので，そこは，そんなに深く言わなくてもいいかなあと思って，短くしました。

木山：校則そのものは，別に，憲法には違反しないという結論が妥当だと考えたので，そんなにたくさん書く必要はない，ということでしょうか？
ポン：はい。
木山：内容的には，いま，ポンさんがおっしゃったように，「2.たてに」の第2段落で，校則の目的というものを考えられていますよね。「校則とは，生徒を守り，校内の秩序を形成するためのもの」だという，校則の一般論としての目的を書いている。そのうえで，次の「よって」の段落を見ると，ZIPさんも書かれていましたが，交通事故の防止とか，校内の風紀を乱さないという目的を，バイク通学を禁止する目的として書いている。それで結論を出している，ということですね。
ポン：はい。
木山：次に，設問③についてです。ここは，この事案でいちばん，検討しなければいけないところです。ZIPさんの場合は，さっきの話だと，「3.たてさん」をもっと書くべきだったということでしたが，この答案を書いたときは，どういうことを意識していましたか？
ZIP：書いたときは，「この点につき」という第5段落は，これぐらいあてはめれば説得的かなあ，と思っていたのですが，いま，見ると，もうちょっと問題文の事実を引用して，説得するべきかなあと思います。
木山：ZIPさんの答案，「3.たてさん」は，最初に，司法審査の可否の問題を書かれていますよね。たしかに，身分社会の問題とか，そういうある程度秩序をもった団体のなかには，そう簡単に司法審査は及ばないのではないのかという問題があるわけです。ただ，第3段落で書かれているように，退学のような重大な処分になってくると，さすがに司法審査の対象になる。そういう論点があって［注：これは，「部分社会の法理」という論点の1つとして説明されることがある］，それに触れているので，よく勉強しているなと思いました。

　そのあとに，裁量の問題というかたちで，「第4段階」で書いている。これも，よく勉強されているなあと感じました。そして，第5段階であてはめをしているのも，行数としては3行［注：実際の答案では3行だった］ですが，ここもコンパクトに，いろいろな事情をまとめられています。退学処分というのは重い処分だということも，3～4行目に書いています。それから，4

行目を見ると，停学とか，反省文といった軽い処分もできたのではないかということも，問題文には書いていないけれど，自分で考えて書いている。そして，結論として，裁量の逸脱だから違憲であると言っている。すごくよくできています。

ただ，この問題に対する答えとして考えると，どうでしょうか。いろいろな事実が書いてありましたが，そのあたりのあてはめをもう少し充実させられると，「問いに対する答え」としては，よりよかったかなと思います。でも全体としては，すごくよくできています。

これに対して，ポンさんは，設問③の解答がすごく充実していますね。書くにあたって，意識した点はありますか？

ポン：「3.（たてさん）」を書くにあたって意識したのは……，本当に，ただ純粋に事例を読んで，まずは自分の意見として，「これはおかしいんじゃないか」というところを書いてみて……，別に意識したわけではないのですが，結論的に，この処分は違憲だ，というふうにもっていきたかったので……。

木山：けっこう，力が入ったっていう感じでしょうか？（笑）

ポン：はい（笑）。

木山：それは，よく伝わってきました。「3.（たてさん）」の第2段階の4～5行目を見ると，「反抗することなく素直に謝罪した。」，そのあとの行を見ると，「一度たりとも弁解の機会を与えなかった。」とあります。次の行を見ると，そういう「機会をXに一度も与えないまま」「翌日退学処分を下した。」とあってこのあたり，事実に沿って上手にまとめられていますね。そして，第3段落の4行目で，ここはなかなか面白いなと思いましたが，「学校史上最高の処分」という言葉を，自分で考えて書いている（笑）。

ポン：（笑）。

木山：このあとは，「明らかに間違っていると言わざるを得ない。」と書かれていて，ちょっと力が入りすぎてしまっているかなという感はありますが（笑）。この部分は，法律文章の書き方としては，何かを断言するということも大事だけれど，その理由を詳細に書いていったうえで，読んだ人が，「たしかに，明らかに誤っているなあ」と思えるような表現にすることができれば，よりよかったかなあと思います。

第4段落を見ると，3行目で，「退学処分という重大な決定」とあり，自分の言葉で，退学処分を評価していますね。「退学処分」を「重大な決定」という言葉に置き換えている。ここは，すごくよくできています。そのあとを見ても，「たった一日足らずで」という言葉のあたりが，問題文の事実に対して，自分の言葉で評価している。これも，よくできています。あとは，ポンさんの答案は，全体的にもったいないところがあるんですよ。
ポン：そうなんですか？
木山：そうなんですよ。「3.」のあてはめは，問いに答えることを意識して，分量をたくさん割いて，よく書けています。ただ他方で，規範がないのです。やっぱり法律の文章というのは，単に，こうこう，こうであるからダメだ，というのではなくて，「どういう規範でみていきますか？」，という，一般的な基準を立てることが大事なんです。これがあると，あてはめている，という感じが出たと思います。いかがですか？
ポン：この「3.」の前半，すごく熱が入っているわりに，「即Xを退学させたのは明らかに憲法13条違反」というあたり，「なんでそれが憲法13条違反なんだ？」，という根拠がわからないし，何が一般的な基準になっていて，だから，これがおかしいんだというのが1個も書いていなかったので，それが足りなかったと思います。
木山：そうですね。逆に言うと，そのあたりの規範の定立ができて，それに対応するあてはめというかたちになってくると，非常にいい答案になってくると思いました。
　最後に，ZIPさんとポンさんから，何か聞きたいこととか，気になったこととか，あるいは，自分の文章をもう少しこういうふうにすればよかったとか，何でもいいですけれど，何かあれば，どうぞ。まず，ZIPさんから。
ZIP：文章が長くなりそうなときに，どこを長く書くのかを，自分でしっかり見極めて，書かないといけないなあと思いました。
木山：そうですね。
ZIP：この答案は，設問①，設問②をだらだら書いていって，結果的に，設問③が短くなってしまったという感じなんです。
木山：なるほど。

ZIP：だから，それを予定立てて，しっかり書いていれば，もっといい答案になったかなあと思います。

木山：とても大事な視点です。こういう法律文章や法律の問題の答案は，やはり書く前に，答案構成をしたい。そして，構成をするだけでなく，どのパートをどれぐらい書くか，どのパートはどれぐらいに抑えるかとか，そういうバランスも決めたい。そのうえで，書いていくことがすごく大事なんですね。何も決めないで書くと，どうしても最初が長くなってしまいます。それで，最後のほうは，時間もなくなり，あるいは字数もなくなり，短くなってしまうということになる。ですから，いまの視点があると，もっとよくなると思います。でも，ＺＩＰさんの答案は，全体的には，すごくいいと思いましたよ。

　では，ポンさん。いかがですか？

ポン：自分の言葉で自分の意見を書こう，自分の言葉を使おう，と思いすぎていて，本当に，ＺＩＰさんの答案と真逆というか……。ＺＩＰさんの答案はすごく論理的で，根拠づけがちゃんとしてあるのですが，わたしのは，自分の文章になっていないところが，ダメだな，と感じました。説得力に欠けている文章だと思います。

木山：ポンさんの答案は，さっきも言いましたが，全体のバランスという意味では，すごくいいんですよね。最初にご自身でおっしゃったように，聞かれていることに答えようと思った，その問いに答えるという姿勢がすごくできているのです。このあたりはジレンマというか，難しいところです。ポンさんの場合，今回は，法律文章の書き方はまだ，そんなにわかっていなかったかもしれない。でも，問いに答えようという姿勢があったので，そこはすごくいいものが出ているわけです。

　これに対して，ＺＩＰさんのほうは，相当に実力もあるなあという感じで，法律文章の書き方をよくわかっているということが，見てわかります。でも，問いとの関係でどうかというと，いちばん大事なはずの，設問③の解答が短くなってしまいましたよね。

　今後，ポンさんが，法律文章の書き方を身につけたときに，今回と同じように，設問③の部分をたくさん書けるかどうかが，次のステップとして，重

要になってくるかもしれません。だから，おふたりのよい部分があわさると，すごくよい答案になる，ということだったのかなと思います。

では，以上で終わりにしたいと思います。お疲れさまでした。

ZIP・ポン：お疲れさまでした。

5……解説

　法的三段論法といっても，事実認定（小前提）は，試験問題では問われないのが通常であるといいました。そのため，実際には，法学部などの試験問題では，①「法解釈」（大前提）を行わせて「規範」を定立させたうえで，②問題文に記載されている（いわば，認定されたといえる）「事実」を使って「規範」に「あてはめ」をさせる，こういう出題が一般的です（司法試験でも，このような問題が出されています）。

　本章では，このうち，(1)「規範」の定立と，(2)定立した規範に対する「あてはめ」をトレーニングしてもらう問題にしました。

　ただし，長文の総合問題として出題していますので，これまで扱ってきた「法解釈」の部分も含めた解答が必要になっています。その部分については，これまでの解説と解答例などを参考にしてください。バイクに乗る自由は，「新しい人権」の1つとして議論されるものであり，第4章で扱った「髪型の自由」と，基本的には同種の問題です。**本問で大事なことは，長文の事例問題になっているため，髪型の自由が憲法上保障されるかという点（設問①）については，全体のバランスでいうと，分量をしぼらざるをえない点です。**ここは，勉強したからたくさん書けるということで，反対説なども紹介して批判をしながら丁寧に書いていると，本問の出題趣旨には迫れなくなります（結果，いちばん問われている「あてはめ」の分量が少なくなってしまい，問題文に記載されている詳細な事実の評価が，おろそかになってしまうからです。この点は，十分に注意が必要です）。

　まず，「規範定立」についてですが，規範というのは，ルールのことであり，抽象的な判断の枠組み（「判断枠組み」ということがあります）を指しています。条文には，こうした判断枠組みまでは規定されていないことが多いた

め，多くの場合は，「判例」などを参考にしながら，自分で規範を定立することが必要になります。規範をきちんと定立できるかが，まず問われている，ということになります。

「規範」は，判断枠組であると言いましたが，別の言葉を使えば，「要件」とも言えますし，「基準」と言うこともできます。どのような要素を勘案しながら判断すべきか，という一般論（抽象論）を述べることになります。

この規範定立で重要なのは，答案に記載する場合には，「あてはめ」がしやすいように，要素を分解して，要素ごとに番号をつけることです。①，②，③……というかたちで，番号を振るのが一般的です。いま，「あてはめ」がしやすいように，と言いましたが，規範で①，②，③……という番号を振るのは，そのあとに行う「あてはめ」のときに，どの要素（要件）を取り上げているのかを，明確に示すことができるようにするためです。あてはめのなかで，たとえば，「まず，①について検討する。……次に，②について検討する。……最後に，③について検討する。」というように，それぞれ改行もしながら検討できれば，自分で立てた規範を活かしたあてはめができている，と評価されるでしょう。このあたりは，意外とできていない人が多いので，意識して番号を振るようにしてください。番号を振れば，自然とあてはめでも，番号が振られたすべての要素（要件）について検討できるようになるはずです。

なお，規範の立て方ですが，『判例百選』などを使って「判例」を読むときに，まずは，「規範」が何であるか，を確認するクセをつけるとよいです。事実認定や法解釈，規範に対するあてはめなどが判決文には書かれていますが，先例として，他の事件でも参考になるのは，「規範」部分です。**とくに，最高裁が打ち立てた「規範」部分は，レイシオ・デシデンダイ（主論）といって，事実上，同種の他の事案を拘束する力があると考えられています。**これが，判例を学ぶことの１つの大きな意味です。最初のうちは，「まずは，規範部分を探そう」という意識で，判例を読むようにしてください。そして，規範部分をみつけたらマーカーを塗ったりして，目立つようにしておくことです。このマーカーを塗った規範部分については，さらにいくつかの要素に分解できるか，を考えてみることです。分解できる場合には，さきほど解説

したように，①，②，③……という番号を振るといいです。『判例百選』などに，直接書き込むことをおすすめします。『判例百選』などはアンダーラインを引いたり，マーカーを塗ったり，メモを書いたり，とにかくよごして，「自分のオリジナルのノート」のようにしていく人が，上手に判例を読み使っていけます（学習のヒントです）。

続いて，「あてはめ」ですが，あてはめで注意すべき点は，次の3点です。

(1) 問題文に示されている「重要な事実」を引用すること（あるいは要約すること）
(2) 引用した事実（あるいは要約した事実）に対して，自分の言葉で「評価」を加えること
(3) 「規範」で示した番号（①，②，③）との「対応関係」を文章のなかで明確に示すこと

1つ目が，問題文に示されている「重要な事実」を引用すること（あるいは要約すること）です。長い事例問題の事実をすべて答案に書いていたら，時間も字数も足りなくなってしまいます。自分が立てた規範との関係で「重要な事実」は何かを考え，その事実を「引用」あるいは「要約」するのです。

2つ目が，引用した事実（あるいは要約した事実）に対して，自分の言葉で「評価」を加えることです。1つ目の作業は，重要な事実にしぼることができ，上手に要約できたとしても，それは，あくまで問題文に記載された事実の整理でしかありません。それだけで，「よって，定立した規範の①を満たす。」と書いてしまっては（そのように書いてしまう学生は多いのですが），「あてはめ」とはいえません。その事実が，その規範（法的規範）との関係で，どのように重要なのかを示すためには，**自分の言葉で「評価」を加えることが必要なのです。**

たとえば，問題文に，「Xは警察官Aから7時間，取り調べを受けた。」という事実が記載されている場合，その「7時間」を答案に書くだけでは，ただ事実を引用したにすぎません（1つ目の作業）。ここで重要なのは，たとえば，「7時間もの長時間にわたり身柄を拘束された。」というように，その事

実（7時間）に，自分の言葉で「評価」を加えることです。

　本問の学生の答案では，「退学処分」という問題文に記載されている事実について，「学校史上最高の処分」と書かれていました［注：ポンさんの答案を参照］。このように，「退学処分」という事実に対して，自分の言葉で「評価」をすることが重要になります。ただし，「学校史上最高の処分」という言葉が適切であったかは，考える必要があります。「最高」というのは，「ベスト」という印象を与える点もあるからです。言わんとすることはわかりますが，たとえば，「退学処分は，学生の身分を奪うものであり，学校が行う処分として最も重いものである。」というように書けば，よりよく伝わるかもしれません。

　いずれにしても，自分の言葉で「評価」をすることが大事です。これは，何かを覚えて吐き出すのとは違います。その場で問題文に示された事実を読んで，その場で自分で考えて，「言葉」を添える作業です。「覚えたものを答案に吐き出せばよい」という発想がある人は，あてはめでまったく評価がもらえなくなりますが，それは，自分の言葉で「評価」をする勇気が示されていないからです。この点は極めて重要です（司法試験でも，この部分ができずに，勉強は進んでいても合格点がつかない人が多いのです）。みなさんも，自分の言葉で書く勇気をもってください（その意味で，大学2年生が，自分の言葉で勇気をもって，「学校史上最高の処分」と書いた点を，わたしは高く評価しました）。

　3つ目は，「規範」で示した番号（①，②，③）との「対応関係」を，文章のなかで明確に示すことです。すでに，「規範定立」のところで指摘しましたが，「規範」に番号を振るのは，「あてはめ」に活かすためです。せっかく「規範」の要素に，①，②，③と番号を振ることができても，「あてはめ」で，この①，②，③という番号が登場しない答案は，もったいないです（実際，そういう答案をよく目にします）。

　「あてはめ」は，法的な「規範」を，具体的な「事実」との関係で，使いこなせる力があるかをアピールする場です。たとえば，要件を満たさず否定，という結論は同じだとしても，「そもそも，①要件すら満たさない（②要件も，③要件も満たさない）」ものなのか，「①要件，②要件は満たすけれど，③要

件は満たさない」ものなのか，という緻密な分析ができなければ，あてはめをしているとは言えません。

　法的な「規範」をベースに，事実を分析する作業は，当事者にとっては，自分の権利が認められるか，認められないかという重大な利害関係のあることです。それを，裁判所が「判決文」で緻密に検討するプロセスが，「あてはめ」なのです。裁判官になったつもりで，そして，「主張が認められないことになる（敗訴させられる）当事者」も説得するつもりで，「あてはめ」は書きましょう。

　その意味で，1つの要件を検討する際にも，否定される側の当事者の立場も配慮して，「たしかに，××の点からすれば，○○とも思える。よって，①要件を満たすようにも思える。しかし，……」というように，否定される側の利益（主張）を，「たしかに」というように，いったん受け止める技術も重要になってきます。「あてはめ」は，裁判官の説得術ともいえる技術です。試験問題で「あてはめ」をするときにも，「説得力」がある文章になっているかを検討しましょう。

　本問でいえば，学校と学生，どちらを勝たせるか。学校を勝たせるなら，負ける学生側の利益（主張）も，「たしかに」とくんであげる。逆に，学生を勝たせるなら，負ける学校側の利益（主張）を，「たしかに」とくんであげる。こうした緻密な配慮が，「あてはめ」では重要になります。

　最後に，「結論」を示します。このような一般論としての（つまり，誰にも適用されうる）「規範」を示したうえで，具体論としての（つまり，その問題の当事者の具体的な）「事実」に対する「あてはめ」をすることで，「結論」を示すプロセス，**これが「法的三段論法」という，裁判所が当事者を納得させるために使う「論理」**なのです。裁判官になったつもりで書いてみましょう。そうすると，迫力が違ってくると思います。

　本問の学生の答案で気になったのは，「私人間適用」を書いた人がいたことです。問題文を読むと，学校は「県立」ですから公立であり，「私立」の学校の場合とは異なり，「私人間適用」を問うことはできません。事案の分析のときに注意が必要です。

　また，問題文の事例が具体的で，事実が詳細になっているのに，一般論と

しての「バイクに乗る自由」（新しい人権）の話を長く書くのは，バランスとしてよくありません。同様に，「校則」の合理性がやたらに長いのも，問題文に記載された詳細な事実とは違う部分に分量を割くことになりますから，これも，バランスとしてはよくありません（ただし，前者よりは，まだましです）。

　ほかには，「規範定立」がないままに「あてはめ」が書かれている答案も多数ありました。これは，法的三段論法をまだマスターしていない大学2年生であれば，ありがちなことだと思います。本書を通じて書き方を学べば，自然にできるようになるでしょう。

6……解答例

　受講生の答案で最もよくできていた答案を，ここでは挙げておきます。書くべき事項，バランスなど，総合的にみて，とてもよくできています（本書にも登場する，かなはるさんの答案です）。

> 1　校則でバイク通学が禁止であるところ，それを休日に使用し学校に忘れ物を取りに行ったXに退学処分を下した県立A高校の処分は憲法に反しないか。
> (1)　そもそも，Xにバイクに乗る自由は保障されるのか。憲法上明文にないため問題となる。
> 　　思うに，新しい人権の根拠規定となる13条後段の幸福追求権は，公権力に対して個人の自由な領域を確保するため，人格的生存に不可欠な権利に限らず，あらゆる生活領域での一般的行為の自由も保障するものと解すべきである。
> (2)　また，未成年者であっても，一人の人間として人権享有主体となりうる。
> 　　よって，Xのバイクに乗る自由は13条後段によって保障される。
> 2　しかしながら，かかる自由も絶対無制約な訳ではなく，特に学校においては，26条によって必要な限りで生徒を規律すること

第6章　規範に対する「あてはめ」の力を身につけよう　121

ができると考える。
　では，バイク通学を禁止し，いかなる理由があっても違反者には退学処分を下すということは，この包括的規律権の行使といえるのか，判断基準が問題となる。
　思うに，バイク通学をすることは，人格的生存に不可欠であるとまではいえない。
　よって，判断基準も若干緩やかな基準にすべきであると考える。具体的には，①目的が重要であるか，②目的と手段との間に実質的関連性があるか，という基準によるべきである。
3　では，A高校のバイク通学を禁止する校則は合憲か。
　①　本問の校則の目的は，事故防止や非行化の防止などが考えられ，かかる目的は学校の役割から考えると重要である。
　②　高校生となると年齢的にも免許を取りたての時期であり，そのような慣れない運転の中，登下校時にバイクの利用が集中すると，さらに事故の危険性は高くなることが考えられる。また，Aは県立高校であるため，距離的にもバイク以外の手段を使うことは可能である。
　　　よって，目的と手段との間に実質的関連性があるといえる。
　　　以上より，包括的規律権の行使といえ，校則でバイク通学を禁止することは合憲である。
4　次に，Xの退学処分は合憲か。
　①　本退学処分の目的は，X自身が優等生であったことをかんがみても，校則違反のみによるものであることが分かる。また，学校生活において，ひとたび学校側が校則違反を許し始めると，他の生徒に示しがつかなくなるということがあるため，目的は正当であるといえる。
　②　しかしながら，Xは学校に来る際にバイクを使ったのは今回がはじめてだったこと，宿題をやるためにやむなくバイクを使ったこと，学校から200メートル離れた駅の駐輪場にわざわざバイクをとめにいったこと，本件が通学時ではなく休日だったことをかんがみると，弁解の余地もなく，さらに停学でもない退学処分を下されたことは，社会通念上著しく妥当性を欠き，包括的規律権の範囲を逸脱していることが考え

られる。
　よって，手段として正当ではないため，目的と手段との間の実質的関連性はないといえる。
　以上より，Xの退学処分は違憲である。

第7章 総合問題（長文の事例問題）にチャレンジしよう―part 1

1……この章の趣旨

　民法の長文事例問題になっています。これまで，民法については，主張・反論の整理（第2章），論点の一般的な論証（第5章）を出題しました。本章では，総合問題として，長めの事例問題を検討してもらいます。

　憲法について，第6章で，長文の事例問題を取り上げました。法的三段論法で書くという点では，民法の長文問題も同じです。

　これまでトレーニングをしてきた，「法解釈→規範定立→あてはめ→結論」という流れで，検討すべき民法の条文の適用を論じることが求められます。

　憲法より，民法は難しいといわれます。それは，憲法は，「人権保障」というわかりやすいテーマがあり，イメージがしやすい点があるからかもしれません。憲法の場合，条文も全部で103条しかなく，人権のプロパーでいうと，引くべき条文はさらに少ないです。これが民法になると1044条，10倍以上もあります。そこで，条文を使いこなすことが，民法ではより重要になってきます。「民法を制するものは司法試験を制する」と，昔から言われるほど，民法は，法律科目のなかで最も難しい科目です。

　といっても，事例問題としてみると，身近にありそうなことだと思います（もっとも本問のように，作家が出てきたり，高価な絵画を購入するシーンは，実生活上は身近でないと思いますが，ドラマや映画などで考えると，イメージがしにくい事例ではないと思います）。それを，「民法という法律」を使って，どのように解決していくのか。本問は，法学部で学んだ民法の知識が活かせる場であり，腕の見せどころになります。

2……演習問題

問題⑦

(事実)

　Aは，30年前に小説の新人賞を受賞しデビューした作家である。Aは，8年前に直木賞を受賞した前後から売れっ子作家となり，現在では，100万部超えのミリオンセラーも多く，映像化された作品も非常に多い流行作家である。年収は，この4，5年は，著作印税を中心に年間で3～5億円に及んでいる。

　Aは，15年前に刊行した『画家X・画商Y』という小説を執筆した際，取材をさせてもらった美術業界で著名な画商Bと親しくなり，年に2，3回は会食をする仲になった。また，会食とは別に，「画家Xシリーズ」を執筆するたびに，Aは，Bを自宅に招き，絵画の世界について現実の生々しい側面も含め無償でくわしく教えてもらうなど，執筆の種をもらっていた。同シリーズは，現在，第8弾まで刊行されており，累計で800万部を超えている。

　Aは，10年前，「そろそろ本格的な絵を自宅の応接室に飾りたいと思っている。」と伝えたところ，Bから，「画家Cの署名入りの絵画（以下「本件絵画」という。）があるから，それを買ってはいかがですか。」といわれたため，提案された代金2000万円でBから本件絵画を購入し，1週間後に，Bに代金の全額を支払い，Bからその引渡しを受けた。

　本件絵画を購入した際，Aは，絵画の知識を持ち始めており，画家C及びCが残した作品の価値については，資料読みや，世界各国での美術鑑賞の経験，画商Bほかさまざまな美術専門家から聞いた話の蓄積があり，相当程度詳しかった。しかし，本件絵画が本物かどうかを見抜く目は，持っていなかった。

　本件絵画が贋作であったことが，4年前，たまたまAの自宅にやってきた美術専門家の指摘により，発覚した。その直後，Aは，Bに「前に2000万円で売ってもらったあの絵は，贋作だったようです。参りました。」と伝えた。Bは「そうでしたか。高い買い物をしてこそ，絵に対する目も養われる

ものですよ。」と笑うだけだったが，Aも，6年前のことであり，Bとの出会いにより流行作家になれたこともあって，それ以上の追及はしなかった。

しかし，1週間前，Aは，週刊誌「なんでもアバクン」で連載されているBのエッセイのなかに，「『画家Xシリーズ』でさ，豪邸が立つほど儲かっているAって作家いるよね。彼ってじつはね，わたしから膨大な知識と情報を得て，あのシリーズを書けたんです。だけど，そうした情報に対して，彼は僕に1円も払ってないんだよね。うん。これって，無料でネタを得て，流行作家になったってことでしょう。作家とはいい商売ですよね。」という文章をみつけた。

これをみて頭にきたAは，Bに対して，10年前に買わされた贋作である本件絵画の代金2000万円の返還を求める訴訟を提起することを決意した。

(設問)
以上の事実を前提にした場合，Aは，Bに対して，代金2000万円の返還を求めることができるかについて論じなさい（1200字程度）。

3……議論に参加をした学生の文章例

① シムケンさんの答案

第1　問題提起
　AはBに対して民法703条の不当利得制度に基づき，本件絵画の代金2000万円を返還請求ができるかが問題となる。不当利得の要件は①処分の意思，②利得と損失の因果関係，③法律上の原因がないことである。

　これを本件についてみると，Aは自らの意思で本件絵画を購入し，Bは自らの意思で本件絵画を売却した（①）。また本件絵画を購入しなければ，代金は発生しないため因果関係は存在する（②）。よって法律上の原因が無ければ，本件絵画の代金の返還を求めること

ができる。
第2　「詐欺」の検討
　Bの行為が民法96条1項の「詐欺」に当たるかが問題となる。詐欺の要件は①欺罔行為，②錯誤，③欺罔行為と錯誤との因果関係である。ところで，ここでいう錯誤が95条の「錯誤」と同義であると，民法96条1項の「詐欺」の存在意義がなくなってしまう。したがって，「詐欺」の要件である錯誤は，緩やかに主観的な錯誤でよいと解するべきである。
　これを本件についてみると，Bは本件絵画をCの署名入りと紹介しており，なおかつ2000万円という高額で提示されている。またBは著名な画商であるため，本件絵画は贋作であるとわかっていたはずである。このことから，本件絵画を本物と見せかけ，欺罔行為を働いたといえる（①）。またAは主観的に見て，本件絵画を本物と信じて購入している（②）。最後に本件欺罔行為がなければAの錯誤はないため（③），Aは民法96条1項の効果である取消を主張することができる。
第3　取消期間の検討
　取消ができる期間は民法126条の規定により，取消をできる時から5年（前段），行為の時から20年（後段）である。本件売買は10年前に行われたものなので，後段には当たらない。
　では取消をできる時とはいつからなのか。本条は取消ができる時と，行為の時を区別している。ここから，取消ができる時とは，詐欺行為があった時ではなく，詐欺の事実を表意者が知って取消の可能性が生じてから起算すると考えるべきである。
　これを本件についてみると，Aが，本件絵画が贋作と知ったのは4年前の美術専門家の指摘であるため，Aは4年前より実質的に詐欺を取消しうる状態になった。よって民法126条前段も適用されず，取消の主張が可能である。
第4　取消の効果
　取消を主張すると，民法121条本文の効果により，遡及的に無効となる。
　したがって，Aが取消を行うと，Aは法律上の原因無く本件絵画を占有しているということとなり，同時にBは法律上の原因無く本

件絵画の代金を得ているということとなる。
第5　結論
　以上より，処分の意思，因果関係，法律上の原因がないため，民法703条が適用される。またAもBも制限行為能力者ではないため，民法121条但書で定められている「現存利益のみの返還」の制限はない。したがって，AはBに対して本件絵画を返却し，BはAに対して本件絵画の代金である2000万円の返却を求めることができる。
　　　　　　　　　　　　　　　　　　　　　　　　　　　　以上

1　設問の本件絵画の売買契約に対して，AがBに錯誤無効（民法95条1項）を主張し，代金の返還を求めたい。
(1)　そこでまず，動機の錯誤も95条の「錯誤」に含まれるかが問題となる。
(2)　そもそも，「錯誤」とは，表示に対応する意思が存在せず，意思の不存在につき表意者の認識が欠けていることである。そうすると，動機は意思の形成過程にすぎず，「錯誤」に当たらない。
　しかし，同条の趣旨は，表意者の保護にあり，動機の錯誤の場合も表意者の保護の必要性は変わらない。他方で，相手方の保護も配慮すべきであるから表示を必要とすべきである。
　したがって，原則動機の錯誤は「錯誤」にあたらない。例外的に動機が明示又は黙示に表示され，意思表示の内容になった場合には，「錯誤」に当たると解する。
(3)　本件においてAは，「本格的な絵」とはっきり言っている。Aの財産や絵画に対する興味から考えて，それは相当価値のあるものであると推測できる。そうすると，Aは「価値のないもの（贋作）は欲しくない」と黙示に表示しているといえる。
(4)　したがって，Aの動機の錯誤は「錯誤」に当たる。

(5) 次に，実際に「錯誤」の無効を主張できないかが問題となる。
(6) この点，錯誤無効の成立が認められるためには，「要素」に「錯誤」があったと認められる必要がある。そこで，①その「錯誤」がなかったらその意思表示をしなかったであろうと考えられ，②その意思表示をしないことが，一般取引上の通念に照らし至当である場合に，認められると解する。③また，表意者に「重大な過失」がないことも要件となる。
(7) これを本件で検討していく。
　(ア) まず，4年前にAはBに絵画が贋作であったことに，それほど追及していない。このことから，10年前の取引時に「錯誤」がなかったとしても，意思表示をしたように思える。さらに，AがBに，代金の返還を求めるのは，「錯誤」によるものではなく，Bの発言に頭にきたからである。そのため，10年前「錯誤」であったかどうかは，関係ないように考えられる。しかし，動機の錯誤の箇所で述べたように，Aは「本格的な絵」とはっきり言っているため，贋作であると知っていたなら，購入の意思表示はしなかったと解せる。さらに，通常署名があれば，その作者が描いたものでなければ，意味はない。そのため，10年前本件絵画を「錯誤」がなければ，購入しなかったといえる（①充足）。
　(イ) さらに，通常2000万円という高い絵画が贋作であった場合，その損失は大きい。そのため，もし贋作だと知っていたなら意思表示をしないのは妥当である（②充足）。
　(ウ) 次に，Aは本件絵画を購入する前に，美術専門家に本物かどうか鑑定してもらうのを怠った。これは「重大な過失」があるように思える。しかし，Aは絵画の知識を相当程度持っていたため，自分の知識に自信を持つのも分かる。また，取引の相手は仲の良いBであるため，Bを信じるのは仕方がない。そうすると，Aに「重大な過失」があったとはいえない（③充足）。
(8) よって，Aは「錯誤」による無効を主張できる。
2　そのため，AはBに対して，代金2000万円の返還を求めることができる。

以上

4……学生との議論（実際に文章を書いてみて，どうだったか？）

木山：それでは，問題⑦を始めたいと思います。問題③に続いて，問題⑦についても，シムケンさんとシライさんのおふたりに登場してもらいました。長い事例問題なので，大変だったんじゃないでしょうか。

　まず，シムケンさんから聞いていきましょう。問題はどうでしたか，難しかったですか？

シムケン：そりゃあ，難しかったです（笑）。

木山：どんなところが難しかったですか？

シムケン：まず，この長い事例を，法的にどんなところが関係してくるのかということを，分析しながら読むのが，なかなかしんどいというのと，論点を間違えていないかとか，あるいは，事実をどうやって評価するかという視点が，かなり本格的な問題で，苦戦しました。

木山：いまの言葉のなかに，いい視点がたくさん入っています。まず，事例を分析するという話がありました。次に，論点を含めて，どういうものを書いていくかということですよね。それから，事実の評価ということも，いま出てきました。いわゆる「あてはめ」ですよね。これはもう，司法試験の問題に匹敵するぐらいです。出題したのは，大学2年生の前期でしたので，論点的には，民法総則を学んでいるだけで書ける問題にはしていますが，司法試験に近い，総合的な力が問われています。

　シライさんはどうですか？

シライ：そうですね……，僕の場合，やや難しかったです。

木山：そうですか。

シライ：たしかにすごく事例が長くて，どこを論点にすればいいかわからなかったのですが，ちょうど，「法学ライティング」の授業で錯誤を書いていたこともあり，習った大学の授業の論点を使えば，何とか書けるかなと思えたので，まったく手が着かないわけではなかったです。

木山：たしかに事例は長いけれど，読んでいくと，問題②でやっていた，「動機の錯誤」と同じだなと，何となくわかったと思います。そういう意味では，「ああ，錯誤を書けばいいのかな」と考えると，書くことは，ある程

度はわかりそう，ということですかね。
　いま，錯誤の話が出てきたので，さっそく中身に入りたいと思います。シライさんは，この答案を，民法95条の錯誤の問題として論じられていますよね？
シライ：はい。
木山：一方で，シムケンさんは，錯誤ではなくて，民法96条の詐欺の問題として論じています。答案の書き方が，ふたりとも真っ二つに分かれていますよね。答案を書くにあたって，どういう判断で，その1つにしぼったのか。そのあたりを，順番に聞いていきたいと思います。では，シムケンさんから。
シムケン：僕は，この，何年という語が，しっかり問題に書いてあるので，おそらく，いわゆる詐欺取消しの時効の論点があるんじゃないかと思いました。だったら，それを検討しやすい詐欺のほうが，書きやすいんじゃないかということです。
木山：そうすると，大事な視点なんですが，たしかに，問題文の事例のなかで，30年前，15年前，10年前と，年数がたくさん出てきていますよね。あと4年前というのもあります。問題文に，これだけ「○年前」とあるからには，時効が問題になるんじゃないか，そこを聞いているんじゃないか，という感じがしたということですね。それで，時効が問題になるんだろうと，条文上，詐欺取消しであれば，126条に取消権の消滅時効があるので，そこを書いてもらいたいのだろうと，そう思ったということでしょうか？
シムケン：はい。
木山：他方で，いま，最後のほうに話があった詐欺については，Bの行為が「詐欺」と言えるのか，という問題もあったと思うのです。事実の評価として，これが本当に詐欺なのか，ということについては，どう考えました？
シムケン：うーん。
木山：騙そうとしたとは，問題文に書いてはいないですよね？
シムケン：はい。これは，画商Bが，やはりそれなりに知識があって，絵が贋作だったということを伝えても，笑うだけだったみたいな感じがあったので，これは，もともと贋作だと知っていたと考えても自然だろう，というふうに考えて，詐欺，つまり，おそらく知っていて，Aに騙して買わせたので

はないかと評価しました。

木山：なるほど。答案だと,「第2 「詐欺」の検討」の第2段落目の部分,「これを本件についてみると」というところです。「Bは本件絵画をCの署名入りと紹介しており，なおかつ2000万円という高額で提示されている。またBは著名な画商であるため，本件絵画は贋作であるとわかっていたはずである。」と，ここですね。わかっていたとは書かれていないけれど，ここに出ている事実からすると，わかっていたんじゃないかということですね？

シムケン：はい。2000万円ということは，本物であることが前提であろうと……。

木山：ただ，本人も本物であると考えてて，偽物（贋作）とは知らなかった，という可能性もあるから，そこをどう考えるかという問題はあるのかもしれないです。でも，画商であれば，やはり当然に偽物だとわかっていたのではないか，ということでしょうか？

シムケン：はい。

木山：いまのシムケンさんのお話は，なるほどなという切り口だったかと思います。たしかに，年数の話が出ているので，時効の問題は出題者も聞いているであろうと考えられます。そうすると，詐欺取消しであれば，取消権の消滅時効を規定した126条があるので，その方向で検討しようという話と，それから全体の流れからいって，画商が，「やっぱり騙そうとしていたんじゃないの？」と，そういう評価をしたという話でしたね。

　これに対して，シライさんの場合は，詐欺ではなくて95条（錯誤無効）1本で書いていますよね。このあたりは，どういう判断をしたのでしょうか？

シライ：問題文に，2000万円の返還を請求できるか，返還を求めることができるかと書いてあるので，まず返還はしなきゃいけないわけで，返還させるようにもっていくために，何を使うかと考えました。自分の知っている，オーソドックスな知識だと，詐欺か，錯誤か，返還できればどちらで書いてもいいかなと思ったのですが，そこで，さきほどの時効が問題になって，自分は時効にあまり触れたくなかったので，時効がない錯誤無効のほうで書いて，年代に触れないことにしようと思ったのです。それから，さっきも言っ

たように，以前に「法学ライティング」の授業で，動機の錯誤とか，錯誤について書いていたので，その知識を利用して，答案に反映したということもあります。あと，詐欺だと，錯誤も含まれますよね？　意義は少し変わってしまいますけれども，詐欺を説明すると錯誤も入ってくるので，まず錯誤を前提に書こうと思ったら，錯誤1本で書けそうなので，錯誤1本で書いてしまったという感じです。

木山：いろいろな要素が出てきましたね。シライさんも，答案を書くにあたっては，錯誤だけではなくて，詐欺も問題になるということには気づいていた。でも，実際には，詐欺は書かないで，錯誤1本で書こうと考えたということでした。

　ここで，大事な話が出ていました。問題文には，「Aは，Bに対して，代金2000万の返還を求めることができるかについて論じなさい。」とあった。だから，「返還を求めることができる」という結論をとることができれば，別に何を使おうがいいんじゃないかということですよね？

シライ：はい。

木山：これは，民法の問題を解くにあたって，重要な視点だと思います。論点を書こうということではなくて，問題が何（条）と言っているか。「返還を求めることができる」という結論をとることができれば，Aさんとしては救われるわけですから，それでもいいわけですよね？　詐欺であっても，錯誤であってもね。結論として，代金を返してもらえるのであれば，です。逆に言うと，おふたりとも，「返還を求めることができる」という結論になっているから，どちらを検討したのでもいいのです。受講生のなかには，1つだけ検討して，「返還を求めることはできない」と結論づけてしまって，別の条文（請求の原因）を検討していない人もいました。それだと，「いや，もう1つ検討しようよ」という話になるのです。おふたりの結論は，「返還を求めることができる」なので，答案としては，95条でも，96条でも，どちらを使ってもいいと思います。あとは，書き方の問題になってきますね。

シライ：はい。

木山：ちょっと気になったのは，時効の問題には触れたくなかったという話。

シライ：ああ……。

木山：それは，どういうことですか？
シライ：時効について，まだ知識がなくて……（笑）。
木山：そういうことなのね，なるほど（笑）。そうすると，そのあとに出ていた「法学ライティング」の授業で錯誤は習っていたから，それを使おうという話も，要するに，この2つの話は，自分が勉強したことをできる限り活かすようにする，という，そういうことなんですね？
シライ：はい。
木山：それは悪いことではないです。けれど，「法学ライティング」の課題は，調べていいという前提になっていますよね？
シライ：はい。
木山：なので，その発想からは，本当は，少し外れてもらいたいところではありますね。自分が習ったことを活かすのも悪くはないですが，本当にそれで問いに対する答えとしてOKなのか，と。そうするとやはり，シライさんの場合は，錯誤でいったことは，これはこれで問題ないです。ただ，これだけ何年前と，年数の話が出てきているのに，時効の問題については，何も触れずに終わってしまっています。錯誤無効を認めても，条文上，錯誤無効には時効はないですから，時効に触れないで終わるというのは，答えとしては全然間違ってはいないのですけれど……。
シライ：はい。
木山：ただ，今回の問題⑦では，問題文が，あえて年数を事例に書いている。そして，シライさんは，一応それに気づいた。詐欺取消しは時効があるということも，多分，わかっていたと思います。そうすると，時効との関係はどうなのかということに，最後に一言でも触れられるとよかったなと思うのです。
シライ：ああ……。
木山：たとえば，もし詐欺取消しであれば，消滅時効の問題は出てくるかもしれないけれども，これは取消しではなくて（錯誤）無効だから，時効の問題は出てこないとか，それぐらいでも一言書けると，よりよかったかな。いずれにしても，結論的には，錯誤無効の場合は，条文には時効はありませんので，これでいいと思います。

シライ：はい。
木山：受講生のなかには，錯誤の場合も，詐欺と同じような状況なのだから，消滅時効の規定を類推しようとか，準用すべきじゃないか，という議論まで書いている人もいました。でも，あえて話を複雑にする必要はないです。そういう意味では，おふたりともそれぞれの立場から，筋の通った答案が書けているなという印象です。
シムケン・シライ：はい。
木山：ここから先は，少し細かいところに入っていきたいと思います。
　シムケンさんは，この「第1　問題提起」の入り方が，他の受講生の答案と比べると，特徴がありました。多くの人は，詐欺か，錯誤か，あたりから入るのですが，シムケンさんは，不当利得から入っています。何か意図はあったのですか？
シムケン：結局のところ，不当利得で何とかなってしまえば，法律構成がどうであれ，Aとしてはそれで満足だろうと思ったのです。だからまず，不当利得で検討して成立しなかった場合は，他の検討にまわろう，と。この場合は，要件のうちの1つである，法律上の原因がないことが未定だったので，そのあと，それを，詐欺で検討していったということです。
木山：入り方としては，上手です。結論としては，最後に不当利得を使うことになるわけです。詐欺であっても，錯誤であっても。だから，これは，なかなか上手だなあと思います。
　シライさんの場合は，答案の最初の出だしには，何か意図があったのですか？
シライ：最初は，やはり問題の提起というか……，何が論点なのかということを示しました。それだけです。
木山：「代金の返還を求めたい。」という，最初の書き出しの段落の2行目。これは，さきほどおっしゃっていたような，問題文に，「2000万の返還を求めることができるか」という問いがあるから，ということですね？
シライ：はい。
木山：では，中身のほうに入っていきたいと思います。
　シムケンさんの答案は，見出しがしっかりしていますね。「第1」で「問

題提起」,「第2」で「『詐欺』の検討」,「第3」で「取消期間の検討」ということで,時効の話が出てきます。そして,「第4」で「取消の効果」,「第5」で「結論」。この見出しについてですが,何か工夫されたのですか？

シムケン：見出しは……,論理の流れとしては,こんな感じじゃないでしょうか？　まず,詐欺は成立するのかということを検討しないと,取消期間も何もないですから。

木山：そうですね。

シムケン：まず,詐欺を検討して,取消期間については,さっき言ったように,何十年前という年数の話があるので,そこを検討し,そのうえで取消しができるということがわかったら,じゃあ取り消したらどうなるのか,という疑問が出てきて,最終的に,どういうふうな結論になるのかという,流れを重視した感じです。

木山：たしかにそうですね。順番的に,時効の問題は,当然,詐欺取消しができるとなって初めて出てくる問題です。そういう意味では,よく考えられています。答案を書く前に,こういう流れというか,順番はじっくり考えたんですか？　いきなり書き出してしまうと,その順番がぐちゃぐちゃになってしまうこともあると思うのです。いきなり書き出して,書いていくなかで考えるのか,それとも,書く前にある程度,自分のなかで構成を考えるのか,というあたりですが。

シムケン：だいたい,メモ程度,走り書き程度に,どんなことを書こうかということを考えて紙に簡単にまとめて,そのうえで,パソコンで打ち込みました。

木山：なるほど。答案を見ていても,たとえば,「第1　問題提起」の最初の段落で,不当利得の要件を書いて,第2段落で,「これを本件についてみると」ということで,要件へのあてはめをしているんですよね。そして,「第2　『詐欺』の検討」でも,第1段落で,詐欺の要件を書いて,第2段落で,「これを本件についてみると」という要件へのあてはめをしている。そして,「第3　取消期間の検討」では,やはり,第1段落は前提問題ですが,第2段落で規範を書いて,つまり,要件を書いて,第3段落で,「これを本件についてみると」と,また要件へのあてはめをしている。書き方の型が非

常によくできている。このあたりは，意識されたのですか？

シムケン：「法学入門」の授業で，論点を見つけて，ルールを引っ張り出して，それをあてはめるということを習ったので，1段落ごとに必ず論点を見つけて，「ルール→あてはめ」っていう順番で，すべての段落で書けるようにしました。

木山：いわゆる「法的三段論法」ですね。ルールというのは，要件ということだから，要件を書いてあてはめると。これは，よくできていると思います。
　シライさんも，要件を書いてあてはめる，というかたちで書かれているんだと思うんですよね。

シライ：はい。

木山：1の(2)では，「そもそも，『錯誤』とは」という定義があって，やや長めではあるけれど，動機の錯誤が，ここで論証されている。ですから，この1の(2)が，いまの話で言うと，論点の要件に当たる部分ですよね。それで，(3)では，「本件において」として，あてはめをしているということですね。

シライ：はい。

木山：それから，(6)に飛びますけれど，(6)でも，①，②，③と錯誤無効の要件を挙げて，(7)で，「これを本件で検討していく」として，あてはめをしています。

シライ：はい。

木山：シムケンさんと同じように，「要件→あてはめ」，という流れになっているんですよね。それを，答案で上手に表現する，ということを考えたときに，このナンバリングはどうですか？　上手にはまっていますか？

シライ：いやあ，ちょっと，ナンバリングが多いかなあっていう感じですかね……。

木山：うん，ちょっと多いよね（笑）。(8)までは，ふつう出てこないので。

シライ：そうですね。

木山：30頁，40頁あるものだったら，(8)ぐらいまで出てきてもいいかもしれません。でも，字数的に言うと，問題⑦は1200字ですよね。1200字で(8)まで出てきてしまうのは，ちょっと長い。結局，「１（たていち）」がほぼ9割でしょう？　だから，最後の行だけ「２（たてに）」になって，「１（たていち）」がすごく長くなって

いる。ナンバリングの立て方も，もう少し工夫できるといいですね。

シライ：ええ。

木山：上手くナンバリングをするためには，大きな意味でのまとまりを考える必要があるんですよ。錯誤の要件として，要件1つについて1つの括弧［注：(1)(2)(3)のこと］をつけるとか，そういうことができるといいんじゃないかなと思って，シライさんの答案を見ていたのです。そういう観点で整理すると，ナンバリングをもう少し変えることはできそうですか？

シライ：そうですね……。まず，動機の錯誤と別の錯誤で，問題提起が変わっているので，動機の錯誤について論じていますが，問題提起自体は変わっているので，(1)と(5)で，一度，線を引けるといいかな……。たとえば，(1)から(2)のところ，たとえば，アに直して，(3)をイにして，それで，「したがって」のあたりを(2)にすることができると，だいぶ括弧が減って，要件とあてはめの部分がしっかり分かれて見えるようになると思います。

木山：まずは，動機の錯誤は大きなひとまとまりなので，(1)から(4)までが1つの括りになる，いうことですね？

シライ：はい。

木山：ナンバリングは，人の好みもあるのですが，シライさんは，(1)(2)(3)の次に，ア，イ，ウとかも使いたいタイプですね，きっと。

シライ：はい。

木山：ただ，いまぐらいの内容量であれば，必要ないかなという気もします。きちんと改行していれば，1つのまとまりというのはわかるので。動機の錯誤だけで，(1)から(4)をひとまとまりにする場合には，ア，イ，ウまでは，なくてもいいかと思います。

シライ：はい。

木山：それから，(5)から(7)までは，動機の錯誤とは別の，錯誤が成立するための一般的な要件というかたちになっていますよね。答案には，(7)の(ア)の最後で，「①充足」と書いて，(イ)の最後で「②充足」，(ウ)の最後で「③充足」とあります。この書き方はいいと思います。あてはめをしていくときに，ひとつひとつの要件を，①，②，③で書いて，あてはめのところでもきちんと，①の話をしていますよ，②の話をしていますよ，③の話をしていますよ，と

いうのを記載する。これはよくできています。あとは、ナンバリングの整理ができればよいですね。

シライ：はい。

木山：もう少し細かい話に入ると、シムケンさんの場合は、「第1　問題提起」の1行目、「不当利得制度に基づき」とあるところが気になります。これは、あえて「制度」を入れる必要があるのか、という疑問はあるけれど（笑）。

シムケン：はい（笑）。

木山：それと、要件のうち「①処分の意思」というのは、通常、要件として挙げられるものなのかなと、そのあたりが少し気にはなりました。

シムケン：ああ。

木山：あとは、文章を書くときに、「〇〇制度」と入れていくと、文章全体に柔らかさがなくなっていくので、入れなくても通じる言葉はあえて入れないほうがいいと思います。

シムケン：はい。

木山：これは一般論ですけどね。あと、「第3　取消期間の検討」の1行目、126条の話で、「取消をできる時から」と書いてあるのですが……。

シムケン：あ、はい。

木山：これは、126条の条文上、そうなっていましたか？

シムケン：126条……、あ、「追認をできる時から」ですか……、そうか。

木山：そう。だから、ここはちょっと。

シムケン：ああ、不正確ですね……。

木山：意味はわかるけど、文言をきちんと拾ったほうがいいですね。

シムケン：はい、わかりました。

木山：条文をきちんと見て、かぎ括弧で正確に引用することができるとよかったです。

　さらに、本当に細かい話ですけれど、「取消」という表記。「し」を入れるのが、公用文では一般的なんですよね。「取り消す」というふうに動詞として使うときには、送り仮名の「り」と「す」を両方入れるのですが、「取消し」と名詞で使うときは、「し」だけを入れます。そして、「取消訴訟」みた

いな場合には，「し」も入れないという決まりがあるのです。そこはできていない。

シムケン：はい。

木山：それから，シライさん。(7)の(ウ)の4行目に，「取引の相手は仲の良いBであるため，Bを信じるのは仕方がない。」とありますが，これは，よくわかりませんでした（笑）。どういう意味ですか？

シライ：まあ，親しい仲だから……。

木山：親しい仲だから？

シライ：親しい仲だから，Bの言ったことをAが信じてしまうのも無理はないかな，という意味で使いました（笑）。

木山：「重大な過失」というのは，どういう意味でしたっけ？

シライ：ええと……，何かを見落としている，大きい見落としがあるかどうか，という感じのことで……。

木山：「過失」というのが，通常ですよね？「重大な過失」というと，ちょっと気をつければ気づけたような不注意だ，というふうに言われていますよね？

シライ：ああ。

木山：そうすると，この(ウ)の書き方，最初のところに，「購入する前に，美術専門家に本物かどうか鑑定してもらうのを怠った。」と入れるのであれば，すごく説得力があると思うのですよ。

シライ：はい。

木山：でも，そうすると，本当は専門家に鑑定してもらえばいいのに，それを怠ったと言いながらも，ちょっとした不注意である重過失は認めないという方向に認定している。それを認定する理由として，「絵画の知識を相当程度持っていた」ということが，出てきているわけですよね？

シライ：はい。

木山：ここのつながりがどうなのかな，という感じがしました。「仲の良い」というのもそうだし，「知識を相当程度もっている」のであれば気づけたんじゃないか，というふうにつながっていけそうな気もしますね。

シライ：やっぱりそこは，自分の価値判断になってしまうのですが，人によ

っては，それで重過失があると認めるかもしれないのですが，僕の場合は，知識が相当程度あったから知識に自信をもってしまって見落とした，と……。それから問題文にも，「本物かどうかを見抜く目は，持っていなかった。」と書いてあるので，そこを利用すると，「重大な過失」とは言えないんじゃないか，というふうに，僕はもっていきたかった。でも，そこはけっこう，悩みました。最初はそれで，「重大な過失がない」として，錯誤を認めない方向に行こうとしたのですが，問題文が，さっき言ったように，返還できるかとあって，返還させないといけないので。あてはめて，もうここで区切りをつける感じで決めたいと思いました。

木山：そうですね。いまちょうど指摘があったように，問題文には，「本物かどうかを見抜く目は，持っていなかった。」と書いてあって，相手はプロの画商ですから，おっしゃるとおりで，重過失が認められるようにも見える。いまの点を重視すると，認められないようにも見える。こういう問題になっています。大事なことは，その問題を読んで，自分で下した結論や価値判断を，ただ単に，「だからこうだ」と断言するだけではなくて，説得力のある文章であてはめていく，ということです。いま，詳しく話を聞けば，「ああ，なるほど」とわかる。けれど，それをもう少し，文章の表現で上手にできるとよかった。

シライ：はい。

木山：字数の問題もあるから，そんなには書けないというのもあるかもしれません。でも，「仲の良いBであるため，Bを信じるのは仕方がない。」というのは，(7)の(ウ)の下から3行目で使っているので，それを書くのであれば，いまのような話を入れたほうが，説得力が出たのかもしれません。あるいは，ここは両方の考え方があるなと，書くときにある程度思ったのであれば，もう少し分量を増やして，そこを書いてみるのもよかったかもしれません。ただ，この分量で書いたことを考えると，(7)の(ウ)の部分，最初のところで，「『重大な過失がある』ように思える。しかし……」というかたちで，反対の考えも示したうえで自説を述べる，この書き方自体は，よくできていると思いました。

シライ：はい。

木山：最後に，おふたりから何か聞いておきたいこととか，気になっていることとか，ありますか？　では，シムケンさんから。

シムケン：こういった長い事例問題を解くときに，参考になるのはやっぱり基本書だと思うのですが，どういった点に気をつけて読めば，こういった長い問題を解けるようになるでしょうか？

木山：最初の話に戻りますが，シムケンさんの冒頭の分析が，けっこうよくできていました。事例問題だから，まず事例をよく読まないといけないですよね。司法試験の問題もそうなのですが，自分が，あの本で読んだあの論点とか，『事例百選』で読んだあの判例みたいな，自分の知っているものと目の前にあるものを，違う事例なのに，同じにしてしまう。同じような方向にもっていこうとしてしまう。そういうミスが，よくあります。まずは，いままで勉強した事例はともかく，この事例がどうなのかというのをよく読んで，事案を分析するのが大事ですね。

シムケン：はい。

木山：問いとの関係で書くべきことは決まるので，設問が何と言っているかを，次によく読む。そうすると，本件では，「Aは，Bに対して，2000万円の返還を求めることができるか」と問われているので，「ああ，この点だけを書けばいいんだな」とわかります。

シムケン：はい。

木山：おふたりは書いていないけど，この答案を書いた受講生のなかには，「詐欺罪の成立とは」と，刑法の話を書いている人もいました。

シムケン：へえ。

木山：損害賠償請求の話をしている人もいました。無料でネタを使った点はどうかとか，情報料を支払えとか。そういったことも問題にはなるかもしれません。でも，設問では代金の返還しか問われていない。この点，おふたりは，事案の分析に正しく入っていけたということで，問いとの関係で，情報の取捨選択ができています。

シムケン・シライ：はい。

木山：さらに，どういう論点を書いていくかとなると，やはり，論点から入るのはあまり良くないんですよね。結論との関係で，どの要件を検討すべき

かというところから入っていく。そのための条文を適切にもってくる。今回だったら，95条（錯誤無効）をもってくる人と，96条（詐欺取消し）をもってくる人とで，要件は違います。いずれにしても，それぞれの要件を正確に書いて，それを丁寧にあてはめていくことが大事です。

シムケン：はい。

木山：そのなかで，どうしても論点が出てくる。たとえば錯誤だったら，「動機の錯誤」というのが出てくる。それは，必要なことなので書くという感じです。論点というのは，別になければなくてもいいのです。要件をあてはめる，ということが大事なので。

シムケン：はい。

木山：最後に，時効をどう扱うか，という問題が出てきます。シムケンさんの場合は，当然，126条の適用の問題になってくるので，起算点がいつであるかが，論点として出てくるということで解消されている。

　シライさんの場合には，そもそも錯誤だから，時効の問題に出てこないんですよ，として何も書いていない。それはそれで1つの筋です。シライさんのように95条で書いているのなら，無理に，取消しにもっていかなくてもいい，ということです。ただ，論点，論点という方向で突き進んでしまう，そういう指向が出てきてしまうかもしれない。これは危険です。大事なことは，設問との関係です。事例をよく読んで，要件を検討するということですね。

シライ：はい。

木山：それから，基本書についてですが，基本書は，あくまで，事例の検討というよりも，大きな体系の枠組みを書いた本です。ですから，基本書を読むだけでは，事例問題を解けるようにはなりません。インプットですよね，基本書を読むというのは。読んで理解するというインプットの場面と，実際に事例を見て自分で答案を書いていくというアウトプットの場面とは，それぞれ別の力が必要になる。問題をとにかくたくさん解いて，アウトプットをすることで，書く力もついてくる，ということになります。

　シライさんは，どうですか？

シライ：やはり司法試験レベルになると，今回のように，錯誤だけの検討で

はすまないような感じがしています。たとえば，この事例でも，最近見た問題だと，その絵画を倉庫に預けていたら燃えちゃったとか。論点がどんどん増えてくるような感じがするので［注：旧司法試験・平成12年度・第1問］，短く書く訓練というのが，やっぱり必要ではないかと思いました。

木山：問題⑦は，大学2年生の前期ということもあって，民法総則だけで解けるようにつくっています。実際，この問題の素材になっている旧司法試験の問題には，いま，シライさんからお話があったように，さらにその先があります。この錯誤の問題は，全体で言うと3分の1ぐらい。まあ，半分以下で終わるような問題だったわけです。ただ，いろいろな論点があるとか，設問がある場合でも，ひとつひとつ丁寧に論じていけば，結局あとは，その積み重ねなんですよ。だから，この事案であればこれで終わりだし，そこから先があれば，これを書いたうえで，次の話を書く。ひとつひとつ丁寧に法律関係を見ていけば，答案を書くのは決して難しい話ではないと思います。

シライ：はい。

木山：ただ，答案を書くときは，同じ字数なのに書くべきことが増えたら，当然，いま，シライさんおっしゃったように，ひとつひとつの論点を短くまとめないといけませんね。全体のなかでどこが最も重要で，どこを省略すべきか，どこを短くすべきか。とくに民法は，「短く書く力」が大事です。すごくいい視点でした。

シライ：はい。

木山：では，ちょっと長くなってしまいましたが，問題⑦は，以上で終わりにしたいと思います。お疲れさまでした。

シムケン：お疲れさまでした。

シライ：ありがとうございました。

5……解説

　長文の事例問題になると，脱線する人が出てきます。「問いに答える」という本質からずれてしまう答案が，たくさん出てくるのです。

　本問の場合は，事例だけを検討すると，考えられる当事者の請求はいろい

ろありそうです。しかし，**問題文（設問）**は，「Aは，Bに対して，代金2000万円の返還を求めることができるか」ということだけを聞いています。ですから，この点だけを書けばよいことになりますし，**聞かれていないことを答案に書いても，点数はまったくつきません**（配点はありません）。この点を，まずは理解することが重要です。たとえば，受講生のなかには，名誉毀損に基づく損害賠償請求・慰謝料請求を書いている人がいました。情報量の請求について議論している人もいました。しかし，設問は，代金の返還請求の可否を聞いているのですから，これらのことを論じても点数はつきません。そればかりか，**字数制限があるなかで，余計なことを書く（余事記載）と，相対的に配点のある（書くべきこと）に割ける分量が減りますから，得点も伸びなくなります**。この点は，本問に限らず，極めて重要な視点です。

　また，事例がなじみやすいとしても，本問で問われているのは，代金の返還請求権が発生しているか，という「民法の問題」です。**民法の問題では，請求の根拠**（これを，民事訴訟法では「請求原因」といいます）**となる条文を探してくることから始まります。そして，探してきた条文の「要件」をすべて満たしているかを検討することが必要です**。

　本問で，AのBに対する代金返還請求権の行使が可能になるための根拠（請求原因）として考えられるのは，錯誤無効（民法95条）と詐欺取消し（民法96条）です。学生との議論で，1本にしぼるか，両方書くかといった話も出ていましたが，「AのBに対する代金返還請求が認められる」という結論になるのであれば，どちらか1つを検討すれば足りることになります。ですから，錯誤無効で書いても，詐欺取消しで書いても，結論として請求が認められるというのであれば，それ以上に，もう1つの請求原因（請求の根拠）まで検討する実益は少ないのです。字数の制限がありますから，どれを使うかという取捨選択の視点も重要です。

　また，学生との議論でも出てきましたが，本問では，事例をよく読むと，「30年前」に始まり，「15年前」「10年前」「4年前」と，さまざまな時間軸が示されていることがわかります。このように，**時間軸が事例問題に登場する場合は，「時効」が問題になりそうだと，まずは気づくことが必要です**。そうすると，詐欺取消しを主張する場合は，取消権の消滅時効（5年）を定

めた民法126条前段が問題になりそうだと，このことに気づく必要があります。そのうえで，「でも，錯誤無効でいけるから，そうすれば，時効の問題は出てこない」と考えるのもよいですし，やはり時効の問題にも触れようと考えて，錯誤無効と詐欺取消しの両方を書いて，後者については，消滅時効（民法126条前段）に触れてもよいです。

　いずれにしても，民法では，根拠となる条文を探し，その条文が適用されるための「要件」をひとつひとつ検討することが必要です。このときに，**まずは常識的にみて，当事者の立場であれば，どのような請求をするだろうかと考えてみることが重要です。**当事者については双方の立場に立ってみます。**最初に，Aさんの立場で考えてみます。**Aさんから依頼を受けた弁護士（代理人）だと思って考えてみるとよいでしょう。Aさんとしては，2000万円の返還をしてもらえればよいわけです。そうすると，詐欺でも錯誤でも，2000万円の返還が認められるのであればよい，ということになるでしょう。このときに，両者のどちらが要件をクリアしやすいかを考えます。錯誤無効の場合は「動機の錯誤」という論点がありますが，黙示であっても動機が表示されていればよいというのが判例・通説ですから，錯誤無効は認められそうです。これに対して，詐欺取消しの場合は，問題文を見る限り，BがAを騙そうとしていたという事実は，どこにも記載されていません。そこで，「詐欺」の事実をAさんが立証できない限り，詐欺取消の主張は認められない，ということになるでしょう。

　次に，相手の立場に立って考えてみます。Bさんの立場に立つと，いまさら，受け取った代金2000万円の返還などしたくないのです。10年前ですから，もう2000万円は使ってしまっているのではないでしょうか。そうすると，**Bさんの代理人（弁護士）としては，とにかく，2000万円は返さなくてよい，という結論になるための反論を考えることになります。**

　まず，錯誤無効については，表意者であるAに重過失があれば認められないと条文に書いてありますから（民法95条ただし書），Aには重過失があったと反論することになるでしょう。

　また，詐欺取消しについては，そもそも詐欺などしていないと反論することになるでしょう（民事訴訟法上，詐欺取消しについては，それを主張するAが

詐欺の事実について立証責任を負うと解されています)。そして，仮に詐欺と判断される場合でも，もう10年も前の売買だから消滅時効だと主張したいでしょう。そのときには，Aとしては，消滅時効の起算点は，売買契約の成立時や目的物の引渡時ではなくて，詐欺の事実を知った時からだと再反論したいでしょう。

　詐欺の事実を知ったのは4年前ですから，この時点を起算点とすれば，消滅時効は完成していないことになるからです。なお，消滅時効は仮に完成した場合でも，当事者が援用しなければ効力は生じませんから（民法145条)，Bには「援用」が必要になります。

　このようなことを当事者の立場から考えたうえで，**あとは，字数制限内に収まるように，構成を工夫し，文章全体にメリハリをつけることです。**

　受講生のなかには，錯誤無効を否定しながら，詐欺取消しは検討していない人もいました。錯誤無効を否定した場合は，Aとしては別の根拠（請求原因）があれば主張したいはずですから，これを検討しないのは不十分と言わざるをえません。

　また，詐欺罪（刑法246条）を検討している受講生もいましたが，刑法上の犯罪に当たるかどうかは，刑罰の適用（刑事訴訟）で問題になるものであり，AのBに対する代金の返還請求を基礎づける根拠にはなりません。この場合，民法の96条1項（詐欺取消し）が適用できるかを論じなければなりません。最初のうちは，民法（民事）と刑法（刑事）とで混乱する受講生が多かったですが，これも「法学入門」の知識ですから，しっかりおさえていきましょう。

　くり返しになりますが，民法の答案では，要件を検討することが必要です。条文を指摘して，項や本文・ただし書の別まできちんと指摘して，論じていきましょう。その場合，法的三段論法の視点を使うと，たとえば「錯誤」に当たるか，というときは，「『錯誤』とは……をいう。」と，その定義（規範）を明らかにすることが重要です（法解釈による規範定立)。「重過失」についても同様です。ただし，**文字数との関係上，ひとつひとつの要件についてすべて法的三段論法で，丁寧に（法解釈→規範定立→あてはめ→結論）と書いていたら，終わらなくなります。その場合，短く処理する方法も身につけましょ**

う。

　なお，債権法改正（民法の一部改正）が実現すると，長い間，論点として存在していた「動機の錯誤」は，条文上「錯誤」の対象に含まれることが明記され，また，錯誤の効果も「無効」ではなく「取消し」になります（法務省「民法（債権関係）の改正に関する要綱仮案」〈平成26年度8月26日決定〉参照）。そうすると，錯誤の場合でも「取消権」の消滅時効にかかることになり，本問のような，詐欺と錯誤の効果における相違はなくなる可能性があります。ただし，詐欺の場合に，詐欺の事実の立証が必要になる点は変わりませんし，両制度はともに残りますので，どちらを使うかという議論は，改正後もなされなければならないでしょう。

6……解答例

　いきなり論点に入るのではなく，「第1　Aの請求について」で，Aの請求が認められるための根拠について整理をしています。こうした整理ができることが，民法の問題では重要です。こうしたことをさりげなく書けると，読み手（採点者）に，法律関係（法律の適用）についてきちんと理解できていると評価してもらえます。

　「第2」では，詐欺取消し（民法96条1項）と錯誤無効（民法95条）とを分けて書いています。詐欺の事実は，問題文からは見てとれませんので，立証がないことを理由に否定をしています（ほかにも要件はありますが，1つでも認められなければ詐欺取消しは主張できませんので，他の要件にはあえて触れていません）。これに対して，錯誤無効は，結論としては認めていますので，すべての要件について検討をしています。このあたりは，メリハリの発想を取り入れています。

　「第3」では，時効について触れています。まず，錯誤無効のみ認められるとの立場からは，消滅時効（民法126条前段）の直接適用はできませんから，短くまとめています。他方で，詐欺取消しも，詐欺の事実が立証される場合はありえますので，一応触れています。大事な点は起算点ですので，この点の解釈を短くまとめています。

「第4」は結論ですが，設問，そして最初に立てた問題提起（第1）に対応させるかたちで答え（結論）を書いています。

第1　Aの請求について
　AがBに対し，代金2000万円の返還を求めることができるためには，①Aが，AB間の売買契約（以下「本件契約」という。）について錯誤無効（民法95条）または詐欺取消し（民法96条1項）の主張をでき，かつ，②Bから消滅時効（民法126条前段）の援用がないか，あってもそれが認められないことが必要である。
　なぜなら，本件契約は，履行済みであるため，無効ないし取り消されることで初めて「法律上の原因」がないことになり，不当利得返還請求権の行使が可能になるからである（民法703条）。また，本件契約は10年前になされたものであるため，その前提として，相手方から消滅時効等の援用があった場合，詐欺取消し等を主張できる権利が消滅していないことも必要だからである。

第2　①について
1　詐欺取消しについて
　Aが，Bに対して，本件契約について詐欺取消しを主張できるためには，Bの詐欺行為の存在が必要である。この点，たしかに，本件絵画の購入を勧めたのは，画商Bであり，代金2000万円も同人が提案している。しかし，Bの詐欺行為について確たる証拠はみあたらない。よって，Aは，Bに対し，詐欺の事実を立証できない限り，詐欺取消しを主張することはできない。

2　錯誤無効について
(1)　まず，Aは動機に錯誤があるに過ぎないが，動機が黙示または明示に表示されていた場合には「錯誤」にあたると考える（判例に同旨）。
　本件において，Aは，「そろそろ本格的な絵を自宅の応接室に飾りたい」と画商Bに伝えたこと，これに対しBから「画家Cの署名入りの絵画」の購入を提案されたこと，絵画の価額は画商から提案された2000万円という高額な値段で確定していること，当時Aはデビューから20年経過した画商シリーズも

執筆している作家であったことなどを考えれば，本件絵画が本物であることの動機は，少なくとも黙示に表示されていたといえる。

(2) また，実際の価値は問題文から定かでないが，価格の乖離が相当あると考えられることを前提とすれば，このような錯誤がなければ，本件絵画の購入をしなかったであろうといえる。よって「要素」の「錯誤」もある。

(3) これに対して，BはAに「重大な過失」（民法95条但書）があったと主張するかもしれない。しかし，Aが本件契約当時に美術について知識を有していたことを前提にしても，相手が画商であることを考えれば，Aが少しの注意をしていれば気づけたことであるとはいえない。よって，Aに重過失はない。

(4) よって，Aは錯誤無効を主張できる。

第3 ②について

錯誤無効には，消滅時効の規定はない。この点につき，明文なく，消滅時効の効果をもたせることもできないと考える。また，仮に詐欺の事実が立証され，Aが詐欺取消しのみを主張した場合でも，「追認をすることができる時」は詐欺の事実を知った時をいうところ，Aがこれを知ったのは4年前である。よって，いずれにしても，Bは消滅時効を援用することはできない。

第4 結論

以上より，Aは，Bに対し，代金2000万円の返還を求めることができる。

以上

条文の記載方法

本書の問題①で素材にした判決文には，次のような記載があります。「裁判員の職務等は，憲法18条後段が禁ずる「苦役」に当たらない」。ここから言えることは，まず，「第」は記載しないということです。本来は「憲法第18条」ですが，判決文では「第」は原則として省略します。答案やレポートでも，省略するほうが通常です。例外的に「第」を書くのは，枝番号（枝番）がある場合です（枝番は改正で挿入された場合につけられます）。「○条の2」などです。たとえば，民法「398条の2」の2項を書こうとすると，「民法398条の22項」となってしまい，「2」が重なってしまいます。そこで，このような場合は誤解がないように，「民法398条の2第2項」と，例外的に「第」を入れるのです。

次に，「後段」という表記があります。前段・後段の別は，1つの条文（項）のなかに，2つの要素がある場合に必要になります。多くの場合は，「。」で文章が区切られています。ほかにも，「ただし……」と「ただし書」がある場合，それより前の部分は「本文」と表記します。

条文の文言は，必要な限度で引用するのがよいです。上記の例で言うと，「苦役」が，かぎ括弧で引用されていました。条文の文言を答案に全部引用しても，評価はされません。条文の文言は，解答に必要な範囲で，かぎ括弧をつけて，引用しましょう。

column 5

第8章 「他説の批判」と「自説の展開」の技法を身につけよう

1……この章の趣旨

　時事問題（政治問題）としても議論になっている「集団的自衛権」について，憲法論として論じてもらう問題です。

　自分の立場を決めたうえで，反対の立場の考え方に的確な反論をすることが重要になります。

　少し続いた長文問題（問題⑥・問題⑦）とは異なり，論点は1つです。1つの論点で1000字を使うということは，これまでの問題に比べると，使える文字数は相当多いということになります。

　そのなかで，どれだけ読みやすい文章で論じることができるか（読みやすい文章の視点），どれだけ整理をして書くことができるか（2つの観点から考える視点）を養ってもらう，これが，本問の出題趣旨です。

2……演習問題

問題⑧

　日本国憲法9条の解釈として，集団的自衛権を行使することは可能だという見解がある。

　この考え方の内容及び論拠について説明をしたうえで，あなたはこの問題についてどのように考えるかについて，説得的な理由を示しながら論じなさい（1000字程度）。

3……議論に参加をした学生の文章例

① あちゃさんの答案

1. 集団的自衛権とは

 「集団的自衛権」とは，自国と密接な関係のある国が攻撃されたときに，共にその攻撃を排除する権利である。これは，国連憲章第51条により，すべての国に認められた自然権（生まれながらに持つ）的な権利だが，日本は憲法9条の制約により行使できないと解釈されてきた。

2. 憲法9条の解釈

 憲法9条2項では，武力行使を目的とする戦力を保持することを禁じている。しかし，自衛権を否定するものではなく，自衛のための必要最小限度の実力を保持することは認められると解されている。今までは，「必要最低限度の実力」に集団的自衛権は含まれないと解釈されてきた。しかし，現在，北朝鮮の挑発行為や中国の海洋進出などによる集団的自衛権の行使の必要性から，解釈の変更が可能とされている。つまり，「必要最低限度」に集団的自衛権が含まれるとされている。理由としては，憲法に集団的自衛権を禁止する明文規定がないことが挙げられる。憲法が意図する趣旨を示す全文の中に，「いづれの国家も，自国のことのみに専念して他国を無視してはならない」と書かれている。この趣旨からは，集団的自衛権は，むしろ，憲法において評価されていると考えられる。

3. 自説

 「必要最低限度の実力」に集団的自衛権が含まれるとする解釈に反対である。これまで憲法9条の解釈で，集団的自衛権は行使できないと考えられてきたのに，それを変えるのは，戦後守ってきた「平和主義」を覆すことになると考える。集団的自衛権は「義務」ではなく，「権利」であるため，行使するか否かを決める権利は日本にある，とする考えもある。しかし，「他国に攻撃された際に，共にその攻撃を排除する権利」である以上，その国が攻撃されたと

きには，攻撃を排除するか否かの決定権はなく，「義務」に値すると考える。そうすると，「攻撃を排除する」とはいえ，必要のない戦争に巻き込まれる可能性は極めて高い。また，テロの対象国となる可能性もある。そのような危険は回避すべきである。

日本が戦争に参加することは，広島や長崎の原爆の経験が生かされていないことと同じである。原爆の経験を無駄にしないために，日本の「平和主義」は維持されるべきであり，それを覆す可能性のある集団的自衛権も行使すべきではないと考える。

> ② しおりんさんの答案

集団的自衛権とは，自国と密接な関係にある外国が武力攻撃を受けた場合，自国が直接攻撃されていないにもかかわらず実力をもって阻止するという権利のことである。

国際法上，主権国家であれば集団的自衛権を有していると考えるのが一般的である。しかし日本では，日本国憲法9条の解釈により，この集団的自衛権が認められるか否かについて議論されている。この点について，日本国憲法9条の解釈が問題となる。

日本国憲法9条では，①戦争放棄，②戦力不保持，③交戦権の否認が規定されている。そして，自衛権の行使は「必要最小限度」の範囲にとどまると解される。

ここで，集団的自衛権が，この「必要最小限度」の範囲に含まれるか否かが問題となる。この点において，集団的自衛権は，自国の防衛をするための「必要最小限度」の範囲を超えるものであるから認められないという解釈がとられてきた。

しかし，近年この解釈は変化してきている。なぜなら，そもそも集団的自衛権を禁止するとは憲法の明文上書かれていないからである。日本の自衛権が「必要最小限度」の範囲にとどまるという考えは，あくまでも政府による日本国憲法9条の解釈からきたものである。そのため，この解釈を変えれば，集団的自衛権を行使することは可能だということができるのである。

この問題について，私は集団的自衛権の行使は認められると考える。

　たしかに，日本国憲法9条の下において許されている自衛権の行使は「必要最小限度」の範囲にとどまるという従来の解釈をとれば，集団的自衛権がこの範囲を超えているものであり，当然認められないと解するのが普通である。

　しかし，この解釈自体を変えてしまえば集団的自衛権は認められると考えられる。なぜなら，①そもそも集団的自衛権が憲法上禁止されていないから，②国際法的にみても，主権国家は集団的自衛権が認められているからである。

　また，日本は尖閣諸島や竹島などの領土問題を抱えており，いつ武力行使が必要となるかわからない。こうなった場合，日本は防衛のみで戦争をすることはできないため，米国に守ってもらうしかない。そのためには，日米同盟の進化が必要であり，その本質が集団的自衛権を認めることなのである。また，集団的自衛権を認めることによって他国との同盟が深化されれば，他国の後ろ盾があるという抑止力も期待できる。

　以上のことから，日本は集団的自衛権を行使することは可能であるという解釈ができ，またその方がメリットもあると私は考える。そのため，集団的自衛権の行使は認められると考える。

4……学生との議論（実際に文章を書いてみて，どうだったか？）

木山：それでは，問題⑧を始めたいと思います。問題⑧は，いま，話題になっていますが，憲法9条の解釈としての集団的自衛権の行使の可否についてです。9条の解釈として可能だという考え方があるので，そのような考え方の内容と論拠を，まず説明する。そのうえで，実際に自分はどのように考えるかということについて，理由をきちんと示しながら書く。こういう問題でした。

　では，順番にお聞きしていきます。まず，あちゃさん。この問題は難しか

ったですか，やさしかったですか？
あちゃ：難しかったです。
木山：難しかった？
あちゃ：はい。
木山：どのへんが難しかったですか？
あちゃ：書きたいことがいっぱいあって，その内容を取捨選択することが難しかったのと，あと，調べると，他人の言葉を借りているような感じがして，それをわかりやすく，自分の言葉で述べるのが難しかったです。
木山：字数は1000字程度ですが，実際にあちゃさんが書こうと思ったことを，1000字に収めるのは大変だったという感じですか？
あちゃ：はい，大変でした。
木山：はい。そのあたりについて，1000字に収めるために，何か工夫した点はありましたか？
あちゃ：なるべく，短い文章で書こうとしました。
木山：「2.（たてに）」は，見出しに「憲法9条の解釈」とあって，集団的自衛権の行使が可能だとする，あちゃさんの立場からすると反対の立場に立つ考え方が書かれています。このあたりは，いまの話だと，他人の考え方を説明していくのが難しかったという感じですか？
あちゃ：はい。
木山：では，次に，しおりんさん。問題は難しかったですか，やさしかったですか？
しおりん：いままでの問題と比較すると，それほど難しくはなかったです。
木山：どのへんが，難しくはなかったですか？
しおりん：400字とか，すごく短い字数だと，まとめるのがけっこう難しかったのですが，この問題⑧は1000字だったので，まとめやすかったです。1200字ぐらいになると，内容が矛盾してしまったりすることがあるので難しいのですが，書いていて意外とぴったり収まったので，まあ，よくできたかなあ，という感じです。
木山：字数的にちょうど書きやすかった？
しおりん：書きやすかったです。

木山：内容的にはどうでしたか？　9条の集団的自衛権がテーマでしたが。

しおりん：テーマについて調べるのが，私は難しいと思うのですが，内容的には，自分の意見を書くことが多かったので，いままでの問題と比較すると，書きやすいかなあと思いました。

木山：なるほど。ちょっと特殊なテーマというか，政治的な問題でもあるのですが，集団的自衛権については，この問題が出された時点で，しおりんさんは，ある程度の知識とか，自分の考えというのはあったのでしょうか？

しおりん：そうですね，集団的自衛権については，前からニュースなどで観ていたので，いつもの課題よりはなじみがあって，書きやすかったです。

木山：それでは次に，あちゃさんにお聞きします。さっきも少し話が出てきましたが，この答案を書くにあたって悩んだ点や，工夫をした点はありましたか？

あちゃ：見た目を意識して，見出しとか，ナンバリングをするようにしました。

木山：見出しは，そうですね。「1.」で「集団的自衛権とは」，「2.」で「憲法9条の解釈」，「3.」で「自説」という見出しがついているし，それぞれ番号もついていて，わかりやすいですね。ほかにありますか？

あちゃ：わかりやすくするために，なるべく自分の言葉で説明しようとしました。

木山：自分の言葉で説明したというのは，どのあたりですか，たとえば？

あちゃ：「1.　集団的自衛権とは」，とかで……。

木山：よくある定義ではあるけれど，この，「1.　集団的自衛権とは」の最初の2行ぐらいの説明でしょうか？　それとも，「すべての国に認められた自然権（生まれながらに持つ）」のあたりまで含めて，でしょうか？

あちゃ：はい。

木山：そうすると，集団的自衛権とはどういうものかという，一般的な定義は頭の中に入れたうえで，それを自分なりの言葉で，文章に書いていこうとしたというところですね。

　悩んだ点はありましたか？　書きたいことがたくさんあった，と最初におっしゃっていましたけれど。ほかに，ここが書きにくかったとか，ここが難しかったとか。

あちゃ：自説を書くときに，説得力をもたせるのが大変でした。

木山：中身の話にも入ってしまいますが，しおりんさんは，集団的自衛権の行使は認められるという考え方です。逆に，あちゃさんは反対だという。おふたりの考えは，真っ向から対立しているというか，違うわけですね。これは，考え方としては，明確に自分のなかにあったという感じですか？

あちゃ：はい。

木山：そうすると，反対だという立場は決まったなかで，それを，どうやって説得力をもたせて，文章にしていくか。こういう作業になったと思います。そのために，意識して書いたところはありますか？

あちゃ：集団的自衛権を行使すると，平和主義を覆すということを強く言いたいというふうに思いました。

木山：そうですね。「3. 自説」の3行目を見ると，「戦後守ってきた『平和主義』を覆すことになる」と，自分の言葉で書かれていますね。それから，「集団的自衛権は『義務』ではなく，権利であるため，行使するか否かを決める権利は日本にある，とする考え方もある。」というように，別の考え方も書いている。その後，「しかし」として，これはもう「『義務』に値すると考える。」といったことも書いてありますね。このあたりはどうですか？ここは，自分で考えて書いたことですか？

あちゃ：はい。

木山：権利か，義務かといったような議論は，あまり聞かないと思うのですが，何か，そういう考えがあるのを読んで，それを書いたのでしょうか？それとも自分で考えたのでしょうか？

あちゃ：こういうふうな考え方を，インターネット上で見たので。

木山：そういうことだったのね。さらに続けて，「また」として，「テロの対象国となる可能性もある。」とか，「そのような危険は回避すべきである。」という記述もあります。次の行では，「広島や長崎の原爆の経験」とか，こういった記述があって，平和主義を徹底しようという考えが伝わってくる文章でした。

　しおりんさんは，あちゃさんとは逆の立場で書いているわけですよね。この文章を書くにあたって，工夫した点を，まず教えてください。

しおりん：工夫した点は，1文を短くして読みやすい文章を書くことが，まず第1で，そのために，適切な接続詞を使って，わかりやすい文章にしようと心がけました。

木山：しおりんさんの答案は，非常に読みやすい文章になっていると思いました。たしかに，1文が短い。だいたい1行で1文が終わるぐらいのペースで書かれていますね。

　さきほど，あちゃさんから見出しを工夫したという話がありました。しおりんさんは，1文を短くすることを工夫したようですが，見出しは，とくには書いていないですよね？

しおりん：はい。

木山：このへんは何か，考えがあったのですか？

しおりん：考えは，それほどないのですが……。意見と，その集団的自衛権の説明の間に1行空けたので，話が変わっているということは，これでわかるかなと思って，あえて書きませんでした。

木山：たしかに，しおりんさんの答案は，この2つの分かれ目のところで行が空いています。ただ，あちゃさんのように見出しをつけると，よりわかりやすかったかな，とは思います。

　文章を書いていて，悩んだ点はありましたか？

しおりん：悩んだ点は，調べれば調べるほど，意見が揺れてしまって……。最初は，集団的自衛権の行使は認められないと，前からニュースとかで観て，そう思っていたのですが，調べていくうちに，こっちかなあ，というふうに思うようになって……。あまりこっちに行ったり，あっちに行ったり，意見が揺れてしまうといけないので，ちゃんと決めてから，書くのがちょっと大変でした。

木山：この問題は，いろいろな考え方があります。極端な考えで進めてしまうとなかなか難しい部分があるので，おふたりにも聞いてみたいと思っていました。

　あちゃさんは，行使反対の立場に立っていて，集団的自衛権の行使を認めると，戦争につながるのではないかという考えだと思います。そこで，文章の書き方とは離れてしまいますが，もし，日本に，他国から攻撃されたとか，

ミサイルが飛んできたとか，そういうことがあったときは，どうやって平和を守っていくか，ということは考えましたか？
あちゃ：とくに考えていなかったです。
木山：もともと集団的自衛権というのは，「集団的」という言葉が一人歩きしているところがありますが，要するに，自衛権だから，根本的には自分の国を守る，ということですよね。だから，平和は大事という発想は，自衛権もやはり共有していると思うわけです。そうではない，という考えもあるとは思いますが。平和主義を徹底する，という観点で考えると，日本が他国を攻めることは，当然許されないわけですが，逆に，攻められたときにどうするか。こういうなかで，日本の平和を守っていくために出てきた議論の1つではある，と思います。そのあたり，あちゃさんはあまり考えなかったとのことでしたが，いま，話を聞いてみて，どういうふうに思いますか？
あちゃ：自国を守るためだったら，攻撃が必要なときもあるかもしれないけれど……。
木山：「守るために」ということですよね？
あちゃ：そういうときでも，他の国を攻撃しない方法で，国を守っていくべきではないかな，と思います。
木山：個別的自衛権と集団的自衛権とがありますけれど，自分の国が攻められた場合に，反撃するのは個別的自衛権です。この問題は，そうではなくて集団的なので，自国ではなくて，密接な関係があるとは言っても他国ですよね。他国が攻撃された場合にまで，「自衛」の権利が行使できるかという話なので，そこで少し結論が変わってくるということですかね。
　いまの問題について，しおりんさんはどうですか？　文章の書き方からは，少し話は飛んでしまっていますが，大事なことなのでお聞きします。
しおりん：はい……。
木山：自国が攻められたわけではないのに自衛権を行使していくようなことは，必要ないのではない，こういう考え方もあるわけですよね？
しおりん：良いか悪いかは別として，日本には米軍がいるじゃないですか？
木山：いますよね。
しおりん：米軍は，実質はどうかわからないけれど，一応，日本を守るとい

う名目で駐留している。でも，それが実際に，他の国にとっては脅威であるかもしれないし，抑止力につながっていると思うのです。そうやって守ってもらっているのに，日本が干渉しないと言うと，日本に何かがあったときに，もう，アメリカに守ってもらえなくなってしまうかもしれない。日本は小さい国でもあるし，日本だけで他国と戦うのは難しくなってくるから，やっぱり集団的自衛権は必要なんじゃないかなあって，思います。

木山：たしかに，米軍の問題が切っても切れない関係にあるのは，歴史的にも，現在でも事実ですよね。いずれにしても，自国，すなわち日本を守るために必要なんだ，という話ですかね。

　話が，集団的自衛権を認めるべきか，認めるべきでないかというような議論にまで行きましたが，これは，どちらの立場が良い悪いということではありません。この問題では，どれだけ説得力をもって，文章を書けるかということが大事になってきます。

　そういう観点から見ると，あちゃさんの答案は，反対だということで，平和を守るために平和主義を維持するべき，集団的自衛権は行使すべきではない，という結論になっています。これは1つの考え方です。

　そして，しおりんさんの答案は，平和を守るためにも日米同盟の強化……，答案には「深化」と書いてありますが，それが必要だから，集団的自衛権の行使は認められるべきだと結論されています。おふたりの考え方は分かれていますが，文章の書き方としては，しおりんさんの場合は，集団的自衛権の行使が平和主義にとって必要だ，と書いている。一方，あちゃさんの場合は，集団的自衛権の行使は平和主義にとって不要だ，と書いている。

　必要かどうかという議論のことを「必要性」と言いますけれど，法律の解釈の文章をより説得的に書くためには，そういう必要があるかないかという議論と，もう1つは，やはり条文の解釈なので，その条文がどこまで許しているかという「許容性」の問題も，議論することが大事なのです。

　そういう意味では，たとえば，あちゃさんの場合であれば，不要だというのは根本的なスタンスだとしても，集団的自衛権と一口に言っても，限定的な集団的自衛権もあるかもしれないわけです。9条の解釈のなかで，ここまでなら認められるけれど，ここまでくるとダメだとか，そういう議論もでき

たらよかったかなというふうに思いました。あちゃさんは，いまの話を聞いてみて，どうですか？　自分の書いた文章について。
あちゃ：……。
木山：もう少し言うと，「3.　自説(たてさん)」で，集団的自衛権の行使は平和主義を覆すから反対だ，というのは書いてあるのでよくわかります。問題は，憲法9条が集団的自衛権の行使を許容しているかどうかという，法の解釈の問題なんです。そのあたりが，あまり出ていないという印象がありました。どうでしょうか？
あちゃ：はい……。
木山：要するに，9条の文言とか，9条の趣旨との関係ですね。
あちゃ：「必要性」に重点を置いてしまっていて，そういう「許容性」という考えは全然なかったので，そこが反省点だと思います。
木山：9条の解釈という意味では，「2.(たてに)」のところで条文を書いて，説明はしているわけですよね。このあたりの話を自説のなかでも論じられると，「必要性」と「許容性」という2つの観点から論じられたのではないかなと思いました。
あちゃ：はい。
木山：しおりんさんも，結論はまったく逆ではあるのですが，やはり必要だという考えから，たとえば，最後の下から2行目を見ると，「メリットもある」と書いてあります。要するに，集団的自衛権は「必要だから認めるべきだ」という書き方になっている感があります。このあたりは，条文の解釈，「許容性」という意味からすると，どうでしょうか？　「いや，自分ではここに書いたつもりだ」というのであれば，それも教えてもらいたいと思います。
しおりん：まず，必要最小限度の範囲に集団的自衛権の行使は含まれるという，従来の解釈をとれば，それは超えてしまうものであるけれど，この解釈自体は憲法上にないから，解釈自体を変えてしまえば認められると，第7段落，第8段落の「たしかに」と「しかし」のところで，9条の解釈に触れたつもりだったのですが……。
木山：そうですね。たしかに，9条の解釈に触れられてはいます。そうすると，この第8段落の「なぜなら」というところで，2つ理由が挙げられてい

るのですけれど,「そもそも集団的自衛権が憲法上禁止されてないから」というのは……?

しおりん:明文上にないということ……。

木山:明文にないから……ということ? 明文上は禁止されていないから,ということですか? なるほど。

しおりん:はい。

木山:それは,そう書くとわかりやすいですね。

しおりん:はい。

木山:明文では禁止していないから,ということか……。

しおりん:はい。明らかに,「集団的自衛権を認めてはいけない」とか書いてあるわけではないので……。

木山:たしかに,書いてはいないですよね。なるほど。

　それと,理由の2つ目で,「国際法的に見ても……集団的自衛権が認められているからである。」と,「従来の解釈」というような言葉が出てきているわけですが,これは要するに,必要最小限度の範囲にとどまるかどうかということですか?

しおりん:そうですね。

木山:必要最小限度で自衛権の行使が認められる,という従来の解釈は,取っ払ってしまうという発想ですか?

しおりん:そうですね……。この解釈自体,そもそも誰が言い始めたのかもわからないし。違う視点で考えれば,自衛権の行使は別に明文で禁止されているわけではないから,認めてもいいのではないか,という解釈もありうるのではないかと思います。

木山:なるほど。集団的自衛権は,非常に難しい問題だとは思います。最近もいろいろな議論があって,内閣が,2014年7月1日に閣議決定をしました。そのなかで,これは,まだ法律でも何でもないですが,いわゆる「解釈改憲」ではないかと言われることがあります。しかし,これも,必要最小限度の実力の行使にとどめるべきだ,というのは前提にしています。いわゆる「3要件」と呼ばれている,①急迫不正の侵害がわが国にある,②他に適当な手段がない,そして,③必要最小限度の武力行使であるという,この3つ

を満たす場合に限って認めるもので，だから，自衛隊はOKだというのが，いままでの考え方でした。

　この3要件について，①の要件を，「わが国の存立が脅かされ，国民の生命・自由及び幸福追求の権利が根底から覆される明白な危険がある」という場合に，さらに限定すればいいではないかと，この閣議決定は言っているわけですね。②の要件は，やはり，「他に適当な手段がない」，③は，「必要最小限度の実力行使にとどまる」として，歯止めを掛けて，限定的な集団的自衛権を認める，そういう考えも，いま，出されています。

　しおりんさんの考えは，そこまで限定的にするというよりも，純粋に集団的自衛権を認めよう，という考えですか？

しおりん：まずは，必要最小限度の範囲に含まれる，と解釈してしまうということです……。

木山：必要最小限度の範囲に？

しおりん：必要最小限度の範囲に，集団的自衛権は含まれるものだという解釈をです。

木山：そうすると，書き方に，もう少し工夫があったほうがよかったかもしれないですね。印象としては，必要最小限度の範囲にとどまるというのは，従来の解釈をもう取っ払ってしまう，というふうに読めました。そのあたりで書き方の工夫ができればよかったと思います。

しおりん：はい。

木山：この問題は政治的な問題にもなっていて，いろいろな考え方が対立しているところです。そこで，文章の書き方というよりも，中身の話を重点的にやりました。認めるべきだ，認めるべきでないという結論は，人それぞれ，自分で考えればいいわけです。価値判断は自由ですから。ただ，わたしたちは，法の解釈として，どれだけ説得的に論じられるかが問われます。この観点から書けると，よりよかったと思います。おふたりとも，すごく読みやすいし，わかりやすく書けていましたが，解釈という点から踏み込めると，よりよくなったかなと思います。

　最後に，何か一言，言っておきたいことや，気になったことなど，何かありますか？

あちゃ・しおりん：ありません。
木山：とくになし？
　では，問題⑧は，以上にしたいと思います。

5……解説

　集団的自衛権は，2014年7月1日の閣議決定で，自衛権行使のための「新3要件」が打ち立てられるなど，最近，大きな議論になっている問題です。この問題や，自民党の党是である憲法改正（2012年4月には「日本国憲法改正草案」も，自民党から公表されています）の問題などもあって，最近は，日本でも憲法に対する関心が高まってきています。しかし，憲法の本質をきちんと理解している人は，まだまだ少ないのが現状です（たとえば，憲法と法律の違いであるとか，立憲主義の意味であるとか，自由と平等の違いであるとか，憲法の目的，国民主権の意味などです）。マスコミ等で報道される内容も，それぞれの主義・主張が根底にはあるため，自分の主義・主張と異なる見解に対しては，とりわけ声を大きくして反対する，という傾向が強いように感じます。**こうした報道などを見ているだけでは，「憲法の本質的な問題」をつかむことはできませんし，「法的な議論をする力」は身につきません。**

　本問は，こうした状況のなかで，現在の大学2年生であれば，政治問題として少しは知ってはいるはずの「集団的自衛権」について，**どちらの立場に立ってもよいので，自分の立場から，相手の立場を上手に批判する。そして，自説の優位性を，「説得力ある文章」で表現してもらうものです。**

　その意味で，まず書くべき内容としては，集団的自衛権の問題を憲法9条の解釈論として，正確に理解しておくことが前提になります。また，いままで培ってきた文章力を使って，読みやすく，わかりやすく，説得力をもたせて書いていくことも必要です。

　まず，憲法9条についてです。政府の見解を先に触れておくと，憲法9条1項については，あくまで侵略戦争を放棄したものであり，自衛権戦争は放棄していない，と解釈しています（限定放棄説）。主権国家には，当然に，自国の領土と国民を守るべき権利があるからです。もっとも，日本国憲法が制

定された当時においては、この9条1項は、自衛戦争も含めた、あらゆる戦争を放棄しているものと解されていました（無限定放棄説）。それが、「自衛戦争は放棄していない」という解釈となり、かつ、同9条2項の戦力の不保持についても、必要最小限度の実力であれば「戦力」に当たらないと解釈するようになったのには、時代背景がありました。1950年に勃発した朝鮮戦争によって、連合国軍最高司令官総司令部（GHQ）の方針が変わり、日本に再軍備を求めたのです。時の首相吉田茂は、これを拒否しました。再軍備は、敗戦の傷跡が深い国民から支持を得ることはできないと考えたからです。しかし、朝鮮戦争への出動によって、日本に駐留するアメリカ軍の部隊が減少したため、政府は、苦肉の策として、戦力ではない、警察力としての警察予備隊を創設しました。それが、1952年に保安隊となり、1954年には現在の自衛隊になりました。この自衛隊の創設によって、単なる警察力という説明は困難になりました。**そこで、9条2項によって保持が禁止されている「戦力」には、必要最小限度の実力は含まれないと、政府は解釈を変更しました。**そして、自衛隊については、あくまで、①わが国に急迫不正の侵害があり、②他に適当な手段がなく、③必要最小限度にとどまる、という3要件を満たす限りにおいてのみ、自衛権を行使ができる実力に過ぎない、としました。だから、自衛隊は、「戦力」には当たらないと考えられるようになったのです。もっとも、これは、あくまで自国が侵害された場合における個別的自衛権の行使です。他国（通常は、密接な関係にある同盟国をいいます）が侵害された場合に自衛権を行使すること、つまり、「集団的自衛権の行使は、憲法9条が許容していない」と、政府は解釈してきました。

　以上が、本問で問われている「集団的自衛権」は認められるか、という問題の前提にあります。政府は、上記のとおり、新3要件によって、かなり限定的ですが、集団的自衛権の行使も可能とする新解釈を示しました（もっとも、まだ法改正はされていませんので、現在のところは、あくまで内閣（政府）の見解が変更されたにとどまります）。この点について、憲法改正（96条）をしなければ、集団的自衛権は認められない、とする考えも根強くあります。しかし、政府は、上記のような新3要件が認められる限度であれば、憲法9条の解釈としても集団的自衛権は認められると考えたのです。

いま，限定的と言いましたが，新3要件の①要件は，「わが国の存立が脅かされ，国民の生命・自由及び幸福追求の権利が根底から覆される明白な危険がある」場合になっています。これを，わたしたち法律を学ぶ人間が法の要件として読むと，極めて厳しい要件であることがわかります。認められる場合は相当程度限られた場面ですから，新3要件によっても，集団的自衛権が一般的に認められたとまでは言うことはできないように思います。しかし，こうした考え方に対する批判としては，時の政権が判断することになるから，厳しい要件を課したとしても，アメリカの言いなりになる危険があるのではないか，たとえば，イラク戦争のような場合にも，この①要件が認められるなどして，自衛隊が戦争に動員されることになるのではないかという疑念です。ごくふつうに，この要件を法的にみれば，そのようなことはありえないと思います。しかし，日本国憲法9条が規定された歴史的経緯や由来等からすると，こうした不安がぬぐいきれない。これは，日本という国の特徴だと思います。

　また，国際法的にみると，国連憲章51条によって，集団的自衛権は主権国家に認められています。日本にも，国際法上は，集団的自衛権があるのです。しかし，自国の憲法によって，その行使を禁止することはできます。これまでは，憲法9条によって使えないことになっていると考えられてきました。従前の政府見解も，集団的自衛権は，日本にもあるけれど，9条によって行使が禁止されているという理解でした。

　以上のように，憲法9条という法の枠の問題として，集団的自衛権の行使の可否は論じなければなりません。そうしないと，「法学部の学生」が書く「憲法の答案」とはいえません。しかし実際に，受講生の多くは，9条の解釈論というよりも，「認めるべきではない」「認めるべきだ」という単純な必要性（不要性）の，＜裸の価値判断＞を論じているものが目立ちました。これは，法学部の学生が不勉強であるということではなくて，日本での現在の議論が，憲法9条という条文の解釈論として十分に論じられていないことが，如実にあらわれているのだと思います。

　法律を学ぶ人間は，「法の解釈適用」をきちんと行わなければなりません。憲法といえども，例外ではありません。結果，9条の解釈として，集団的自

衛権の行使は一切認められないとなれば，それでも集団的自衛権の行使は認めるべきだという人は，「憲法改正が必要」という流れになりますし（このような考え方を採っている人は，一般にわりと多いです），そもそも認めるべきではないという考えの人は，「憲法改正も不要」ということになるでしょう。逆に，集団的自衛権は，必要であり，かつ，9条の解釈論としても集団的自衛権は許容される，と解釈した場合には，憲法改正をしなくても，集団的自衛権の行使は認められることになるでしょう。ただし，従来の自衛権行使の3要件はかなり確立した議論ですから，集団的自衛権が無制限に認められるとの結論を9条の解釈論として導くことは，相当の困難を伴うでしょう。だからこそ，政府も，「新3要件」のような，極めて限定的な集団的自衛権の行使しか許容できない，と判断したのだと考えられます（もっとも，自民党は，上記改正草案では「国防軍」の創設を唱えており，この部分は，いまの9条の解釈によっては実現が困難なので，「憲法改正で対応すべき」という考えになると思います）。

　このようなさまざまな考え方を価値判断だけで否定するのではなく，考え方の道筋を論理的に追い，反論できるようになることが重要です。法学を学ぶ人には，理性（論理）が求められます。

　以上は，内容についての解説でした。「法学ライティング」としては，こうした内容をふまえたうえで，**本問では，①読みやすい文章で，②2つの観点に分けて整理しながら書けるか，この2点が試されています**。

　①読みやすい文章とは，どういう文章でしょうか。授業では，この課題については，グループ・ディスカッションを2回してもらいました。議論のテーマは，「集団的自衛権が認められるか」という内容的なものではなく，読みやすい文章になっているかどうかです。最初に5〜6名のグループをつくってもらい，時間を決めて，まずは，グループ全員の文章を読んでもらう。この際，短時間で読むというのがポイントです。また，複数の答案を読むというのもポイントでした。**書いた人には，「自分だけの（思い入れのある）1通」だと思いますが，読む側（採点する先生の側）になると，それは，「大量にある文章のなかの（書いた人の思い入れなどわからない）1通」に過ぎない**のです。その感覚を，受講生にもつかんでもらいました。そのうえで，書い

た人ひとりひとりに，どういう意図で書いたか，文章の書き方の工夫や悩みについて話してもらう。そして，他の人はどこが読みやすいとか，読みにくいとか，コメントをする。最後に，グループから1名いちばんよい文章だったものを選んでもらい，選ばれた答案を，グループの代表の人に，受講生全体の前で発表してもらいました。どういう基準で選び，その選ばれた答案はどこがよいのかを，書いた人ではない人に説明してもらうのです。選ばれた答案は，学生が自主的に選んだものですが，わたしからみても，よくできているものばかりでした。こういう体験をすることで，どのような文章が読みやすいのかがわかってきます。

　2回目のグループ・ディスカッションは，1回目のグループ・ディスカッションをふまえて書き直した文章で，同じことをしてもらいました。**文章は自分で読むことも大事ですが，人に読んでもらい指摘を受けることも大事です**。自分1人では気づかない視点を，教えてもらえるからです。そして，**同時に他人の文章もできればたくさん読むことです。そうすることで，自分の文章の総体的な位置がわかります**。さらに，書き直すこと。これをすることで，読みやすさは格段に上がります。たとえば，読みやすい文章として学生が挙げていたのは，1文が短いもの，ナンバリングや見出しの工夫があるもの，自分の主張と反対説の主張とを分けて論じているものなどでしたが，まったくそのとおりです。ほかにも，リズムが良いことや，漢字と平仮名のバランスなどがあります。読みやすい文章の視点を，意識して探してみましょう。

　②「2つの観点に分けて整理する」という視点は，論理的な文章を書くために重要です。よく言われるのは，「事実と意見とを分ける」というものです。これは，一般の文章にも，法律の文章にもあてはまりますが，法律の文章では，すでに習った「法的三段論法」がわかれば，当然と言えるでしょう。2つの観点から考える方法としては，さらに，**次の4つの視点があります。**
(i)形式論と実質論，(ii)原則論と例外論，(iii)必要性と許容性，(iv)客観と主観で
す。(i)については，条文の文言などの形式的な議論と，条文の趣旨や必要性などの実質的な価値判断の議論とを分けることです。集団的自衛権の議論については，後者ばかりが強調され，前者がなかった答案が多かったことは，

すでにお話ししました。(ii)も重要です。たとえば、錯誤無効では、原則として、動機の錯誤は「錯誤」に当たらないけれども、例外的に、表示があった場合には「錯誤」に当たる、という書き方をしている受講生がいました（問題⑤・問題⑦）。(iii)**必要性と許容性も、解釈論では極めて重要です。**集団的自衛権でも、(i)の実質論が「必要性」になります。集団的自衛権は必要か、という議論です。ただ、これだけで論じても法解釈にはなりません。許容性という9条の条文の枠内といえるか（解釈論として許容されるか）、という議論とあわせて、初めて法律文章になります。(iv)の客観と主観は、刑法などの問題で使うことが多いです。まずは、客観的な行為をみる。それから、故意という内心（主観）をみるということです。ただし、主観は外部からはわかりにくいですから、主観を重視することは危険だと言われることがあります（主観主義に対する批判）。裁判実務でも、客観面が重視されます。なお、「法学ライティング」の趣旨からは離れますが、立証（事実認定）の問題でも、裁判では、客観的な証拠（契約書など）が重視され、主観的な証拠（供述）は、信用性が認められるかを慎重に判断したうえで採用することになっています。

6……解答例

まず、「第1」で、憲法9条の解釈として集団的自衛権の行使が可能だとする考え方を紹介しています。1で「内容」を、2でその「論拠」を示しています。この考え方にはさまざまな理由がありますが、あくまで限られたスペースで、1つの考え方を示さなくてはなりませんから、2はコンパクトに、わかりやすい論旨でまとめています。

次に、「第2」で、自説（私見）を書いています。1で「必要性」の議論を行い、2で「許容性」の議論を行っています。

「第1」、「第2」ともに、政治問題として、の集団的自衛権を認めるべきかではなく、問題文にあるように、「憲法9条の解釈」として、その行使が禁止されているか、許容されているか、という議論に徹しています。

第1 集団的自衛権を行使することは可能だという見解について
 1 憲法9条1項で戦争放棄をし、2項で戦力の不保持を定めているにもかかわらず、同条の解釈として、集団的自衛権の行使は可能だとする考え方は、次の論拠に基づく。
 2 まず、1項は、侵略戦争を放棄したものであり、自衛戦争は放棄していないとする（限定放棄説）。主権国家として自国の領土国民を守る権利が当然にあるからである。2項については、自衛戦争を放棄していない以上、自国を守るために必要最小限度の実力を保持することは禁止されていないとする。自衛隊も、①我が国に対する急迫不正の侵害があり、②他に適当な手段がなく、③必要最小限度の実力を行使する場合に限り、自衛権の行使ができる実力に過ぎず「戦力」にはあたらないからである。
 　　以上を前提に、国際法上も主権国家には集団的自衛権も認められていること（国連憲章51条）、個別的自衛権と集団的自衛権の区別は困難であることなどを理由に、憲法9条は、集団的自衛権の行使を禁止していないとする考え方がある。

第2 私見
 1 集団的自衛権の行使を認める必要性
 　　たしかに、複雑化した国際状況を考えると、同盟国が急迫不正の侵害を受けた場合でも、それが我が国の安全保障を著しく害するような事態が生じる可能性もある。そのような場合に、自国が侵害を受けていないとの理由のみで、自衛権の行使が否定されることは現実的ではない。
 2 憲法9条の解釈論としての限界（許容性）
 　　しかし、最高法規（憲法98条1項、97条）として存在する憲法の規定を、憲法改正（96条）なくして解釈で乗り越えることには困難を伴うといわざるを得ない。
 　　国連憲章51条によって我が国に集団的自衛権の保持が認められているとしても、その行使を制限することは自国の憲法によって可能である。また、自衛権の区別が困難であるからといって、9条の枠があるにもかかわらず、無制限に集団的自衛権の行使を許容すること立憲主義から許されることではない。

3 結論

したがって，憲法9条の解釈として，一般的に集団的自衛権の行使が許容されると解釈することは困難であると考える。ただし，他国に対する急迫不正の侵害が，我が国の安全保障を著しく害するような場合には，我が国に対する急迫不正の侵害があると考えて自衛権を行使することは可能であると考える。

以上

漢字と平仮名，送り仮名

　漢字が多い文章を，「黒っぽい」と言うことがあります。逆に平仮名が多い文章は，「白っぽい」と言います。現代の日本語の文章では，読みやすい文章は，圧倒的に「白っぽい」のです。

　判決文には，漢字が多いイメージがあるかもしれません。しかし，それは古い判決文です。現在の判決文は「公用文」のルールを原則としているため，平仮名が多く，じつはとても読みやすいです。接続詞も，平仮名にするのが基本であると，**column 3**に書きました。

　たとえば，次のような決まりがあります。「法令における漢字使用等について」（平成22年11月30日・内閣法制局長官）によれば，常用漢字であっても平仮名とするものとして，「おそれ」「かつ」「したがって」「ほか」「また」「よる」などが挙げられています。ほかにも，平仮名表記が求められているものとして，「かかわらず」「この」「ため」「もって」「ら」「わいせつ」などがあります。

　送り仮名にも，公用文のルールがあります。法律用語でよく登場するのが，「取り消す」という言葉です。このように動詞として書く場合は，「り」と「す」の送り仮名が必要です。しかし，名詞として書く場合は「取消し」で「り」は書きません。他の言葉と組み合わせる場合は，「取消訴訟」というように，送り仮名は入れません。

column 6

第9章 「条文の適用」の書き方に慣れよう

1……この章の趣旨

　本章は，これまでとは少し趣向を変えた問題になっています。憲法，民法，刑法の3科目から同時に出題されることは，法学部の定期試験などでは，まずないでしょう。試験は科目ごとに実施されるのが，通常だからです。

　本章で重要なのは，法律文章の最大の特徴といってもよい，「条文の適用」の書き方に慣れてもらうことです。これまでは，事例問題を処理するなかでの「法的三段論法」や，1つの論点を，骨太に「論証」するための書き方がメインでした。しかし，とくに論点というほどではないけれど，条文を淡々と適用していくべき場面や，解釈論をたくさん書くほどではないけれど，短く理由を書いたうえで解釈論をクリアして条文を適用すべき場面もあります。

　こうした場面に備えて，「正確に該当条文を適用する文章の書き方」をマスターしていただくことが，本章の出題趣旨になります。

2……演習問題

問題⑨

　以下の設問における，それぞれの条文の適用について，条文の文言の意味を明らかにしながら，簡潔に記載しなさい（なお，4つの設問で求められる文章量のバランスは，1：1：1：1とする。）。
(1) 憲法
　ア　人権
　　　憲法上，国民に知る権利は保障されるか。
　　　　　　　　　　　　　　　　　　（参照条文：憲法21条1項）

イ　統治

地方裁判所には，違憲審査権があるか。

（参照条文：憲法81条）

(2) 民法

代理権消滅後に，消滅前の権限を越えて行われた代理行為の効果。

（参照条文：民法110条，112条）

(3) 刑法

万引き目的で書店に入り，マンガを万引きした甲の行為。

（参照条文：刑法130条，235条，54条）

（800字以内）

3……議論に参加をした学生の文章例

> ① ブルマさんの答案

(1)ア、憲法21条1項の「集会，結社及び言論，出版その他の一切の表現の自由は，これを保障する。」という条文には，表現の自由は保障されているが，知る権利については明確にされていない。しかし現代はマスメディアの時代であり様々な情報が飛び交う世の中であり，情報は表現の自由においてなくてはならないものとされている。国民はできるだけ多くの情報を収集できるべきだと解されるゆえ，憲法21条1項から知る権利は保障されると解される。

イ、憲法81条は，裁判所による違憲審査権を認めている。しかしこれに，下級裁判所にも適合するか文言上明確性がない。最高裁は，「その法令が憲法に適合するか否かを判断することは最高裁判所の裁判官であると下級裁判所の裁判官であるとを問わない。」と肯定的な判示をしている。81条は下級裁判所が違憲審査権を有することを否定するものではないゆえ，地方裁判所には違憲審査権があると解される。

第9章　「条文の適用」の書き方に慣れよう

(2)民法110条では，代理人が越権行為を行った場合，本人は代理人が第三者の間として行われた行為に責任を負わなくてはならない。また民法112条では，代理権消滅後，原則本人は善意の第三者に対してその消滅を主張することができない。表見代理規定は，代理権の存在を信頼した相手方保護の規定であり，110条と112条の重畳適用することにより，その代理行為は効果を有する。

(3)刑法130条は，正当な理由がないのに，他人の建造物に侵入することは住居を犯す罪とする条文である。書店に入る目的が万引きであることは正当な理由ではないため，130条は適用される。また，刑法235条は，他人の財物を窃取した者は，窃盗の罪とする条文である。漫画を万引きした行為は窃盗であるため，235条が適用される。また刑法54条により，2個の行為が2個以上の罪名に触れ，他の罪名に触れるとき，最も重い刑により判断するので，甲は窃盗罪の処罰である，「10年以下の懲役または罰金50万円以下の罰金」に処される。

以上

(1) 憲法
　ア　人権
　　憲法上，国民に知る権利は保障されるか。明文がないため問題となる。
　　そもそも憲法21条のいう表現の自由とは，個人が外部へ思想・主張・意志・感情等を表現する自由ということであるが，表現をするためにはその前提として情報を自由に受け取れる，ということが不可欠になる。したがって，憲法21条1項を根拠に国民は自由に情報を得る権利を有する。
　　よって，憲法上，国民に知る権利は保障される。

イ　統治
　　地方裁判所には，違憲審査権があるか。明文がないため問題となる。
　　憲法 81 条は，最高裁判所が違憲審査権を有する終審裁判所であるということを明らかにした規定であって，決して下級裁判所が違憲審査権を有することを否定する趣旨を持っているものではない。したがって，明文にはなっていないが下級裁判所も違憲審査権を有すると解釈することができる。
　　よって，地方裁判所には，違憲審査権がある。

(2) 民法
　代理権消滅後に，消滅前の権限を越えて行われた代理行為の効果はどうなるのか。
　民法 110 条・112 条を重畳適用することで，表見代理が成立する。なぜなら，110 条・112 条は，代理制度の信用維持と取引安全という共通の趣旨に基づくものだからである。
　したがって，代理権消滅後に，消滅前の権限を越えて行われた代理行為は，善意・無過失な場合に表見代理として成立する。

(3) 刑法
　万引き目的で書店に入り，マンガを万引きした甲の行為はどうなるのか。
　刑法 130 条は，犯罪の目的を持って建造物に侵入した場合に住居侵入罪が成立するとしている。また，235 条は，他人の財物を奪った者は窃盗罪に処する，と規定している。
　ところで 54 条では，一行為が二つ以上の罪名に触れ，また犯罪の結果や手段が他の罪名に触れるときは，その最も重い刑に処するという牽連犯の規定がなされている。
　したがって，甲の行為は，より重い刑である 235 条の窃盗罪に処される。

4……学生との議論（実際に文章を書いてみて，どうだったか？）

木山：それでは，問題⑨に入りたいと思います。憲法，民法，刑法と，3科目が全部入っている問題ですね。問題文は短くて，「それぞれの条文の適用について，条文の文言の意味を明らかにしながら，簡潔に記載しなさい。」というものです。文章量のバランスも，「1：1：1：1とする。」という指定もあります。

　順番に聞いていきたいと思います。まず，ブルマさん。この問題は難しかったですか，やさしかったですか？

ブルマ：ほかの問題よりは，やさしかったです。

木山：やさしかった？　どのあたりが，やさしかったですか？

ブルマ：参考条文が書いてあったじゃないですか？

木山：はい。

ブルマ：その条文を見ながら答案が書けたので，書きやすかったです。

木山：そうですね。長い事例問題ではないですし，参考条文も挙げていたので，ヒントが多かったという感じでしょうか。チチさんはどうですか？

チチ：ふつうぐらいでした。

木山：ふつうぐらい？

チチ：刑法はやっていなかったので，書き方がわからなかったのですが……。

木山：ああ，そうね。

チチ：民法も少し調べていたんですけど，憲法は，わりと身近というか，知っていることで書ける内容だったと思うので，書きやすかったです。

木山：そうすると，チチさんの場合は，刑法のところが，知識があまりなかったので，ちょっと書きにくかったけれど，ほかは知っていることも多かったので書きやすかったということですかね？

チチ：はい。

木山：今回は，ひとつひとつの設問で，字数の制限もありますね。全部で800字以内なので，それぞれを短く書かなければいけません。ブルマさんは，短く書くことは，そんなに難しくはなかったですか？

ブルマ：いや，わたしは，だらだらと書いてしまうことが多くて……。とく

に憲法が，だらだらと書いていて，どこを削っていいかもわからず，実際，ちょっと難しかったところもありました。

木山：ブルマさんの答案は，問題文の指定どおり，バランスを1：1：1：1で書いていますよね。そうすると，やはり字数制限があって，書くときに，どこを削るかに苦労したという感じですか？

ブルマ：はい。

木山：チチさんは，どうでしたか？ 字数制限があるから，ひとつひとつの問いに割ける分量は短めだったと思います。そのあたりはいかがでしたか？

チチ：やっぱり，憲法だと，書くことというか，知っていることが多いから，つい，いっぱい入れようとして，始めはすごく字数が多くなってしまったので，大事なところだけを残せるように，削るのが大変でした。

木山：チチさんの答案も，1：1：1：1のバランスで書けていますね。おふたりとも，バランスとしてはよくできていると思います。ブルマさんは，この答案を書くにあたって，工夫した点とか，悩んだ点とかはありましたか？

ブルマ：たとえば，授業でたびたび言われていることだったのですが，憲法何条何項とか，具体的な条文を書くことを少し意識しました。

木山：単に21条というふうに書くだけではなくて，21条「1項」まで書くとかね。

ブルマ：1項まで書いたり，その条文の文言を少し引用したり，という感じです。

木山：問題も，条文の文言の意味を明らかにしながらということで，条文の適用について聞いています。たしかに，条文の明記は大事だと思います。
　チチさんは，工夫した点とか，悩んだ点はありましたか？

チチ：工夫したのは，民法のところで，理由を入れたところです。

木山：(2)の第2段落の「なぜなら」というところですか？

チチ：そうです。以前に授業で配られたレジュメにあったんですけれど，あらかじめ簡単につくっておく，簡単な質問形式みたいなもの……。昔，司法試験の受験生が，みんなそれを使っていたみたいなんですが……。

木山：論証カードかな？

チチ：そうです，それです。あれがすごく簡単にまとまっていたので，今回はすごく簡単にというか，短めに書かなければいけなかったので，ああいうふうに書けるように意識しました。

木山：なるほど。司法試験などで，論証の書き方というのがありますが，それを参考にしたということですね。わかりました。

　では，中身のほうに入っていきたいと思います。ブルマさんの答案からみていきましょう。

　最初の憲法の問題からみていきます。さきほど，21条だけではなくて，21条「1項」まできちんと書くとか，条文の文言も引用するという話がありました。そこで，(1)の1行目から2行目にかけて，「『集会，結社及び言論，出版その他の一切の表現の自由は，これを保障する。』という条文には，表現の自由は保障されているが」と書いてあります。ここは，ちょっと長いかなという感じがするんですよね。

ブルマ：ああ……。

木山：というのは，21条1項をそのまま，まるまる書いてあるからです。答案に書くときは，条文の文言を全部書くというよりも，問題になっている文言だけを上手に引っ張ってきて，そこを書けるといいですね。このへんは，そういう書き方は，まだよくわからなかったという感じですか？

ブルマ：文言を抜き出すというのは，ここで言ったら，どの部分を抜き出して，どういうふうに書けばいいかが，ちょっとわからない……です。

木山：わからない？　ここで言うと，そうですね……，「表現の自由」という言葉が書いてあるわけですから，2〜3行目の，「表現の自由は保障されているが，知る権利については」という部分が，いまひとつですかね。この書き方を活かすとすると，この条文の引用はいらないかもしれない。

ブルマ：はい。

木山：「21条1項」では，「表現の自由は保障されているが」と書いていますが，この「表現の自由」のところは引用なので，ここに，かぎ括弧をつけるとか。そうすると，すっきりすると思います。

ブルマ：はい。

木山：あとは，上から6行目，「多くの情報を収集できるべきだと解される

ゆえ」というところ，このあたりは，ちょっと表現がわかりにくいかな。
ブルマ：ああ……。
木山：「……ゆえ」みたいな書き方は，現代文ではあまりしませんので，もっとわかりやすい言葉を使ったほうがよかったかなと思いました。
　次のイの6行目でも，「ゆえ」が出てきています。この「ゆえ」という表現，好きなんですか？
ブルマ：いや，全然，そういうわけでは……（笑）。
木山：法律の文章だと，こういう堅い感じで書かないといけないのかなあみたいな，イメージがあったんですかね？
ブルマ：というか，「……ゆえ」ってよく使うから……。
木山：普段使う？
ブルマ：ええっ！　使いません？　何かを書くときに，「……ため」が続いてしまう場合とか，説明が難しいんですけど，なんだか使ってしまいます。自分としては，あんまり意識していないですね，使っていることを。
木山：なるほど。ただ言葉としては，現代語ではないんですよね，「ゆえ」というのは。
ブルマ：そうなんですか？
木山：そうそう（笑）。
ブルマ：えー，嫌だなあ……。
木山：いやいや。
ブルマ：お年寄りみたいじゃないですか？
木山：いや，ブルマさんはお若いのに，使っているのがすごいなと思ったのですが（笑）。まあ普段はともかく，法律文章としては，いまはあまり使いません。昔の裁判所の判決文だと，たしかに「ゆえ」という言葉が使われていましたから，判例を見ればあるかもしれないです。けれど，いまの裁判所は，そういう言葉を使わないですね。
　だから，こういう場合は単純に，たとえば(1)アの下から2行目だと，「解される。よって，」というふうに書けばよいと思いますし，イの下から2行目は，「否定するものではない。よって，」というふうに書けばいいかなと思います。

ブルマ：なるほど！

木山：次に，チチさんの答案をみていきたいと思います。最初に憲法ですが，チチさんは，(1)アの人権では，「国民に知る権利は保障されるか。明文がないため問題となる。」，それからイの統治でも，「地方裁判所には，違憲審査権があるか。明文がないため問題となる。」と，それぞれ1行で文章を2つに切って，わかりやすい問題提起がされています。このあたりは，何か工夫したり，意識したところはありましたか？

チチ：法律文章でなくても，普段から文章を切らずに続けて書いてしまって，すごく長くなってしまうので，短くするようには心がけました。

木山：そうですね，すごくわかりやすくなっていると思います。1文が短いし，書き方も定型化されている。さっき，論証の書き方を参考にしたというお話だったのですが，よく書けていると思います。

チチ：はい。

木山：字数が少ないので，これでもいいとは思います。ただ，もう1つ気をつけるというか，もし書ければ，ということですが，たとえば，アの第2段落の3〜4行目で，「自由に受け取れる，ということが不可欠になる。」と書いていますよね？

チチ：はい。

木山：これは，知る権利を認める必要性がある，という意味だと思います。次に，イを見ていくと，理由のところ，第2段落の2〜3行目ですね。「下級裁判所が違憲審査権を有することを否定する趣旨を持っているものではない。」とあって，条文の「終審裁判所」という文言について，形式的なことを書いている。どういうことかというと，アの人権のほうは，必要性という実質論の話で結論をもってきているけれど，条文の文言という形式論については触れられていないんですね。

チチ：はい。

木山：イの統治のほうは，逆に，形式論，81条の「終審裁判所」という条文の文言には触れているけれど，実質論の部分については触れられていない。字数が短いので，どこまで書けるかという問題はありますが，両方の観点から書けるとよかったかなと思います。いま，そのあたりを聞いて，どうです

か？

チチ：書いたときには，そこまで考えられなかったなと思います。

木山：次に，民法にいきたいと思います。おふたりとも，民法では，重畳(ちょうじょう)適用の話を書かれています。

　ブルマさんは，重畳適用について調べたのですか？　もともと知っていましたか？

ブルマ：いや，調べました。

木山：調べた？　チチさんは？

チチ：調べました。

木山：重畳適用ということ自体，指摘できなかった人も多かったです。受講生全体をみても，これが書けているだけで，けっこうよかったんですよ。ただ，ブルマさんも，チチさんも，結論は書いてあるけれど，原則の部分がありません。重畳適用というのはどういう意味か，ブルマさん，わかりますか？

ブルマ：ちょっともう，思い出せない……（笑）。

木山：思い出せない？　もう忘れましたか？（笑）

ブルマ：忘れました。

木山：「重畳」っていうのは，何かこう，重ねるという感じじゃないですか？　110条と112条の重畳適用という話ですけれど。

ブルマ：ダブルで使う，みたいな？

木山：そういう感じですよね。でも，ダブルで使うということは，逆に言えば，シングルでは使えないっていうことですよね？

ブルマ：ああ……。

木山：110条だけで使えるのなら，110条を適用すればいいわけだし，112条だけで表見代理が成立するなら，112条だけを適用すればよいですよね？　でも，ダブルで使っているということは……？　じゃあ，チチさん，どういうことですかね？　110条だけの適用はできる？

チチ：できない……です。

木山：できない？　112条だけを適用しても……？

チチ：できない。

木山：できない，ということですよね？　そうすると，議論の出発点としては，重畳適用できるとは，民法の条文にはどこにも書かれていませんので，条文だけを見ると，110条は適用できない。112条を適用することもできない。そうすると，原則としては表見代理は成立しない。このことを，まず書くんです。でもそれだと，相手方の取引の安全を害する。そこで，何とか保護できないか。ということで，合わせ技で，「じゃあ，110条と112条のダブルでいこうか」となるわけです。それで生み出された考え方を，丁寧に書けるとよかったですね。

　おふたりとも，重畳適用するという結論を書けたのはよかったのですが，あとは，条文をそのまま適用するとどうなるかについても，原則論が書けるとよかったかと思います。

チチ・ブルマ：はい。

木山：チチさんは，重畳適用できる理由として，さきほど，「なぜなら」を工夫したと言っていましたが，趣旨の話で，共通の趣旨があるから，ダブルで使っていいよ，という理由が(2)の第2段落2～3行目にきちんと書けている。ここまで書けた人は，受講生全体でもすごく少なかったので，よくできていると思いました。ここは，意識して書かれたのですか？

チチ：そうですね……，はい。

木山：「共通の趣旨に基づくものだから」とありますが，これは自分で考えた言葉ですか？

チチ：そうです。最初，この問題がよくわからなくて，いろいろ調べているなかで，趣旨が一緒というのはわかったから，くっつけたというか……，そういう感じでまとめました。

木山：すごくよくできていますよ。最後に，刑法にいきたいと思います。ブルマさん，刑法は，授業ではまだそんなにやっていなかった，ですか？　この答案を書いたときですけれど，やってはいた？

ブルマ：ちょうど，刑法Aを履修し始めたあたりで，このときは……。

チチ：総論……？

木山：Aは刑法総論かな？

チチ：そういう感じだったので……。

ブルマ：それほど具体的なことは……。
チチ：……やってない。
ブルマ：……やってない。
木山：ここは，各論の問題が出ていますね。窃盗罪と住居侵入罪は，刑法各論で勉強することなので，まだちょっと知識が足りなかったかな。これは，みなさん，「法学ライティング」の受講生全員がそうだったと，全員の答案を見て感じました。
　ブルマさん，憲法・民法と比べて，刑法は，やはり書きにくかったですか？
ブルマ：それはもう，書きづらかったです。
木山：書きづらかった？
ブルマ：だらだらしちゃうんですよね，文章が。何が大事かが，まずわからなくて，どこを削るのが妥当かみたいなこともわからないし……。だから，重要ではないことも，たくさん書いちゃったし，逆に，本当は書かなきゃいけなかったことは，抜けているんじゃないかなとは，自分でも思っていました。
木山：(3)の1行目に，「刑法130条は，正当な理由がないのに，他人の建造物に侵入することは住居を侵す罪とする条文である。」という，130条の説明が書かれていますよね。そのあとに，「書店に入る目的が万引きであることは正当な理由ではないため，130条は適用される。」とあります。これは，事例に対するあてはめが問われているので，あてはめをしようとしたのはよかったと思います。
ブルマ：はい。
木山：次に，窃盗罪については，「また，刑法235条は，他人の財物を窃取した者は，窃盗の罪とする条文である。」として，やはり，条文の内容を説明しているわけですよね。そのあとに，「漫画を万引きした行為は窃盗であるため，235条が適用される。」とあって，具体的な事例へのあてはめができている。これも，あてはめをしようとしたところは，よかったと思います。
ブルマ：はい。
木山：ただ，130条も235条もそうなのですが，この答案を書くときに，条

文の内容を説明する必要があるのかというと，そこまではいらないのです。でも，ブルマさんの答案は，憲法も民法も，最初に何条はこういうものだ，というのを書いている。まず説明して入る，というかたちでしょうか？

ブルマ：なんだか，書きづらくなってしまうんですよね。何条はこんなものだ，というのを書いてないと。

木山：そうですか。ブルマさんの答案全体で統一されているから，これはこれで，1つの書き方としては，ありかもしれない。

　そうすると，大事なのは，やはりあてはめのところです。たとえば，住居侵入罪だと，万引きは「正当な理由ではない」，それはそうなんですが，130条前段の「侵入する」に当たるということを書くのが，本当は大事なんですね。

ブルマ：はい。

木山：要するに，書店に入ったことが，130条前段の「侵入する」に当たる，ということが言えないと，住居侵入罪は成立しない。なので，憲法でも，引用部分にかぎ括弧を使っていましたが，この「侵入する」のところにかぎ括弧をつけて，「万引き目的で書店に入る行為は，『侵入する』にあたる。」とか，そういうかたちで書けると，条文にあてはめているということが，よりよく見せられたと思います。

ブルマ：はい。

木山：同じように，窃盗罪についても，235条の「他人の財物を窃取した」に当たりますよ，ということが書けるとよかった。だから，5行目に，「漫画を万引きした行為は窃盗であるため」とだけ書いてあるんだけれど，本当は，漫画を万引きした行為がなぜ窃盗に当たるかを書かないといけませんね。常識的にみれば，窃盗罪だろうという話になるとは思います。でも，漫画を万引きする行為が，条文で言う，「他人の財物を窃取した」に当たることをきちんと説明しないといけないんです。

ブルマ：はい。

木山：漫画が「他人の財物」に当たりますよ，ということと，万引きをする行為が「窃取」に当たりますよ，ということ。この2つを書くことが大事です。もっと言うと，「他人の財物」とは何を指すのか，それから，「窃取」と

は何を指すのかを明らかにしたうえで，あてはめをする。これができると，よりよかった。

ブルマ：はい。

木山：といっても，ブルマさん，チチさんに限らず，「法学ライティング」の受講生のほとんどが，刑法には書き慣れてなかったので，あまりできていませんでした。チチさんの答案は，あてはめがないですよね？

チチ：ないです。

木山：ないですよね。(3)の第2段落目に，条文の説明が書かれていて，気がつくと，最後のところで，窃盗罪がもう成立しているという感じだったので(笑)。

　ということで，ブルマさんは，あてはめをしようとはしていたところは，すごくよかった。チチさんは，あてはめがそもそもないので，そこができるとよかった，と思います。

ブルマ・チチ：はい。

木山：刑法は，ちょっと難しかったですかね。最後の54条の問題も，大学2年生の前期の段階では難しかったかもしれない。ここはまた，本書の解説のほうで説明したいと思います。

　ブルマさん，全体を通じて，法律文章の書き方は，やっぱり，まだまだ難しいですか？

ブルマ：かなり難しいです。この問題を，たとえば，もう1度試験で書けと言われても，書けないです。

木山：どのへんがわかれば，書けるようになりそうですか？

ブルマ：そもそも法律の知識が薄いので，文章の書き方だけわかっても，その知識がなかったら書けないんだなあと思いました。

木山：そうですね。「法学ライティング」という授業ではありますが，やはり書くためには，内容も知らないと書けない。まずは，内容をきちんと勉強することが大事ですよね。でも逆に，内容がわかっても書き方がわからないと，そこもまた上手に表現できない。だから，両方を鍛えていくことが大事なんです。

　チチさんはどうですか？

チチ：やっぱり，知識も足りないし，書き方もできていない……。今回は，いろいろ調べているから書けたのですが，何もない状況だったら，多分書けないと思います。何が大事かも，まだそんなにわからないので……。

木山：おふたりとも，まだ大学2年生で，法学部に入って1年とちょっとですから，わからなくて当然だと思いますよ。わたしも，学部生のころはよくわからなかったですし。

チチ：はい。

木山：でも1年ちょっと勉強してきて，どうでしょう？　文章の書き方の話から飛びますけれど。じゃあ，ブルマさん，法学部の法律科目の勉強は面白いですか，つまらないですか？　率直に言っていただいていいですよ（笑）。

ブルマ：どうだろう？　やっていることは面白いんですけど。

木山：面白い？

ブルマ：理解するまでが大変なので，ちょっと学部の選択をミスったかなあと思いますけど……（笑）。

木山：ははは。

チチ：あはは。

ブルマ：いや，面白いんですよ！

木山：面白いっていうのは，どのへんが面白いんですか？

ブルマ：どのへんがと言われても……。

木山：じゃあ，憲法，民法，刑法で言うと，どの科目が好きですか？　好きというか，面白いですか？　このなかで。

ブルマ：個人的には，行政法が好きです。

木山：ああ，行政法……。マニアックですね。

ブルマ：マニアックですか？

木山：行政法は面白いですか？

ブルマ：面白いです。身近な感じがします。憲法で，「表現の自由」とか言われても，普段生活しているなかでは，出てこないので……。

木山：出てこないよね，たしかに。

ブルマ：はい。だから，なんかピンと来ない。行政法だったら，たとえば道路とか身近なもの，そういうものも全部行政でやっているようなことですし，

それを定めた法なので，やっていて面白いのは，やっぱり行政法です。
木山：へえ……。行政法の先生が喜びますよ（笑）。
ブルマ：でも，授業を聞いていて，新しい知識として入ってくるのが面白いのは，民法ですね。
木山：民法ですか？
ブルマ：この知識，いつか使えそう……，とか思います。
木山：日常生活でイメージが湧くもの，実生活のなかで役に立ちそうなものだと，面白いなあと思うという感じですか？
ブルマ：はい。
木山：でも，実際に勉強してみると，なかなか難しいなあと？
ブルマ：難しいです。
木山：わたしは，ブルマさんが法学部を選択したことを「ミスった」とは思いませんが，入学前に思っていたのとは違ったということですか？
ブルマ：難しいのは覚悟で入ったのですが，難しいです，やっぱり。
木山：思った以上に，難しかったという感じ？
ブルマ：いやあ，もう……。やっぱり法律って，文章じゃないですか。わたしは，現代文があんまり得意じゃないので，読んでいて，たまに，「んっ……」ってなるんですよ（笑）。
木山：わかりました（笑）。じゃあ，あと3年ぐらいありますけど，ミスったとは思わなくなるように，頑張ってやってください（笑）。
ブルマ：はーい，頑張ります。
木山：チチさんはどうですか？　法律の勉強を1年ちょっとやってきて。
チチ：もともと法学部に入りたかったたので，法律の勉強は楽しいです。
木山：楽しい？
チチ：できるかどうかは別として，やっていて，勉強していて楽しいな，とは思います。
木山：どういうところが楽しいですか？
チチ：どういうところがと言われると，ちょっとよくわからないんですけど……。法律って，絶対なくてはいけないものじゃないですか？　もし，なくなったら，社会のルールを守らない人もいっぱい出てくるから，やっぱり，

すごく大事なものだと思うし，とくに刑法は，実際に犯罪を犯さないとそんなに関わりはないとか，そういう気もしますが，法律がなかったらダメっていうか，困る場面もたくさんあるから，それだけ大事なものだと思うし。そういう大事な……，ちょっと上手く言えないんですけど……。

木山：社会全体で，すごく大事なルールを定めているなあ，ということですか。

チチ：はい，そうです。

木山：実際，勉強してみて，難しいですか？

チチ：そうですね，難しいです。

木山：どのへんが難しいですか？

チチ：うーん……。

木山：答案を見ていると，チチさんは，毎回よく書けているほうだとは思うんですけれどね。

チチ：それは，調べたりしているからで，やっぱり，覚えることがすごく多いので，まず知識を身につけないと，すごく難しい科目だなとは思います。

木山：たしかに法律の勉強は，覚えることというか，理解しなければいけないことは，多いですよね。

チチ：はい。

木山：法律科目は，高校生までやってきたことと比べると，1科目の範囲が，すごく広いですよね。条文も，判例もたくさんあるし，学説もある。でも，おふたりとも面白いとか，楽しいとか思って勉強されているようですから，できるだけいろいろな新しい知識を吸収して，どんどん力をつけていってもらいたいなと思います。

チチ・ブルマ：はい。

木山：それでは，問題⑨は，以上で終わりにしたいと思います。お疲れさまでした。

ブルマ・チチ：お疲れさまでした。

5……解説

　条文を適用する際の法律文章の書き方は，司法試験の勉強などをしていると，いつの間にか身についているような技術なのですが，大学の法学部で「文章の書き方」を教えてもらう機会は，少ないと思います。本来，算数の計算方法と同じように，きちんと大学生に教えるべき部分だと思うのですが，教わっていないがために，「書き方」がわからない学生が非常に多いのです。

　条文の適用については，長々と論じることではありませんが「書き方」はあります。受講生に多かったのは，条文の規定を，まるまるかぎ括弧で括って引用して，「民法95条には『〇〇』と書いてある。」と，逐一，適用される条文の文言を全部記載するものです。これは，一般的な「法律文章の書き方」ではありません。条文自体は，六法に書いてあることだからです。法律文章では，適用が問題になる条文を挙げた（「〇条の適用が問題になる。」などと書きます）あとで，その条文を適用するための「要件」を書くのが，一般的です。「民法95条が適用されるためには，①……，②……，③……を満たすことが必要である。」といった具合です。実際には，たとえば，「95条が適用されるためには」とは書かず，条文の内容である「錯誤無効が認められるためには，①……，②……，③……を満たすことが必要である。」と書くことになります。そして，次に，ひとつひとつの要件の意義（内容・規範）を書いて，その事実についての「あてはめ」を書きます（法的三段論法）。

　適用には，**直接適用**のほか，**類推適用**，**重畳適用**などもあります。**直接適用というのは，条文の本来の適用場面です**。錯誤があるから無効になるというのは，民法95条の本来の適用場面ですから，「直接適用」です。直接適用は当然の結論ですから，あえて「直接適用」とは書きません。「適用」とだけ書くのが，通常です。しかし，設問(2)のように，表見代理の規定（民法110条，112条）を直接適用できないという場面では，文章としても，「110条を直接適用することはできない。」「112条も直接適用することはできない。」と書いたほうがわかりやすいです。ここでは，それぞれの条文を単独で適用するこはできないのですが，判例・通説は，両方の条文をあわせて（学生との議論のなかでは，「ダブルで」と表現しています）適用することができ

るとされています。あわせ技なので、重ねて適用するという意味で、これを「重畳適用」といいます。

　重畳適用を論じる場合には、原則として、単独の条文では適用ができないこと（直接適用はできないこと）を、まずは指摘することが重要です。もし直接適用できるのであれば、重畳適用など不要になりますから、問題意識としては、前提としての原則論に触れることが重要です。**原則に触れたうえで例外を示すと、「論理」が生まれます。論理的な文章には、説得力が生まれます。**法律文章では、よく使う手法です。

　その意味で、重畳的にかかわらず、表見代理の規定（民法109条、110条、112条）が適用される場面というのは、本来は、権限なくして行われた代理行為であり、本人が追認（民法116条）しない限り「無権代理」であり、本人にその代理行為の効果は帰属しません。このことを、「Bの代理行為は権限なくして行われたものである。よって、無権代理であり、Aの追認がない限り、Aには効果帰属しないのが原則である。」というように書きます。【原則である】というのがポイントです。でも、それでは、Bに代理権限があると信じて取引をしたCの信頼を保護できない。そこで、【例外的に、表見代理の規定が適用できないか】という流れになります。このような「原則」と「例外」の関係（ロジック）を、答案に正確に表現することが重要です。

　先に民法をお話ししましたが、設問(1)の憲法については、形式論と実質論の両方から論じると、論証に厚みが出るでしょう。アは「知る権利」ですが、憲法21条1項には「表現」の自由が保障されるとあるだけで、「知る権利」が保障されるとは書かれていません。しかし、情報を発信する自由は、情報を受け取る自由が保障されて、初めて意味をなします。したがって、いわば表裏の関係ともいえ、「知る権利」は保障されるべきだという「必要性」が出てきます。しかし、憲法21条1項の条文上、「許容」されるか（許容性があるか）と考えると、「表現」という文言には、情報を受け取る意味も含まれると読み込むことでクリアできます。これが「許容性」の問題であり、「形式論」です。同じように、イについても、下級裁判所（地方裁判所、高等裁判所など）にも、違憲審査権を認める必要性（実質論）を論じたうえで、憲法81条の条文の文言（許容性・形式論）にも触れることが重要です。憲法81

条は,「最高裁判所」が違憲審査権を「終審」として行うことを規定しているだけだと考えれば,「終審」ではない,前審としての下級裁判所にも違憲審査権は認められている（許容されている）,と解釈することが可能になります。

　最後に,設問(3)の刑法です。出題時は,大学2年生の前期であったため,刑法の勉強がまだ十分に進んでおらず,受講生の多くは,この問題ができませんでした。

　刑法の答案では,「行為」について「犯罪」が成立するかを検討することが,まず重要です。そこで,「犯罪」になりそうな「行為」を探します。すると,「万引き目的で書店に入った行為」と,「マンガを万引きした行為」の2つが挙げられるでしょう。そして,前者については「住居侵入罪」（刑法130条前段）,後者については「窃盗罪」（刑法235条）が問題になりそうです。

　ここで,ある行為に,ある犯罪が成立すると言えるための要件の検討が必要になります。刑法では,これを**「構成要件」**といいます。**住居侵入罪では,「住居」に「侵入し」たと言えることが必要になり,窃盗罪では,「他人の財物」を「窃取した」と言えることが必要になります。これらの文言について,それぞれ意味内容（定義・規範）を明らかにして,甲の行為をあてはめることになります。**

　問題になるのは「侵入」です。考え方はいくつかあるのですが,平穏を害するような態様での行為を指すと考えると,書店に入るだけでは（人の内心はわかりませんので）平穏を害していないため「侵入」には当たらないことになります。これに対して,居住権者の意思に反する態様での行為だと考えると,万引き目的で書店に入ることは書店オーナーの意思に反しますから,「侵入」に当たることになります（書店というオープンスペースなので,入ることは一般的に禁止されていないと考えれば,「侵入」にはならないと考えることもできます）。また,マンガには財産的価値がありますので,「財物」に当たるとすることには問題がありません。万引き行為も,「窃取」に当たるとすることに問題はありません。答案に書く際には,この場合,いずれも論点ではありませんので,端的に,「財物」「窃取」の定義を書いたうえで,これらに当たることを指摘すれば十分です。

最後に，受講生が苦戦したのが，刑法54条でした。刑法54条1項には，前段と後段があります。前段は，「1個の行為が2個以上の罪名に触れ」る場合で，**「観念的競合」**といいます。本件は，①「書店に入った行為」が住居侵入罪に，②「万引きをした行為」が窃盗罪に当たるという関係にあり，「1個の行為」が「2個以上の罪名に触れ」る場合ではありません。後段をみると，「犯罪の手段若しくは結果である行為が他の罪名に触れる」場合と書かれています。これは，**「牽連犯」**と呼ばれるものです。本問の甲の2つの行為は，窃盗罪と住居侵入罪とをそれぞれ構成しますが，後者は前者の，「手段」になっています（「万引きをする」という目的のために，「書店に入る」からです）。そこで，2つの犯罪の関係は「牽連犯」になります（刑法54条1項後段）。このように，1人の人間に複数の犯罪が成立する場合の処理のことを，**「罪数処理」**といいます。

6……解答例

　字数制限とバランス制限（1：1：1：1）があるため，各設問とも短く書いています。**短く書く場合に，「どこを削るべきか」の参考にしてください。**

　設問(1)については，ア，イともに論点なので，「解説」でも説明したように，2つの観点（形式論と実質論＝必要性と許容性）から論じています。

　設問(2)については，これも「解説」で説明したように，原則論から丁寧に論じています。そして，「原則」「例外」という言葉を明示し，その論理関係を明確にしています。また，**直接適用ではないため，「重畳適用」になることも指摘しています。重畳適用は，通常行われるものではありませんので，この場合になぜできるかについても，「趣旨」から「理由」を書いています。**

　設問(3)は，書くべきことが比較的多いため，ひとつひとつを必要最小限で書いています。構成要件については「侵入」と「窃取」の定義も示したうえで，あてはめをしています（1，2）。なお，書店なので「建造物」にしていますが，店舗兼自宅の場合もありえますから「住居」とするのもありです。最後に，罪数処理をしています（3）。罪数処理では，「牽連犯になる」こと

が書ければ十分です。

第1　設問(1)ア
　憲法上，国民に知る権利は保障されるか，明文がないため問題となる。
　表現の自由の保障を全うするには，情報の受け手である国民が，国家から適切な情報を得る自由が必要になる。
　また，憲法21条1項の「表現」には，表現の前提としての情報の受領も含まれるといえる。
　よって，知る権利は，憲法21条1項によって保障されると考える。
第2　設問(1)イ
　地方裁判所には，違憲審査権があるか。憲法81条には「最高裁判所は」とあるため問題となる。
　法の支配を貫徹し，人権保障（憲法11条，97条）を全うするためには，下級裁判所にも違憲審査権を認める必要がある。
　また，憲法81条の「最高裁判所は」の部分は「終審」にかかるものであり，下級裁判所の違憲審査権を否定するものではない。
　よって，下級裁判所にも違憲審査権はあると考える。
第3　設問(2)
　本問の行為は，代理行為の効果帰属要件（民法99条1項）を満たさない。よって，追認（民法116条）なき限り，本人に効果帰属しないのが原則である（無権代理）。
　しかし，民法は，取引の安全及び代理制度の信用を守るため，例外的に表見代理の規定を設けている（109条，110条等）。
　本問の行為に，表見代理の規定を直接適用することはできない。しかし，同制度の趣旨を考えれば，109条及び110条を重畳適用することで，本人への効果帰属が認められると考える。
第4　設問(3)
　1　万引き目的で書店に入る行為は，管理者の意思に反する立入りである。
　　よって，この行為には，「建造物」に「侵入し」たものとして，建造物侵入罪が成立する（刑法130条前段）。

2 また、マンガという「他人の財物」を万引きした行為は、占有者である書店オーナーの意思に反した領得行為であり「窃取」にあたる。
　よって、この行為には、窃盗罪が成立する（刑法235条）。
3 両者は、目的と手段の関係に立つため、牽連犯となる（刑法54条1項後段）。

以上

第10章 総合問題（長文の事例問題）にチャレンジしよう─part 2

1……この章の趣旨

　本章は，憲法の長文事例問題です。このレベルの問題までできるようになれば，司法試験などでも十分に通用するようになると言ってよい難易度の問題です。法学部の2年生には難しいと思いますが，「事例問題のほうがイメージがわくから解きやすい」という学生にとっては，逆に，かなり高いレベルの答案が書けてしまう問題でもあります。

　事例が長いということは，「あてはめ」に重点があります。単に，覚えたことや知っていることを吐き出そうとしても，太刀打ちできません。逆に，事例をじっくり読み込んで，常識的な結論になるようにと考えていけば，説得力のある答案が書ける問題です。

　事例は長く，設問も2つあり，書くべきことの指定があります。そこで，本問は，「問いに答える」ことや，「メリハリをつける」（バランスをとる）といった文章センスが，強く求められます。

　これまでの総復習だと思って，トライしてみてください。

2……演習問題

問題⑩

（事案）

　人気球団の4番バッターで花形選手として一般の人にも有名なプロ野球選手X（35歳）は，シーズンオフなどには家族（妻および3人の子ども）そろってテレビに出演することも多く，選手としての人望はもちろん，家庭的で人格者であることが広く知られていた。

Xは，ある人物を通じて，出版社である株式会社Yが発行している週刊誌「週刊バクロン」に「Xの乱れた女性関係」と題する記事が掲載される予定であることを知った。この記事には，Xが高校時代に甲子園で目立った成績を上げ一躍テレビなどで有名になった当時に交際していた同じ高校の同級生Aとの関係に始まり，Xが結婚するまでの女性遍歴について具体的な記載がされていることがわかった。また，Xには結婚前から現在にいたるまで交際を続けている女性Bがいること，それとは別に独身のチームメイトと一緒にまぎれて参加した合コンで知り合った女性C，D，Eとの関係なども赤裸々に記載されていることもわかった。その記事には，合計10人の女性とXとの関係が明らかにされるようだった。

　しかし，なかにはXにとって交際した覚えが全くない女性も数名おり，事実とは異なる内容の記載（たとえば，女性Cとふたりで食事に行ったことは数回あったが，性的関係を結んだことは1度もないにもかかわらず，そうした関係があったと書かれているもの，また，暴力をふるったことは1度もないにもかかわらず，XがBに対して暴力をふるい続けていたと書かれているもの）があるとのことであった。他方で，事実ではあるものの，高級クラブで知り合い，2回ほど性的な関係をもったF（22歳）が，自らは匿名にしたうえでXの性癖などを具体的かつ詳細に述べている記事もあるようだった。

　掲載される予定の記事は，上記のとおり，虚偽の事実がいくつか含まれているようではあったが，Xの女性遍歴について真実である部分（過去におけるAとの交際や，Bとの交際の事実など）は，Xの妻にはいずれも既知のことだった。ただし，Xの女性関係がこれまで報じられたことは1度もなく，世間一般にはいずれも知られていないことだった。

（設問）

（1）　Xが上記事実を知ったのが，当該記事が掲載された「週刊バクロン」が発売された後だった場合，Xは，株式会社Yに対して，どのような請求をすると考えられるか。当該請求を検討するにあたり生じる憲法上の問題点を明らかにしながら，Xの主張が認められるかについて，株式会社Yからの反論も考慮しながら，あなたの見解を論じなさい。

(2) Xが上記事実を知ったのが「週刊バクロン」の発売の2週間前だった場合，Xは，株式会社Yに対して，どのような請求をすると考えられるか。当該請求を検討するにあたり生じる憲法上の問題点とその適否について，簡潔に論じなさい。

(1200字程度)

3……議論に参加をした学生の文章例

① ハザマさんの答案

(1) Xは，名誉毀損を不法行為として民法709条により損害賠償を，また，723条により名誉回復のための謝罪広告を，それぞれYに請求する。

㋐名誉毀損

何が名誉毀損となるのか。それは，①私生活上の事実であること，②一般的に公開を欲しないと認められること，③一般の人々にまだ知られていないこと，この三つを満たしている情報によって，私人の名誉・信用等の法益が侵害されていることである。

XはC，D，E，Fらと実際に交際をしていたことがある。また派手な女性関係は当然公開されたくないと考えるのが妥当である。そして，その情報がかつて公に流れたこともない。以上から，名誉毀損が成立すると考えられる。

㋑表現の自由との調整

しかし名誉棄損を認めることは，表現行為の委縮に繋がる。そのため，表現の自由を保障している憲法21条違反に該当するのではという問題が生じる。そこで，①事実の公共性，②目的の公益性，③真実性の証明が存在すれば免責する。そう規定を設けることで，表現の自由と私人の名誉権の二つの権利の調整を図っている。

㈦Yの反論

　　Xはテレビに幾度も出演する有名人であった。そこでYは，これには公共性があるため免責されると主張するだろう。しかし公共性とは，多くの人々の好奇心の対象であることではない。その情報が国民に知られるべきであり，そして当該個人に情報公開を受任させるのが妥当な場合にのみ公共性が認められるのである。女性関係はXの私生活のことであり，一私人であるXの女性関係の情報を国民が知る必要はない。また，Xが芸能人であるが故に，今回流された情報が今後の仕事に与える影響も大きい。雑誌には事実と異なる点が存在しており，しかしそれもXのイメージ像を壊すには十分な情報である。国民がXの女性関係を知ることの利益と，この情報を公開されることによってXが失う利益を比較すると，後者が重視されて然るべきである。

　　当該雑誌は名誉毀損に該当し，また，免責事由は存在しない。よって，XはYに対し名誉毀損による損害賠償とその回復のための謝罪広告を請求できる。

(2) XはYに対して雑誌の差止めを請求する。

　　これは，表現行為が名誉毀損に該当するため，出版物を差止めてXを事前救済するというものである。ここで問題となるのは，裁判所の事前差止めが憲法21条2項で禁止されている検閲に該当するかということである。

　　公権力が表現行為を事前規制すること，これが検閲である。そして，裁判所もこの公権力に含まれる。よって裁判所による事前差止めは検閲に相当するため，憲法で禁止されていると解される。しかし，これはあくまで原則である。名誉毀損やプライバシーの侵害が認められる表現行為に関しては，厳格かつ明確な要件のもとで，例外的に検閲が許容されるのである。

　　雑誌に載せられた情報はXに損害をもたらすことが明白であり，そして，公益をもたらすものではない。よって，例外的にYへの差止め命令は認められるのである。

　　　　　　　　　　　　　　　　　　　　　　　　以上

②タカさんの答案

(1) Xは，株式会社Yの行為が，名誉毀損およびプライバシー権の侵害であり，民法709条の不法行為にあたると主張して，損害賠償を請求すると考えられる。また，この請求を認めることは，憲法21条1項の「表現の自由」や「知る権利」を規制することにつながるため問題となる。

不法行為としての名誉毀損は，相手の品性や信用など人格的価値についての社会的評価を低下させる行為をいう。

本件において，Xは選手としての人望があるだけではなく，家庭的で人格者であることが多くの国民に知られていた。そのため，その認識に反する不倫関係を含む多数の女性関係を公表されたことや暴力的な人間であると記載されたことが，Xの社会的評価を低下させたことは疑いようが無い。

また，公表された内容が，①私生活上の事実または私生活上の事実らしく受け取られるおそれのある事柄であって，②一般人の感受性を基準として他人への公開を欲しない事柄であり，③一般にいまだ知られておらず，かつ，④その公表によって被害者が不快，不安の念を覚えるものであるときは，プライバシー権の侵害にあたる。

これを本件について見ると，まず，スポーツ選手であるXの女性関係や性癖は，当然，私生活上の事実であり，また，公開を欲しない事柄であるといえる。また，Xの女性関係がこれまでに報じられたことはなく，世間一般が知らなかったことも明らかである。さらに，損害賠償を請求していることからも，不快，不安の念を覚えたことは明白である。

以上の点から，Yの行為は，名誉毀損およびプライバシー権の侵害にあたると考えられる。

このXの主張に対し，Yは，刑法230条2項の真実性の証明による免責を主張して反論することが予想される。

これは，前述した憲法上の問題の解決のため，表現の自由と人の名誉権の保護との調整を目的とした規定である。その内容は，名誉毀損行為が公共の利害に関する事実に関わるもので，公益を

図る目的であった場合は，真実性の証明によって免責されるというものである。

しかし，本件においてYの掲載した記事は，スポーツ選手Xの女性関係に関するものであり，公共の利害に関する事実にかかわっているとはいえない。さらに，虚偽の事実も含まれており，十分な真実性が存在するともいえないものであるため，Yの反論は認められない。

したがって，Xの主張は認められると考える。

(2) Xは，名誉毀損およびプライバシー権の侵害を主張し，出版差し止めを請求すると考えられる。この場合も，憲法21条1項の「表現の自由」や「知る権利」との対立が問題となる。

ただし，出版差し止めは事前抑制にあたるため，慎重に判断されなければならない。

そして，本件について見ると，Yの行為は，名誉毀損およびプライバシー権の侵害にあたるといえるものの，Xのプロ野球選手としての選手生命に直接関わるものではなく，また，Xの妻には既知の事実であったことから，公私どちらの面でも，被害が重大で著しく回復困難とはいえず後の訴訟で回復可能であると考えられる。

よって，出版差し止めは認められないと考える。

4……学生との議論（実際に文章を書いてみて，どうだったか？）

木山：それでは，問題⑩を始めたいと思います。

　これは，憲法の問題ですが，事案の部分が，かなり長めにあります。内容を読んでいくと，プロ野球の4番バッターとして有名な選手の女性関係が週刊誌で書かれてしまいそうだという話，それから，実際に書かれてしまったあとの話が出てくる。また，設問も，2つに分かれています。1つは，「週刊バクロン」という雑誌が発売されたあとに，事後的にどういう救済が得られるかという問題，もう1つは，雑誌が発売される2週間前だった場合，事前にどんな請求ができるかという問題。事後と事前に分けて聞いている。こ

ういう問題です。

　字数制限も1200字程度で，「法学ライティング」の課題のなかでは，長めの事例問題ですね。内容も書くべきことがたくさんあって，難しかったと思います。

　さきに，わたしのほうでいろいろ言ってしまいましたが，ハザマさん，この問題は，難しかったですか，やさしかったですか？

ハザマ：難しかったです。

木山：どのあたりが，難しかったでしょうか。

ハザマ：設問で，憲法上の問題点を明らかにせよ，と書いてあるのですが，わたしは，請求することは名誉毀損で，損害賠償を請求する，ということにしたので，民法上の問題も書かなくてはならなくて，それが難しかったです。

木山：「法学ライティング」の授業は，基本的に科目が決まっているわけではないので，憲法の問題なのか，民法の問題なのかは，その都度，判断しないといけなかったと思います。ただ，この問題は，基本的には，「憲法上の問題点」と設問で指定されていますから，書いてほしいのは憲法上の問題点だったということです。

　といっても，ハザマさんが，いま，おっしゃったように，これは，国と国民との間の関係ではないですよね。タカさん，そういう関係は何と言いますか？

タカ：答案に書いた「知る権利」……ということではないんですね。すみません，忘れました。

木山：国と国民との間で，通常，憲法は適用されるので……。

タカ：あ，私人間適用ですかね？

木山：そうですよね。私人間適用の問題になっています。国と国民との間ではない。出版社という私人と，Xさんというプロ野球選手で，両方とも私人です。それで，私人間の適用が問題になっています。

　おふたりとも答案には，とくに触れられてはいなかったわけですが，ハザマさんは，私人間適用については，答案を書くときに気づいていましたか？

ハザマ：はい。

木山：気づいていて書かなかったのは，当然の前提だから，という感じです

か？

ハザマ：それもありますが，字数的にもう入らないというか。1200字というのは多いとは思うのですが，書くことがいっぱいあって入りきらないので，削ったほうがいいと思って，削りました。

木山：なるほど。事例が長いので，あてはめで相当に文字数を使うだろうということですね。わたしの解答例では少し書いてはいますが，この答案を書かれた受講生は，私人間適用には触れていない人が多かったです。実際，メインの部分ではないので，カットしてもよかったかな，というところですね［注：ただし，私人間適用の問題である点については，簡潔でよいので触れることがやはり望ましいと考える］。

では，ハザマさん，私人間適用については，どういう考え方が一般でしたか？　私人間で，憲法の人権の規定の適用が問題になったとき，適用のしかたで，何か説があったと思いますが，どんな考え方があったか覚えていますか？

ハザマ：覚えていないです……。

木山：覚えていないですか。そのまま直接，人権の規定を適用するという考え方，直接適用説という考え方と，あとは，間接適用説という考え方がありましたよね？

ハザマ：ああ……。

木山：判例・通説は，間接適用説でしたよね？

ハザマ：はい。

木山：間接適用説だと，民法上の損害賠償請求をするなかで，憲法の人権の趣旨を考慮していこう，ということになるのです。その結果，ハザマさんが最初におっしゃったように，つまり民法の問題なのだけれど，実際は民法ではない。民法の不法行為に基づく損害賠償請求が認められるかどうかを検討するなかで，Xさんの名誉とか，プライバシーという憲法上の人権が問題になってくる。そういう構造の問題でした。

タカさん，この問題は，難しかったですか，やさしかったですか？

タカ：比較的ですけれど，やさしかったほうだと思います。

木山：どのあたりがでしょうか？

タカ：問題自体は，事例も長く，字数もそれなりに多いので難しいのですが，名誉毀損やプライバシーについては，ニュースやワイドショーなどでもよく話題になっていて，身近でよく知っている問題の1つでもあったし，そういう問題なので判例も多く，調べるのが簡単で，意外と簡単なほうだったとは思います。

木山：事案は長いけれど，身近な感じだったということですね。内容そのものを理解するのは，それほど難しくなかったということですか？

タカ：はい。

木山：たしかに，判例もたくさんありますしね。この授業は，調べていいというのが前提になっていました。調べれば，これに関連する判例は見つけやすかったかもしれません。

　いま，判例の話が出たので，ついでにお聞きしますが，タカさんは，この問題を解くにあたって，判例はどうやって調べましたか？

タカ：事案から，まず，名誉毀損の問題だと気づいたので，名誉毀損のほうから事件を調べていって，それから，判例が名誉毀損とプライバシーという2つの問題に分かれていることがわかったので，判例を2つに分類し，いくつかの判例を見ながら，調べていきました。

木山：調べる場合は，どうやって調べるのですか？　本を見るのですか？

タカ：最初は，やっぱりインターネットです。この手の問題は，最近は，インターネットのほうが探しやすいので。

木山：検索して，見つかったら判例を読んで，という感じですか？

タカ：そうですね。

木山：わかりました。

　次の質問にいきます。ハザマさんは，この答案を書くにあたって，悩んだ点とか，苦労した点は，ありましたか。

ハザマ：はい，語尾なんですけど……。文章を書くときに，最後は「〜である。」で終わらせなければいけないという話が授業でありましたが，ずっと「〜である。」にしていると，それはそれで，印象が薄い文章になってしまうので，なるべく，変えようとしたのですが，それをどう変えたらいいかが，ちょっと難しかったです。

木山：文章の語尾の部分ですね？　ハザマさんの答案を読んでいて，そんなに気になるところはなかったので，いろいろと工夫されたのかな，という感じがしました。

　あと，問題全体の構成として，設問が2つあって，それから，たとえば設問(1)だと，Yからの反論も考慮しながらとか，指定も多かったと思うのです。それを，1200字にまとめなければいけない。この点で，難しかったとか，苦労したという点はありませんでしたか？

ハザマ：名誉毀損とか，表現の自由がどういうことか，そういうところはなるべく簡潔にまとめて，実際の事例でどうなのかという，あてはめの(ウ)の部分を，いちばん量を多くしたいと思って，調節しました。でも，あまり削りきれなくて，(ウ)も少なくなってしまいましたが……。

木山：文章全体のバランスも，いろいろ考えたということですね。

ハザマ：はい。

木山：タカさんは，問題はそんなに難しくはないという印象だったようですが，実際に答案を書くにあたって，難しかった点とか，苦労した点というのはありましたか？

タカ：やはり文字数の制限については，だいぶ考えました。端的にまとめるために，「である。」など使わずに，「ない。」とか，そういうふうに言いきってしまって，文章を終わらせたりとかもしました。

木山：なるほど。

タカ：あと，1文をできる限り短くして，わかりやすい文章にすることに苦労しました。

木山：1文1文の語尾も含めて，簡潔にするというところは，ハザマさんとも共通していると思います。書くべきことが，たくさんあるんじゃないかなと最初に考えた，ということですね。出題しているわたしも，あえて，いろいろな検討事項が含まれている問題をつくって，みなさんを困らせたわけです。書くべきことはたくさんある，それなのに，1200字でまとめなくてはならない，そのあたりで苦労はなかったですか？

タカ：いや，かなりありました。だから，このYの反論でも，どうして認められないのかという理由も，細かなものは捨てて，大きなものだけを書くよ

うにしたりしました。

木山：タカさんは，名誉権とプライバシー権で，書かれていますよね。両方書くというのは，なかなか書きにくいというか，難しかったと思うのですが，どちらで書くか，それとも両方書くか，そういうところで悩みはありましたか？

タカ：たしかに，判例を調べてみたとき，だいたいのものが名誉権の侵害（名誉毀損）か，プライバシーの侵害のどちらかで，両方に触れているものはあまり見あたらなかったのですが，設問には，どちらにもあてはまるように書いてあったので，それなら両方にあてはまるように答えたほうがいいのかな，少しぐらい字数に収めるのが大変になっても，両方答えたほうがいいかな，と思いました。

木山：なるほど。ハザマさんの答案だと，逆に，プライバシーの話は出ていなくて，基本は，名誉毀損1本にしぼって書いていると思います。これは意図的に，名誉毀損1本にしぼったのですか？

ハザマ：はい。プライバシーの内容まで書いていると，もう文字数が収まらないし，ナンバリングもしづらくなってしまいました。それで，プライバシーについては全部外して書いてみたのですが，それでもやっぱり文字数が足りなかったので，結局，プライバシーには一言も触れませんでした。

木山：なるほどね。答案の書き方としては両方あり，だと思います。わたしの解答例では，一応，完全解に近いかたちで，プライバシーと名誉毀損の両方を書いてあります。タカさんみたいに，大変だが両方書いていくという方法もありますし，ハザマさんみたいに，両方書くと上手くまとまりきらないので，1本にしぼり，名誉毀損で書いてもいい。あるいは逆に，プライバシーのほうが重要だと考えて，プライバシー1本で書く，そういう書き方もありです。最終的には，どれだけ論理的にすっきりした文章になっているか，これが大事です。2つ書くことによって混乱するぐらいなら，1本にしぼって，筋の通った答案を書いてもいいのです。

ハザマ：はい。

木山：タカさんは2つ書きましたが，ハザマさんの答案を読んでみて，どうですか？　こういう書き方もあるんだな，という感じですか？

タカ：ちゃんと章立てて書いているのは，いいと思います。やはり，両方に触れようとすると，字数的にも章立て的にも難しかったので。
木山：そうですね。たしかに，タカさんの答案は，見出し等がまったくないので，パッと見たときは，読みにくい印象はありますね。

　逆に，ハザマさんの場合は，(1)のなかでも，「(ア)名誉毀損」「(イ)表現の自由との調整」「(ウ)Yの反論」と，小見出しをつけています。これは，どこに何が書いてあるかがわかりやすいですね。名誉毀損の1本にしぼったことで，上手く整理できたのかな，と感じました。

　次にお聞きしたいは，この答案を書くにあたって工夫した点や意識した点です。まずは，ハザマさん，何かありますか。
ハザマ：説得力のある論理的な文章を書かなくてはいけないので，最初に，結論を言ってしまい，次に，その説明をして，最後に，もう1回結論を言うことで，結論をより印象づけようとしました。
木山：結論というのは，たとえば？
ハザマ：何条で，損害賠償を請求するとか……。
木山：問題点をまず整理する，という感じでしょうか。(1)だと，709条で損害賠償請求をするとか，723条で謝罪広告の請求をする，という話ですか？
ハザマ：はい。
木山：なるほど。(イ)の「表現の自由との調整」では，出だしが，「名誉毀損を認めることは，表現行為の委縮に繋がる。」となっていて，1文が短くてわかりやすいですね。(ア)の「名誉毀損」でも，「何が名誉毀損となるのか。」と，端的に入っています。(ウ)の「Yの反論」も，「Xはテレビに幾度も出演する有名人であった。」と，短い書き出しです。このように短い1文から入るというのは，意識されたのですか？
ハザマ：最初の1文を短く，というふうに意識したわけではないですけれど……。
木山：でも，全体的に短いですよね？
ハザマ：ただ，短い文のほうが，読んだときにすっきりすると思うので，なるべく短い文章にするようにしています。
木山：それから，さきほども指摘をしましたが，この，小見出しを入れたの

も，工夫した点ですか？

ハザマ：はい。問題①の答案で，わたしが，ただ流し書きをしていたら，ナンバリングをしたほうが見やすいと教えていただいたので，それからずっと，①とか，(ア)とかをつけるようにして，項目ごとにまとめるようにしています。

木山：さきほど，悩んだ点のところで，バランスの問題が出ていました。ハザマさんは，設問(1)については全体の3分の2ぐらいの分量を使っていて，設問(2)については3分の1ぐらい，(1)より短めに書いています。また，(1)のなかでも，それぞれの項目ごとのバランスが上手にとれています。これは，意識的にバランスを考えたのですか？

ハザマ：はい。(2)は，「簡潔に論じなさい。」と問題文に書いてあったので，(1)よりも，さらに短くしようと思いました。(ア)と(イ)は事実で，今回の事例のことも少し書いているのですが，反論のところで，今回の事例のことがいちばん出てくるので，(ウ)の反論をいちばん多くしようと思いました。

木山：バランスがよくできていますね。

タカさんも，(2)のほうは短くしていますね。

タカ：はい。

木山：全体の5分の1ぐらいですかね。これも問題文に，「簡潔に」とあるから短くしたということでしょうか？

タカ：はい。

木山：これは，問題文のなかに，あえて入れたところです。この事前差止めの問題については，書くことは，本当はかなりありますよね。それを，あえて「簡潔に」として，書くべき分量を限定することで，「短くまとめる力」を試しているわけです［注：あわせて，「問いに答える力」も試している］。その点，おふたりは，バランスを上手にとられた，と感じました。

タカさんは，工夫した点，意識した点はありますか？

タカ：(1)のほうで，触れるべきことにはほとんど触れたので，(2)では，要求内容と，それに関わる問題と，問題となる理由など，本当に必要なことだけを書いていったという感じです。

木山：そうですね。(1)の第4段落に，「また，公表された内容が」とあって，そこで，いわゆるプライバシー権侵害の要件のようなものが書かれています。

タカ：はい。

木山：ここで，①②③④という番号をつけたのは，何か意味があったのですか？

タカ：要件をわかりやすくするには，ナンバーをつけたほうがいいと思ったので，つけました。ほかのところだと，ナンバリングするほどの要件は書いていないので，とりあえず，ここだけは必要かな，と。

木山：そういう意味で言うと，ここに番号をつけたのは，すごくよかったと思います。いま，ほかにはなかったという話がありましたが，(1)の第8段落，「これは」として，名誉権の問題の要件の規範を立てていますね？

タカ：はい。

木山：この第8段落の3行目を見ると，「名誉毀損行為が公共の利害に関する事実に関わるもので，公益を図る目的であった場合は，真実性の証明によって免責される」とありますが，ここは，番号をつけなくていいのですか？（笑）

タカ：つけたら，段落が変わってしまうので……（笑）。

木山：ああ，字数の問題で？　でも，字数は増えないよね？　段落が増えても。

タカ：あ，そうだ（笑）。

木山：段落制限，行数制限はない。

タカ：一応，A4・1枚にまとめるつもりで書いていたので，そこは削ってしまいました……。

木山：いま思うと，どうですか？　そう指摘されてみて。

タカ：あったほうがいいと思います（笑）。

木山：そうですね。もし，この行のなかに収めたいということであっても，1，2，3を入れようと，3文字増えるだけです。どこかで3文字削るぐらいは，できますよね。そういう意味では，この，3行目の「免責されるというものである。」の「というものである。」の部分は，「という。」とするか，なくてもいいという気がします。

　学生のみなさんは，語尾を，「何々<u>なの</u>である。」とか，「何々<u>というもの</u>である。」と書きがちです。でも，単に字数を増やしているだけで，別にな

くても意味は伝わるのです［注：「なので」や「というもの」は，不要ということ。話し言葉ではよく使うかもしれないが，話し言葉と書き言葉は違う，ということである］。ですから，端的に「である」と言ってしまえば，すんだのかなと思います。「免責される。」で終わってもよかったし，条文があるので，「免責される。」で終えて，「（刑法230条の2）」を入れるとか。それでも十分だと思いました。

タカ：はい。

木山：答案の中身の話に入っていきましょう。

規範とあてはめという問題があって，タカさんは，①②③④と番号をつけて，要件を明確にされたということでした。

一方，ハザマさんも，(1)の(ア)で，要件を3つ，①②③というふうに立てています。(イ)を見ると，いまちょっと指摘をした名誉毀損の部分でも，①②③と番号をつけて要件を立てています。ここまでは，よくできていましたが，あとは，あてはめですね。せっかく，その要件に番号をつけたのだから，あてはめをするときも，どの要件なのかを番号で書けると，よりよかったかな。

以上が，おふたりの答案を見たときの印象でした。

タカ・ハザマ：はい。

木山：ハザマさんの答案で言うと，(1)の(ア)の第1段落で，①から③と，3つの要件を立てています。もっともこれは，プライバシー侵害の要件になっていて，名誉毀損の要件ではないですよね。

ハザマ：ああ……。

木山：この点は注意していただきたいのですが，それはともかく，もし，こういう要件を立てたとするなら，第2段落目の，「XはC，D，E，Fらと実際に交際をしていたことがある。」というのは，①から③のうち，どの要件ですか？

ハザマ：①です。

木山：①の「私生活上の事実」ですね。

ハザマ：はい。

木山：そうしたら，たとえばですが，文末の「ことがある」のあとに，

「(①)」と入れるとよいと思います。次の部分,「また派手な女性関係は当然公開されたくないと考えるのが妥当である。」,これは,どうですか?。

ハザマ:②です。

木山:②ですよね。ここも,文末に「(②)」と書くだけでも,印象が変わると思います。では最後に,「そして,その情報がかつて公に流されたこともない。」,これは?

ハザマ:③です。

木山:③ですよね。この答案の書き方であれば,いま言ったように,括弧をつけて①,②,③と文末に入れるだけでも,だいぶ印象が変わったのではないでしょうか。

ハザマ:はい。

木山:同じように,(イ)の①②③を,あてはめでも上手に使っていけばよかったと思います。要件で番号を立てても,あてはめのときに活かしきれない人が,意外と多いですね。

　これは,意識をすればそんなに難しい話ではなくて,いま言ったように書くと,採点者や読み手からすると,「ああ,この要件をここで使っているな」というのが明確にわかります。採点する側としては,点数もつけやすくなるんです。タカさん,どうですか? いまの話を聞いてみて。

タカ:僕の答案で言うと,(1)の第4段落もそうですね。要件に①から④まで番号がついていますけれど,あてはめでは,全然,その番号を入れていないので……。

木山:そうですよね。(1)の第5段落目,「これを本件について見ると」というところ。はじめに,「まず,スポーツ選手であるXの女性関係や性癖は,当然,私生活上の事実であり,」と書いてありますね。

タカ:はい。

木山:ここまでが,どこに当たりますか?

タカ:①です。

木山:①ですね。ここで,1つ問題になるのが,タカさんの要件①は,「私生活上の事実」のあとに,もう1つ書いてありますよね。何と書いてありますか?

タカ：「私生活上の事実らしく受け取られるおそれのある事柄」。

木山：はい。それで，ちょっと細かいところに入っていきますが，あてはめを見ると，「私生活上の事実であり」で文章が止まっています。本件は，問題文では，Xの女性関係については全部事実でしたっけ？

タカ：いや，虚偽が混ざっていた。

木山：虚偽が混ざっていましたよね（笑）。それをふまえると，どうなりますか，このあてはめは？

タカ：①の後半，「事実らしく受け取られるおそれのある事柄」，のほうが正しいですね。

木山：両方の要素があるんですよね。事実の部分もあるし，虚偽もある。そこを上手に入れられるとよかった。せっかく①の要件のところで，「私生活上の事実」だけではなくて，「私生活上の事実らしく受け取られるおそれのある事柄」，というところまで気づけています。これが，あてはめに活かせていないのが，タカさんの答案のもったいなかったところです。

タカ：はい。

木山：ハザマさん，いままでの話を聞いていて，何か気づいたこととか，わからないこととか，ありますか？　あるいは，自分の答案をもう少しこうすればよかった，などでもいいですけれど。

ハザマ：さっき，要件のナンバリングをもっと活かせ，というお話がありました。私は，自分で書いたものなので，番号を使わずに，単にその順番どおりにあてはめをしてあっても，どこがどこにあたるかがすぐわかるのですが，他の人，読み手から見たらわからないので，そこはちゃんと気をつけたほうがいいなあ，と思いました。

木山：そうですね。書いている人にはわかっていることでも，その文章に表現されていないと，読み手には正確に伝わりません。よく読めば，わかることではあるのです。でも，その対応関係が明示されているほうが，たとえば，「この①の要件をここであてはめたのだな」ということが，より，わかりやすくなると思います。

ハザマ：はい。

木山：もっと言えば，単に，「XはC，D，E，Fらと実際に交際してい

たことがある。」と書くだけで，要件①を認めるとするのは，何かちょっと言葉が足りない感じがあるんですよね。そこを，もう少し工夫できるといいと思います。

ハザマ：はい。

木山：ハザマさんが，もし，いま書くとすれば，どんなふうにしますか？この①要件のあてはめは。

ハザマ：うーん。

木山：事実を引っ張ってきて評価したうえで，要件を満たす，ということが大事ですよね。だから，「私生活上の事実」であるということに，どうやってつなげるかですね。

ハザマ：たとえば，「実際に交際をしていたことがあるため，私生活上の事実だと認められる。」，これだとくり返しになりますか？

木山：くり返しではありますが，それだけでも少しよくなるという感じはします。あとは，もう少し言葉を変えて，「私生活」を反対の言葉から考えると，「公的」，要するに，「一般に知られている」ということになりますが，女性との交際はふつうはあえて公にするものではない。だから，「複数の女性との交際は，私的なものなので……」，と書くとかですね。

ハザマ：はい。

木山：あと，さきほど，タカさんの答案で言ったように，「私生活上の事実」であった交際と，全然そんな事実はないという「虚偽」の部分もありました。よりよく，という意味では，そこについても，①で触れられるとよかったと思います。

ハザマ：はい。

木山：虚偽の部分については，「私生活上の事実ではないけれど，私生活上の事実らしく，受け取られる恐れはある。」とか，そういうふうに書けるとよりよかったですね。

ハザマ：はい。

木山：タカさんは何かありますか？

タカ：「明らかである。」とか，「明白である。」とかの表現で，わかりやすく伝えたつもりになっていても，やっぱり，知らない人が見たときには，あて

はめが上手くいっていないものだなあと思いました。

木山：そうですね，タカさんの答案は，もう少し整理して，見出しまでいかなくても，ナンバリングを(1)でもう少し，増やすとか，そういう構成上の工夫があってもよかったかな。それから，語尾で言うと，(1)の第3段落の最後に，「Xの社会的評価を低下させたことは疑いようが無い。」とあるところ。この「疑いようが無い。」という言葉はいらないと思います。

タカ：はい。

木山：「社会的評価を低下させたといえる。」と言いきってしまえば，もう十分かと思います。意外と，こういう語尾で強調しすぎたりとか，「明白である。」と入れてみたり，いろいろとやってしまいがちです。端的に，「要件の認定は何々といえる。」とか，「何々である。」というふうに，ハザマさんみたいに書いたほうが，文章がすっきりしますね。

タカ：はい。

木山：おふたりとも，設問(1)と(2)のバランスは，よくできています。いろいろ書くことはあるものの，長い事案で，あてはめをたくさん書いてほしいという問題だったので，そこをたくさん書いている点でも，すごくよくできていました。そういう点から，おふたりは，60人くらいいる受講生のうちの優秀答案に入ったわけです。

タカ・ハザマ：はい。

木山：ただ，タカさんは，いまの話に加えて，(1)の4行目に出てきている「知る権利」という言葉が，ただ出てきただけで放置されていて，これは何だったのだろう，いらなかったんじゃないか，と思うところがあります。

タカ：はい。

木山：ハザマさんは，さっきも言いましたが，名誉毀損1本でいっても，プライバシー侵害1本でいっても，それは自由なのですけれど，名誉毀損の要件が，プライバシー侵害の要件になってしまっていたところが，ちょっともったいなかった。それから，(2)の検閲ですね。第2段落，判例・通説，少なくとも最高裁は，検閲の定義として，行政権が表現行為を事前規制するもの，という立場をとっています。だから，裁判所が行う場合は検閲には当たらず，裁判所による事前差止めも検閲には当たらないとして，例外的に，事前差止

めを認めるというかたちになっています。検閲の「絶対禁止」は守りながら，検閲ではない事前差止めを，厳しい要件で認めるというロジックですね。ハザマさんの答案は，そのこととの整合性がなくなっています。

ハザマ：ああ！

木山：学説上は，いろいろな考え方があるのですが，ハザマさんは，検閲には当たる，と言ったうえで，例外的に，検閲が許容される，という書き方をしていますよね？

ハザマ：はい。

木山：判例との整合性とか，憲法21条2項が，検閲を絶対的に禁止しているふうに見える，という条文との整合性からいくと，少しずれてしまっているところがあるなと感じました。

ハザマ：はい。

木山：そんなところでしょうか。もし，最後に何かあれば，コメントしていただきましょう。ハザマさん，何かありますか？ 今回の反省と今後に向けて，でもいいですけれど。

ハザマ：最後に指摘があったのですが，名誉毀損の要件を間違えていたり，検閲のところもあやふやだったりして，事前の下調べが足りないと感じました。文章構成よりも，もっと下調べをして，それから，どれを書いてどれを削るべきなのかを，もっと考えて，取捨選択をしてから書いたらよかったと思いました。

木山：そうですね。知識の正確性と文章力，その両輪が必要になってきます。ハザマさんは，文章力と構成力はものすごくいい。あとは，その知識の不正確な部分を正確にできれば，もう完璧な答案になるのかなと思います。

　タカさんはどうですか？

タカ：判例とかを何個も調べて，ちゃんと整合性をつけたつもりでも，文章の組み立て方がまだよくできていなかったようなので，次は，もうちょっとうまく書けるといいと思います。

木山：まだ，大学2年ですからね。自分が大学生のころを思い出しても，ハザマさんみたいには，なかなか書けなかったなと思います。文章の書き方は，何度も書いて，書けば書くほど上手になっていきます。これからいくらでも，

よくなっていきますよ。
　それでは，問題⑩は以上とします。ありがとうございました。
ハザマ・タカ：ありがとうございました。

5……解説

　「問いに答える」という視点から考えると，**まずは，設問(1)と設問(2)のバランスという問題があります**。なぜかというと，設問(2)は「簡潔に論じなさい」とあり，設問(1)にはそのような指定はないからです。ということは，設問(2)は「簡潔に」とどめて，設問(1)は十分に書くべきことが求められているとがわかります。設問(2)でいかによいことが書けたとしても，設問(1)より設問(2)のほうがたくさん書いてあるという状態であれば，高い評価は得られません。**試験問題として考えると，「簡潔に」のほうには配点が少ないからです**。バランス的に考えると，「設問(1)：設問(2)＝ 8 〜 7：2 〜 3」くらいでしょうか。**設問(1)に重点を置いて，十分な分量を割いて書くことが「問いに答える」の第一歩です**。

　また，設問(1)には，「株式会社Yからの反論も考慮しながら」とあります。「Yの反論」についても，設問(1)では触れる必要があるということです（**ここに配点があるということです**）。逆に，設問(2)には，そのようなことは書かれていませんから，記載する必要はないことになります。

　受講生のなかには，民法の問題を書いている人もいましたが（たしかに，私人間適用ですから，間接的適用説（最高裁昭和48年12月12日大法廷判決・民集27巻11号1536頁）に立てば，民法の不法行為に基づく損害賠償請求を検討する際に「人権規定」を考慮することにはなりますが），「憲法上の問題点」を記載することが，設問(1)(2)ともに求められている以上，民法の問題を書く必要はありません。本問は，法律科目でいうと「憲法」の問題になります。受講生には，こうした記述量のバランスがとれていない人，余事記載がある人がいました。まずは，このような地雷を踏まないように気をつけることが重要です。

　設問(1)に重点を置くといっても，考え始めると，書くべきことはかなり多

くみつかるはずです。そもそも，Xに保障される人権は，プライバシー権だけでなく，名誉権も考えられるからです。さらに，Yが国・地方公共団体ではないため，私人間適用が問題になります。しかし，プライバシー権と名誉権ばかりについて書いていても，長い事例に書かれている，Xが受けた不利益について，具体的な検討をするスペースが減ってしまいます。「問いに答える」という視点は，設問の指定だけでなく，事例問題の内容・分量にもかかわります。**Xについての記載記事の内容や事実がこれだけ詳しく事例に書かれているということは，「あてはめ」を丁寧にしてほしい，という出題者の意図だと感じとらなければなりません。**そして，それに応える文章を作成しなければなりません。そうすると，一般論としての，「プライバシー権が保障されるか」「名誉権が保障されるか」「私人間適用の効力」などの記述は，コンパクトにまとめなければならないことになります。同様に，違憲審査基準についても，判例を素材に，「プライバシー権侵害の要件」や「名誉権侵害の要件」を正確に記載する必要がありますが，その理由などを長々と論じていては，そのあとに相応の分量を割いてすべき，「あてはめ」が短くなってしまうおそれがあります。ここも，要点をおさえて，コンパクトにまとめる必要があるでしょう。

　判例の要件を規範に定立するときは，ポイントとなるキーワードを拾って要約することが重要です。プライバシー権侵害の要件であれば，①私生活上の事実であること，②一般人の感受性を基準にして公開を欲しないこと，③非公知であること，というように，キーワードを整理しておきましょう（東京地裁昭和39年9月28日判決・判例時報385号12頁）。もっとも，**こうした規範を正確に書けたとしても，「あてはめ」が上手にできなければ，規範を使いこなせているとはいえません。「あてはめ」こそが，勝負になります。**

　本問では，Xの女性関係だから「私生活上の事実」（要件①）だ，と安易に認めるわけにはいきません。なぜかというと，学生との議論でも触れましたが，「週刊バクロン」に掲載されたXの女性関係には，「虚偽」も含まれているからです。虚偽とは「うそ」ですから，「Xの私生活の事実」ではありません。しかし，一般の人が読めば，「Xの私生活の事実なんだろう」と受け止める可能性が高いですから，「私生活上の事実らしく受け取られるおそれ

のあるもの」に当たるとして，要件①をクリアするのが正確です（前掲東京地裁昭和39年判決参照）。要件②は問題がなさそうですが，テレビでも有名な野球選手で，かつ家庭的であると知られていることなどに触れると，説得力が出るでしょう。要件③も注意が必要です。Xの妻には既知の事実もあったからです。しかし，Xの妻が知っていたとしても，一般には知られていない事実ですから，やはり要件③も満たすことになります。こうした点を，丁寧にあてはめていくことが重要になります。

　なお，**プライバシー権で書くか，名誉権で書くか，両方で書くか，という問題ですが，「論理的で説得力のある文章」にするためには，1つにしぼる方法もあります。その場合，どちらが本質的かを考えることです**。本問では，世間に知られていない女性関係が公にされるわけですから，本質はプライバシー権でしょう。プライバシー権は，「みだりに私生活を公開されない自由」とも言われますが，現在では，「自己の情報をコントロールする権利」と考えるのが一般的です。私生活を勝手に週刊誌に公表されてしまうことは，プライバシー権の侵害だと，Xであれば考えるでしょう。もちろん，名誉権の問題もあります。名誉権は，社会的な評価が低下することですが，これも公表されれば低下するでしょう。ですから，両方問題になるのですが，字数制限があることを考えると，どちらかにしぼってもよいですし，両方書いてもよいでしょう。いずれにしても，一般論に重点を置くのではなく，具体論（あてはめ）に重点を置くことです。

　本問は，たくさんの関連判例があります。**判例を学習するときは，まずは「規範部分」をおさえましょう，と言いました。もう1つ重要なのは，あてはめの素材になるかどうかをみていく，ということです**。たとえば，宗教団体の会長の女性関係について，宗教団体の会長は公人ではないけれど，「公共の利害に関する事実」と言える，とした判例もあります（最高裁昭和56年4月16日第一小法廷判決・刑集35巻3号84頁）。この事案では，社会活動の性質や，そうした活動を通じて社会に及ぼす影響力の程度などを考慮し，私人であるといっても，宗教団体の絶対的な指導者であり，社会一般にも少なからぬ影響を及ぼしていたといったことが，その理由とされました。名誉権侵害の問題として，刑法230条の2の適用が争われた事案ですが，名誉権を

論じる場合には，こうした判例も，「あてはめ」の際には参考になるでしょう。しかし，本問のXは，テレビにも出ている有名人ではありますが，あくまでプロ野球選手ですから，公人とは言えませんし，宗教団体の指導者ほどの影響力もないでしょう。その女性関係は「公共の利害に関する事実」とまでは言えない，と考えるのが自然でしょう。判例を「あてはめ」の素材として参考にするとは，こういうことです。同じ事案ではない以上，同じ結論になるとは限りません。違う事案の場合，どこまでが共通していて，どこが違うのかを分析することです。そのうえで，結論を，自分の頭で考えて導きましょう。**あてはめは，常識力と国語力が重要ですが，規範（要件）のあてはめである以上，判例の事案をよく読むことも重要なのです。**

　設問(2)は，事前差止めの問題です。上記のとおり，簡潔に記載しなければなりませんから，スペースが限られています。名誉権とプライバシー権，それぞれの事前差止めの判例の要件（規範）を書いていたら，字数が収まらなくなります（最高裁昭和61年6月11日大法廷判決・民集40巻4号872頁，最高裁平成14年9月24日第三小法廷判決・判例時報1802号60頁）。「検閲」に当たるかどうかまで書き始めたら，なおのこと簡潔になりません。正面から問われている問題であれば，検閲の該当性も検討すべきときがありますが，本問では，とりわけメリハリが必要です。**何を捨てるか，何を短くするか，何を厚く書くべきかを，よく考えることが重要です。**

6……解答例

　プライバシー権も名誉権も問題になるため，1本にしぼらず，両方を書いています。しかし，ひとつひとつ論じていると分量が多くなるため，第1の2の「保障されるか」の一般論の部分では，まとめて書いています。第1の3では，「間接適用説」を短く書いています。判例・通説ですので，長い論証はいりませんし，本問では短く収めるべきです。第1の3の第2段落では，本件の本質的な問題を指摘しています。表現の自由とプライバシー権・名誉権，これらの重要な精神的自由権同士の対立になっているという問題です。第1の4では，プライバシー権と名誉権に分けて，侵害と言えるための要件

(規範)を定立し,「あてはめ」をしています。

以上のように,分量を割いた設問(1)に対して,「簡潔に」との指定がある設問(2)は,第2で短くまとめています。

第1　設問(1)
1　Xは,Yに対し,プライバシー権侵害及び名誉権侵害を理由に,損害賠償請求をすると考えられる。
2　まず,そもそも,Xにプライバシー権及び名誉権は保障されるか。
　この点,私生活上のことがらを含めた自己の情報をコントロールする権利は,人格的生存に不可欠な自由である。よって,プライバシー権は,憲法13条後段によって保障されると考える。同様に,不特定多数の者に対する発表によって,社会的評価が低下することがない生活を送る自由も,人格的生存に不可欠である。よって,名誉権も,憲法13条後段によって保障されると考える。
　したがって,Xの女性関係には,プライバシー権及び名誉権の保障が及ぶ。
3　としても,Xは,私人であるYに対しても主張することができるか。この点,私的自治の原則と人権保障の調和の観点から,民法709条などの条文を適用する際に,間接的に憲法の人権保障を考慮すべきと考える(間接適用説)。
　本件では,プライバシー権及び名誉権という個人の人格権と,民主政に不可欠な表現の自由(21条1項)という重要な人権が相互に衝突する場面である。そこで,その調整については,特に慎重な判定が求められる。
4　(1)まず,プライバシー権侵害といえるためには,①私生活上の事実であること,②一般人の感受性を基準にして公開を欲しないこと,③非公知の事実であることが必要であると考える。
　本件では,Xの性癖を含んだ女性関係は,虚偽の事実も含まれているものの,少なくとも私生活上の事実と受け取られるおそれのあるものといえる(①)。また,こうした女性関係は,一般人の感受性を基準にして公開を欲しないものといえる

(②)。さらに、虚偽ではない女性関係がXの妻には既知であっても、世間には知られていない以上、③も満たす。

したがって、Xは、Yに対し、プライバシー権侵害を理由に、損害賠償請求を求めることができる（民法709条、710条）。

(2) 次に、名誉権について検討する。この点、Yは、刑法230条の2が適用され、違法性が阻却されると反論すると考えられる。そこで、Xの乱れた女性関係を公表することが、①公共の利害に関する事実で、②専ら公益目的で、③事実が真実であることの証明があったか否かの検討が必要になる。

本件では、Xはテレビにも家族で出演する有名なプロ野球選手であるが、私人であり、かつ、公人のような社会的影響力があるとまではいえない。よって、少なくとも、①を満たさないことは明らかである。

したがって、Xは、Yに対し、プライバシー権侵害を理由に、損害賠償請求を求めることができる。

第2 設問(2)

発売前に知った場合、Xは、まず「週刊バクロン」の出版について事前差止めを求めると考えられる。しかし、表現の自由は重要な権利である。そこで、事前抑制は原則として許されず、例外的に、上記各要件に加え、表現という侵害行為によって、重大かつ著しく回復困難な損害を被るおそれがあるなどの厳格な要件を満たす場合に限り、認められると考える。

本件では、Xが有名なプロ野球選手でテレビにも家族で出演し、人格者として知られていることからすれば、重大かつ著しく回復困難な損害を被るおそれは認められる。よって、Xは、プライバシー権及び名誉権侵害を理由に、事前差止めの請求を求めることができる。

以上

裁判所に提出する書面のルール

平成13年1月1日から裁判書類が横書きになったのを受けて，裁判所に提出する書面の書き方についても，ルールが公表されています。

絶対に守らなければいけないものではありませんが，準備書面などの裁判書類は，基本的に，この仕様で書くこととされています。わたしは，横書きになって間もないころに司法修習を受けたため，実務修習の際，細かい書き方まで含めて，検察庁や裁判所で指導を受けました。

公表されているルールは，次のようなものです（日本弁護士会連合会「裁判文書のA判横書き化に伴う書式変更について」参照）。

- 書式の仕様は，1行37文字・1頁26行・左余白30mm・上余白35mm。
- 印刷仕様は，片面印刷（両面印刷ではないということ）。
- 左綴じとし，左余白30mm以内のところで，ホチキスにより2か所をとめる。
- 12ポイントの文字を使う。ただし，見出しの文字の大きさを変更するのは任意。
- 読点は，裁判文書は「，」に統一しているので，「，」の使用のご協力をお願いしたい。ただし「、」の使用されている文書も用いることができる。

以上は，答案やレポートでは適用されませんが，読点の「，」については参考になるでしょう。

column 7

第11章 抽象問題②（概念の比較・整理）にチャレンジしよう

1……この章の趣旨

　これまでは，事例問題や，条文の適用などを中心に出題をしてきましたが，法学部の学生がまず学ぶべきは，その法律科目の「概念」です。

　概念を問う問題は，旧司法試験の論文試験でも，よく出題されていたものです。この問題のように，似たようで違う（似て非なる）概念を「比較」させる問題も，よく出題されました。

　概念を理解するためには，その内容を知るだけでなく，似て非なる概念との違いを分析することも重要です。

　消滅時効は，大学2年生の前期では，まだそれほど深く勉強していないと思いますが，民法総則の範囲ではあり，かつ，民法の学習上も，実務上も，重要な概念です。除斥期間と比較することで，消滅時効の本質は，くっきりとしてきます。

　概念の理解が不十分な人も，こうした整理問題を解くことは，知識を深める機会になります。まずは調べてもよいので，2つの概念の違いを学んでください。

　そのうえで，文章にまとめる。ここからが，「法学ライティング」の演習になります。比較しながら文章にまとめるのは，やってみると意外と難しいものです。くり返しのトレーニングが重要な問題といえるでしょう。

2……演習問題

問題⑪

　消滅時効の意義について説明したうえで，消滅時効と除斥期間の違いにつ

いて論じなさい（800字程度）。

3……議論に参加をした学生の文章例

①あちゃさんの答案

1、消滅時効の意義

消滅時効とは、行使しうる権利を、行使しない状態が一定期間継続した場合、その権利が消滅する制度である。これは、「請求できるのに放っておくような、権利の上に眠る者は保護しない」という趣旨によるものである。

消滅時効の要件は、「権利不行使の状態が一定期間継続すること」である。具体的には、①権利を行使しうる状態になったこと、②その時から一定期間が経過したこと、③援用権者が相手方に対して時効援用の意思表示をしたことである。この要件の要点は、時効進行が開始する時点（起算点）と時効期間の長さである。消滅時効は権利が行使できる時を起算点としている（民法166条1項）。起算点の例としては、不法行為に基づく損害賠償請求権で「被害者が損害及び加害者を知ったとき」などがある。時効期間の長さは、債権が10年、所有権を除く財産権が20年である。

2、消滅時効と除斥期間の違い

除斥期間とは、法が定めた一定期間内に権利を行使しないと、その期間の経過によって権利が消滅する期間である。たとえば、不法行為による損害賠償請求権は、不法行為の時から20年を経過したときは、消滅する（民法724条）。消滅時効と除斥期間は、一定期間内に行使しないと、権利が消滅する点は共通している。

しかし、以下の4つの点が異なる。1つ目は、「援用の必要性」である。消滅時効は援用（時効によって利益を得る者が、時効の成立を主張すること）が必要であるのに対し、除斥期間は必要としない。2つ目は、「効果の遡及効」である。消滅時効の効果は遡及するが、除斥期間の効果は遡及しない。3つ目は、「起算点」である。

消滅時効は，権利可能となった時点から期間が進行するのに対し，除斥期間は，権利発生時から期間が進行する。4つ目は，「中断の有無」である。消滅時効は，権利を行使すれば時効の進行を中断できるが，除斥期間は法律関係の早期安定のため，中断が認められない。

> ②しおりんさんの答案

消滅時効とは，一定期間行使されない権利を消滅させる制度のことである（民法167条）。
時効期間は権利によって異なる。債権については原則として10年（民法167条1項），債権または所有権以外の財産権は20年（民法167条2項）とされている。
消滅時効の趣旨としては①一定期間継続した事実状態の尊重，②権利の上に眠る者は保護に値しないことがあげられる。

消滅時効と似ているが異なる制度として，除斥期間というものがある。除斥期間とは，権利が速やかに行使されることを目的として，権利の行使期間に制限を加えたものである。除斥期間は民法に明文の規定がないため解釈の問題である。
この除斥期間と消滅時効は，まず趣旨が異なる。除斥期間の趣旨としては権利関係の早期安定があげられる。この趣旨の違いから様々な違いが生じてくる。消滅時効と除斥期間の違いは4つある。
まず1つ目は，時効の援用についてである。時効の援用について，消滅時効は当事者が援用しなければ，裁判所はこれによって裁判をすることができないとしている（民法145条）。これは，②の点より，権利者が権利の上に眠ってないかどうかを判断するためである。これに対して除斥期間は，除斥期間が経過すると権利は当然に消滅するから，当事者が援用しなくても，裁判所は裁判をしなければならないとしている。
2つ目は，遡及効についてである。消滅時効では遡及効が認めら

れている（民法 144 条）。これは①の永続した事実状態を尊重するという考えからきている。これに対して除斥期間は，①のような趣旨ではないため遡及効は認められない。

3つ目は，起算点についてである。消滅時効では，「権利を行使することができるとき」（民法 166 条）から個別的に算定する。これに対して除斥期間では，権利関係の早期安定という趣旨から，一律に権利の発生時から算定する。

最後に，4つ目は，中断があるかどうかである。消滅時効では，永続した事実状態が破られたときに中断される（民法 147 条）。これに対して，除斥期間では趣旨の考えから中断はされないとされている。

4……学生との議論（実際に文章を書いてみて，どうだったか？）

木山：それでは，問題⑪に入りたいと思います。問題⑪は，民法の問題です。「消滅時効の意義について説明したうえで，消滅時効と除斥期間の違いについて論じなさい。」という問題ですね。事例問題ではなくて，概念の説明を問う抽象問題，いわゆる「一行問題」と呼ばれるものです。

あちゃさん，この問題は難しかったですか，やさしかったですか？

あちゃ：ほかの問題に比べて，少し難しかったです。

木山：どのあたりが難しかったですか？

あちゃ：意義と，消滅時効と除斥期間の違いということについて，文章のバランスを，どういうふうにして書けばいいのかがわからず，難しかったです。

木山：なるほど。内容はどうでしたか？　消滅時効と除斥期間がどのようなものか，条文はどうなっているか，このあたりは，すでに知っていたのですか？

あちゃ：知らなかったので，調べました。でも，すぐには理解できなくて，わかりやすく書いてあるものも見たりして，さらに調べたのですが，それでもやっぱり，自分の言葉で述べるのは難しかったです。

木山：しおりんさんは，難しかったですか，やさしかったですか？

しおりん：難しかったです。

木山：どのあたりが難しかったでしょうか？

しおりん：わたしは，除斥期間について，そもそも知りませんでした。それで，消滅時効との違いを述べる前に，まず，その除斥期間自体を調べて理解して，それから両者の違いを考えなければいけなかったので，難しかったです。

木山：消滅時効，それから除斥期間は，民法総則の範囲ではありますが，除斥期間というのは，あまり聞き慣れない言葉だったかもしれませんね。大学2年生ぐらいだと，実際，まだそんなによくわからないというところだと思います。とは言っても，おふたりとも，答案はすごくよく書けていました。

　あちゃさん，この答案を書くにあたって，工夫した点は何かありましたか？

あちゃ：見出しとナンバリング，あとは，なるべく短い文章で書くようにしました。

木山：さきほど，バランスという話も出ていましたけれど，消滅時効の意義と，それから消滅時効と除斥期間の違いについて，ナンバリングと見出しをつけて，だいたい1：1ぐらいで書いていますよね。このあたりは，それぐらいのバランスで書こうと意識されたのですか？

あちゃ：はい。

木山：あと，内容を見ていて，わたしがよく書けているなあと思ったのは，たとえば，「１、消滅時効の意義」でいうと，下から4行目です。「起算点の例としては」として，具体例が書かれていますね。それから，「２、消滅時効と除斥期間の違い」の2行目を見ても，「たとえば」として，具体例が書かれています。これは，意識して書いたのですか？

あちゃ：定義だけだと，どういうものなのかがわかりにくいと思ったので，具体例を出すことでわかりやすくしようとしました。

木山：なるほど。そこは，すごく成功していると思いました。

　しおりんさんは，工夫した点はありましたか？

しおりん：工夫した点は，まず，条文がちょっと多く出てきたので，それを正しく引用することと，でも，引用しているだけだと，ただ条文を書き写す

ことになってしまうので，ちゃんと引用すべきところと自分で考えて書くところを分けるのが，少し難しかったです。

木山：ほかの受講生の答案では，条文があまり引用されていないというものもありました。しおりんさんは，第4段落以降で，消滅時効と除斥期間の違いを，1つ目から4つ目ということで分けて書いていますし，消滅時効については，民法の条文をひとつひとつ挙げていますね。あちゃさんは，条文が入っていないということはありましたね。

あちゃ：はい。

木山：中身に入っていきます。いま，言ったように，しおりんさんは，第5段落以降で，消滅時効と除斥期間消滅時効と除斥期間には，4つの違いがあると書いています。

しおりん：はい。

木山：まず，第5段落目の最初に，「この除籍期間と消滅時効は，まず趣旨が異なる。」と書いています。そして，それぞれの趣旨の違いを書いたうえで，次に，「この趣旨の違いから様々な違いが生じてくる。」とあって，総論の部分で，趣旨の違いから違いが出てくるんだよ，という視点を書いていますよね。

しおりん：はい。

木山：そのあと，各論の部分で，ひとつひとつ，その趣旨の違いも書いている。たとえば，第6段落の3行目を見ると，「②の点より，権利者が権利の上に眠ってないかどうかを判断するためである。」とあって，上に①，②として挙げた消滅時効の趣旨のうち，②から違いがきているよ，ということを書いているわけです。

しおりん：はい。

木山：違いの2つ目，第7段落の3行目を見ると，「①のような趣旨ではないため」とある。同じように，全ての違いについて，書かれています。このあたりは，すごく上手だと思いました。ここは工夫をしたところですか？

しおりん：はい。まず，趣旨という大きな違いを書いてから，個別の細かい違いを書いていけば，わかりやすくなるかなあと思って，工夫しました。

木山：違いを，ひとつひとつ書いていくのは，かなり面倒かもしれません。

しかも，制限字数内にまとめなければいけないとなると，大変な作業だったのではないかと思います。書いていてどうでしたか？　大変でしたか？
しおりん：はい。800字だったので，最初，分けるかどうか悩んだのですが，分けないと，ただ，だらだら書いてしまうし，「1つ目は」，「2つ目は」と言ったほうが，数字も入っていて見やすいし，わかりやすいかと思って，なるべく1文を短くすることによって，ちゃんと制限字数内に収まるようにしました。
木山：消滅時効と除斥期間の違いというのは，調べればだいたいわかるので，この問題⑩に解答した受講生の多くも，3つとか，4つぐらいは，挙げているんですよね。そこまでは多くの人ができていた。でも，しおりんさんは，それぞれ条文も引用して，違いを書いているだけではなくて，さきほど言ったように，その違いがどのような趣旨の違いからきているのかを，ひとつひとつ入れている。ここが，すごいなあと思いました。
　いまの話を聞いて，あちゃさん，どうですか？
あちゃ：私は，消滅時効と除斥期間の違いを述べる際に，箇条書きみたいな感じで，全部，「1つ目は」，「2つ目は」というふうに書いてしまったので，そういうところが，しおりんさんの書き方を見習うべきだなあと思いました。
木山：そうですね。あちゃさんも，趣旨について書かれているところがありますよね。答案の下から2行目を見ると，「除斥期間は法律関係の早期安定のため，中断が認められない。」とあって，4つ目の「中断の有無」については，除斥期間の趣旨が添えられて，理由が書かれています。でも，この4つ目だけ書いてあって，その前の1つ目から3つ目までは，とくに趣旨の違いに触れられていません。ここが，もったいなかったかな。
あちゃ：はい。
木山：あと，しおりんさんは，全体の見た目としては，問題⑧でもそうでしたけれど，内容の区切りで1行空けるというかたちをとってはいるものの，見出しがないので，あちゃさんのように，見出しの番号をつけて，まとまりごとに書いたほうが，読みやすいかなと思います。
しおりん：はい。
木山：ただ，違いの1つ目，2つ目，3つ目，4つ目を，それぞれ改行して

書いているので，それはそれでわかりやすくはなっています。
　あちゃさんは，この答案を書いて，気になったこととか，疑問に思ったことはありますか？

あちゃ：バランスとして，消滅時効の意義と，除斥期間との違いで，書く分量を１：１にするのではなくて，両者の違いのほうに，ちゃんと重点を置いて書くべきだったなあと思いました。

木山：あちゃさんは，最初に，バランスを意識して書いたと言っていましたよね。消滅時効の意義の説明と，消滅時効と除斥期間の違いの２つを，答案を書くときは，１：１で書こうと思っていた。しかし，いま思うと，両者の違いのほうをもっと多くすればよかったかな，という感じでしょうか？

あちゃ：はい。

木山：それで，こういう問題が何を求めているかということですが，問題文を見ると，「消滅時効の意義について説明したうえで」，と書いてあるんですよね。そうすると，意義の説明は，大きなまとまりで言うと，１つ目ではあるものの，前提のような感じです。この場合，後半の比重が大きくて，前半は前提なので，バランスで言うと，意義については，全体の３分の１ぐらいでもよかったかもしれないですね。
　しおりんさんは，どうですか？　自分のなかで，ここを変えればもっとよくなったと思うとか，何か気づいたことはありますか？

しおりん：違いを述べるうえで，消滅時効と除斥期間の共通点を書かなかったので，そこが書ければよかったと思いました。

木山：そうですね。消滅時効と除斥期間の違いを説明せよ，ということは，似たような概念の違いを聞いているわけで，２つを比較する問題です。比較問題の場合，違いだけを書くのではなくて，どこが共通しているかを，まず書いて，そのうえで，違いを論じていくのが，一般的な書き方ですね。たしかに，そこがあると，よりよくなったかなという感じがします。

しおりん：はい。

木山：わたしが読んでいて気になったのが，しおりんさんの答案の下から３行目，「これに対して，除斥期間では趣旨の考えから中断はされないとされている。」とあります。この「趣旨の考えから」という表現が，少しわかり

にくいように思いました。ここは，どういう意味だったのですか？

しおりん：多分，除斥期間の趣旨は，権利関係の早期安定にあるから，中断すると，それが早期にならないと考えたのだと思います……。

木山：それは，そのとおりだと思います。そうすると，違いの3つ目までの書き方を見ていくと，比較ができると思うのです。「3つ目」の段落の2～4行目を見ると，「これに対して除斥期間では，権利関係の早期安定という趣旨から，一律に権利の発生時から算定する。」と，しおりんさんは，そう書いているんですよね。ところが，「4つ目」の段落の下から2行目には，「趣旨の考えから」とだけあります。どうですか，この書き方は？　表現としてですけれど。

しおりん：多分，字数がいっぱいいっぱいだったので，ナンバリングもしていないし，ここだけ同じことを2回くり返して書くのを，多分，少し迷って，それで，上で書いたし，こういう趣旨からということが重複するので，「もういらないかな？」，と思って，省略して書いてしまったのだと思います。

木山：そうですね。でも，「権利関係の早期安定という趣旨から」としても，そんなに字数は増えはしないですよね。あと，1度使っているからということであれば，たとえば，「上記の」といった言葉を入れるとか。そうすると，よかったかもしれないですね。

しおりん：はい。

木山：では，最後に，何かありますか？　あちゃさん，どうでしょうか？　いま見えてきた文章の書き方について，自分のなかでの課題とか，気づきが，もしあれば教えてください。

あちゃ：問題をよく見て，ちゃんとバランスを考えてから，どこに重点を置くべきかということを意識して，これからは書いていこうと思いました。

木山：そうですね。問題文のなかに，何を，どのようなバランスで書くべきかのヒントは出ているので，それをよく読んで考えることが大事だと思います。あちゃさんの今回の答案は，別にバランスが悪かったわけではないのです。ただ，さきほど言っていたように，「2、」の「違い」について，もう少し，気持ち増える書き方ができたかもしれない。あとは，条文を引用することと，趣旨との関係が述べられると，よかったですね。

あちゃ：はい。

木山：しおりんさんは，いかがですか？

しおりん：わたしは，最後に気が抜けてしまうところがあるので，気をつけたいと思いました。

木山：わかりました（笑）。実際に，何かの試験の答案を書くとか，将来，司法試験を受けるとか，そういうことがあったときには，限られた時間のなかで，どれだけ最後まで，気を抜かないで頑張るかということも，大事です。気をつけてみてください。

あちゃ・しおりん：はい！

木山：では，問題⑪は，以上で終わりにしたいと思います。お疲れさまでした。

5……解説

　概念を論じる場合は，①定義，②趣旨，③根拠条文を挙げることが必要です。問題文の前半は，「消滅時効の意義について説明」することを求めていますので，①消滅時効とは何か（定義），②なぜ消滅時効が認められるのか（趣旨），③どの条文に根拠があるのか（根拠条文）を示すことが必要になります。

　そのうえで，問題文の後半にある「消滅時効と除斥期間の違い」を論じる必要があります。バランスを考えると，「前半：後半＝2〜3：8〜7」くらいでしょうか。前半は「説明したうえで」とありますから，前提に過ぎません。前提は短くてよく，「論じなさい」とある本論に，十分な分量を割く必要があります。「論じなさい」とのことですが，似た概念の違いですから，「比較をしなさい」ということです。このような問題を**「比較問題」**といいます。

　比較問題の重要な視点を，お伝えしておきましょう。比較問題では，単に違う概念を並べて，これが違う，これが違う，これも違う，あれも違うと書くだけでは不十分です。それは，単なる2つの制度の具体的事項を列挙（羅列）したに過ぎないからです。**比較させるということは，具体的な違いを指**

摘したうえで,「なぜ違いが生じるのか」を示す必要があります。そのためには,「共通点」をまず認識したうえで,「相違点」を考えるクセをつけることが重要です。似て非なる概念は,「似て」いる以上,必ず「共通点」があります。何も共通点がないものを比較しても,意味がありません。消滅時効も除斥期間も,一定の期間が経過すると権利行使ができなくなる制度ですから,「似て」いるのです。これが「共通点」です。その「共通点」を,答案にも明示することが大事です。それからすぐに具体的な違い（各論）に入るのではなく,総論として「両者の根本的な違い」を,まずは分析します。そして,その「根本的な違い」が「具体的な違い」につながっている,と説明していくと,「総論と各論のリンク（結びつき）」を示すことができます。これができると,「よく比較ができている,論理的な文章だ」,という評価が得られるようになります。

　もう1度確認しましょう。比較問題では,①相違点が生じる根本的な原因を明らかにすることで（総論）,その根本的な違い（総論）を,②具体的な相違点（各論）とリンクさせるかたちで,論述することが重要です。**根本的な違いは,いわば,その答案における「キーワード」になります**。

　比較に適する概念は,法学にはたくさんあります。たとえば,民法で言えば,「取消しと無効」「代理と使者」「債権と物権」「債務不履行と不法行為」「消滅時効と除斥期間」「債権者代位権と債権者取消権」などが,似て非なる概念です。憲法で言えば,「自由権と平等権」「民主主義と自由主義」などがあります。

　文章を書くときはもちろん,各科目を学習する際にも,似て非なる概念を自分でみつけてください。そして,みつけたら,両者の「根本的な違い」と「具体的な違い」を調べましょう。こうしたことを,絶えず意識をしながら学習していくと,似たような概念を正確におさえることができ,その科目は,きっと得意科目になるでしょう。

　本問は,旧司法試験（民法・平成10年度・第2問）をベースにしています。旧試の問題では,さらに4つの具体例が挙げられて,性質や問題点を論じさせるものでした。問題文の冒頭部分は,「消滅時効と除斥期間につき,どのような違いあるとされているかを論じた上で」となっていて,本問と似てい

る問題です。腕だめしに，旧試の問題にもチャレンジすると，さらに力がつくでしょう。

6……解答例

　前半部分（消滅時効の意義）を，1で短くまとめています。定義を書いて，趣旨を書いて，条文を書いていますが，さらに，その具体例も書いています。「消滅時効の意義について説明を」することが求められているためです。

　後半部分（消滅時効と除斥期間の違い）は，2でより多くの分量を割いて書いていますが，ここが，この問題のメインの部分です。調べれば，(3)の具体的な違いはわかるでしょう。ただ，これを書くだけで終えてしまうと「比較」とはいえず，不十分です。そこで，(1)で共通点を示したうえで，(2)で根本的な違いを「総論」として示しています。ここで示した視点を，そのあとの(3)の各論でキーワードとしてくり返しています。これで，キーワード（総論）が各論にリンクすることになり（キーワードリンク），論理的で整理された文章になっている，という印象を読み手（採点者）に与えることができます。

　さらに(4)で，具体例も1つ添えることで，内容に厚みをつけています。

　1　消滅時効の意義について
　　消滅時効とは，法律が定める一定期間を経過した場合に，時効によって利益を受ける者からの援用を前提に，権利の消滅を認める制度である（民法144条〜161条，166条ないし174条の2）。
　　その趣旨は，①永続した事実状態を尊重すること，②権利の上に眠る者は保護しないこと，③採証の困難を救済することにある。
　　民法は，債権の場合は10年，債権または所有権以外の財産権は20年で消滅時効にかかる旨の原則を定めているが，それとは別にさらに短い期間で消滅時効にかかる旨の規定も定めている（短期消滅時効。民法169条ないし174条の2）。
　2　消滅時効と除斥期間の違い
　　これに対して，除斥期間とは，法律が定める一定期間を経過し

た場合に，援用なくして，当然に権利の消滅を認める制度をいう。消滅時効と異なり，明文はなく，解釈によって認められている。

(1)共通点

　消滅時効も，除斥期間も，法律が定める一定期間の経過によって，権利の消滅を認める制度である点で，共通する。

(2)根本的な違い

　しかし，消滅時効は，上記①ないし③の趣旨から権利の消滅を認める制度であるのに対し，除斥期間は，法律関係の早期安定という趣旨から権利の消滅を認める制度である点で，根本的な違いがある。この根本的な違いから，具体的な制度内容にも，以下のような違いがある。

(3)具体的な違い

　ア　効力

　　消滅時効の効力は，起算日に遡るが（民法144条），除斥期間にはこうした遡及効はない。

　イ　起算点

　　消滅時効の起算点は，権利を行使することができる時だが（民法166条1項），除斥期間は権利が発生した時である。

　ウ　援用

　　消滅時効は当事者の援用が必要だが（民法145条），除斥期間は援用が不要である。

　エ　中断

　　消滅時効は中断があるが（民法147条），除斥期間に中断はない。

(4)具体例

　このように，消滅時効と除斥期間は，その趣旨の違いから，具体的な制度内容に相違がある。具体例としては，不法行為に基づく損害賠償請求権について権利の消滅を定めた民法724条について，3年は消滅時効（前段）だが，20年は除斥期間と解することが挙げられる。

　　　　　　　　　　　　　　　　　　　　　　　　以上

どのような文章が評価されるのか？

　司法試験を突破した法律家は，どのような文章が評価されるのかを，よくわかっています。一言で言うことはできませんが，まずは「問いに答えていること」が重要です。また，「論理的で説得力があること」や「条文が正確に記載されていること」，「流れるように最初から最後まですらすらと読めること」，「自説から矛盾なく説明されていること」なども，よく挙げられます。

　これらを実感するためには，とにかくたくさん文章を書いて，先生や先輩に読んでもらうことです。法律文章は，くり返し格闘することで，少しずつ書けるようになります。司法試験を受ける法科大学院生は，「合格者の再現答案」（市販されています）を研究するのが鉄則です。また，法務省のホームページで公表されている，「出題趣旨」や「採点実感等に関する意見」も読みこみます。どのような文章が高く評価され，どのような文章が評価されないのかが，具体的に書かれているからです。

　たとえば，憲法の「採点実感等に関する意見」（平成23年度）をみると，「答案作成は，問題文をよく読むことから始まる。問題文を素直に読まない答案，問題文にあるヒントに気付かない答案，問題と関係のないことを長々と論じる答案が多い。」，「問題文を読み込み，想像力を働かせて，……何を重点に論じるかを考えてもらいたい」と書かれています。

column 8

第12章 要約する力をさらに身につけよう

1……この章の趣旨

　最後の問題は，最初の問題のバージョンアップ版です。第1章では，「裁判員裁判の合憲性」が問題になった最高裁判決の「要約」を「400字以内」で行う問題を出しました。

　本章も，最高裁の下した判断（決定）の「要約」をさせるものです。ただし，字数は「1200字」に増え，書くべきこと（設問で指定されている内容）も，3つから5つに増えています。

　司法試験などで問われることはないタイプの問題ですが，「法学ライティング」の総まとめとして，文章力をアップさせるためにとても重要な「要約力」が身についているかを，もう1度確認してもらいたいとの趣旨です。

2……演習問題

問題⑫

　非嫡出子の相続分を嫡出子の相続分の2分の1とする民法の規定の合憲性について下された最高裁平成25年9月4日大法廷決定・民集67巻6号1320頁〔→巻末資料参照〕について，最高裁判決のポイントを，以下の観点から，1200字以内でまとめなさい（1200字以内）。
① 争点
② 最高裁決定の結論
③ 最高裁決定の理由
④ 最高裁が合憲判断から違憲判断に変わった理由はどこにあると考えるか
⑤ あなたの見解

3……議論に参加をした学生の文章例

①フミさんの答案

(1) 争点
　非嫡出子の相続分を嫡出子の2分の1とする民法900条の但し書きの規定は、憲法14条1項に反するか争点となった。

(2) 最高裁決定の結論
　非嫡出子の相続分を嫡出子の相続分の2分の1とする民法99条の但し書きの規定は、憲法14条1項に違反し無効でありこれを適用することはできない。

(3) 最高裁の決定の理由
　ア　憲法14条1項は、法の下の平等を定めており、この規定が事項の性質に応じた合理的な根拠に基づくものではない限り、法的な差別扱いを禁止する趣旨のものであると解すべきである。
　イ　確かに、日本には、古くからの結婚観がある。相続財産は嫡出の子孫に承継させたいとする気風や、法律婚を正当とし、これを尊重し、保護する半面、法律婚以外の男女関係、あるいはその中で生まれた子に対する差別的な国民の意識が作用してきた。
　ウ　しかし、このような考え方は時代とともに変遷するものであるから、個人の尊厳と法の下の平等を定める憲法に照らして不断に検討され、吟味されなければならない。実際に、平成期に入った後においては、いわゆる晩婚化、非婚化、少子化が進み、離婚件数も増加している。これに伴い、婚姻、家族の在り方に対する国民の意識の多様化が大きく進んでいることが指摘されている。さらには、国際的にも非嫡出子と嫡出子は平等に扱われるべきだとする規定ができている。
　エ　また、父母が婚姻関係になかったという、子にとっては自ら

選択ないし修正する余地のない事柄を理由としてその子に不利益を及ぼすことは許されず，子を個人として尊重し，その権利を保障すべきであると考えが確立されてきているものということができる。

(4) 最高裁が合憲判断から違憲判断に変わった理由
(3)イより，日本は古くから結婚観あり，法律婚を正当としてきた。よって，非嫡出子の相続分を嫡出子の2分の1とする規定は，合憲であるとする判決だった。

しかし，(3)ウ・エにより，結婚観は時代とともに変遷し，国際的にも非嫡出子は，嫡出子と同様に扱われるべきだという考えに変化してきた。非嫡出子も個人として扱われ，法の下の平等により保護されるべきだとされた。

このように，合憲判断から違憲判断に変わった理由は，時代の変化によるものだと考える。

(5) 自己の見解
私は，民法900条の但し書きは，憲法14条1項に反していると考える。つまり，違憲である。

なぜなら，非嫡出子か嫡出子かは，父母の関係で決まることであって，子にその選択権もなく，修正もできない。子には何の罪もないのである。非嫡出子として生まれたことによって，平等に扱われないのは，憲法14条1項の法の下の平等に反している。

また，憲法98条では，憲法は国の最高法規だと定められている。憲法の条規に反する法律などは一切，効力を持たない。憲法14条1項の法の下の平等に反する民法900条但し書きは，一切，効力を持たない。

よって，私は，違憲と考える。

以上

> ②
> ダーヤマさんの
> 答案

① 争点
民法 900 条 4 号ただし書の規定のうち嫡子でない子の相続分を嫡子の相続分の 2 分の 1 とする部分（以下，「本件規定」とする。）が，合理的理由のない差別的取扱いに当たり，憲法 14 条 1 項に違反するか否か。

② 最高裁決定の結論
本件規定は合理的理由のない差別的取扱いに当たり，憲法 14 条 1 項に違反する。

③ 最高裁決定の理由
以下に 2 つの理由を示す。
(1) 日本では民法改正時から現在に至るまで，本件規定に関連する様々な事柄が変化してきた。それは社会の動向や家族形態の多様化，これに伴う国民意識の変化，諸外国の立法といった国際的状況の変化等である。これらを総合的に考慮し，家族という共同体の中における個人の尊重がより明確に認識されてきたこと。
(2) (1)に挙げた変化に伴い，法律婚という制度が日本に定着しているとしても，この制度の下で非嫡出子にとって自ら選択，修正する余地のない事柄を理由として，その子に不利益を及ぼすことは許されないということ。また，子を個人として尊重し，その権利を保障すべきであるということ。

④ 最高裁が合憲判断から違憲判断に変わった理由
最高裁は本件違憲判断を下すにあたり以下 2 つの点を特に重視し，その理由としていると考えられる。
(1) 国民意識の変化
最高裁は，相続財産は嫡出子に承継させたいとする気風や法律婚を正当な婚姻とし尊重・保護する反面，法律婚以外の男女関係，非嫡出子に対する差別的な国民意識が，民法改正以降，社会状況の変動に伴う婚姻・家族形態やその在り方によって大きく変化してきたことを指摘している。その変化とは，戦後，核家族が増加すると同時に，子孫の生活手段として大きな意味

を持っていた相続財産が，高齢化の進展に伴い配偶者の生活保障のためとされるようになったことや，離婚・再婚件数の増加に伴い婚姻・家族形態の多様化が挙げられる。

(2) 国際状況の変化

特に欧米では，宗教上の理由から非嫡出子に対する差別の意識が強い。日本の民法改正時には，多くの国が非嫡出子の相続分を制限する傾向にあり，本件規定の立法に影響を与えていた。しかし，1960年以降，これらの国で子の権利保護の観点から嫡出子と非嫡出子との平等化が進み，相続に関する差別を撤廃する立法がなされた。また，日本は「市民的及び政治的権利に関する国際規約」，「児童の権利に関する条約」といった，児童が出生によって如何なる差別も受けない旨の規定が設けられている国際条約を批准した。最高裁はこれらの国際的な潮流を肯定していると考えられる。

⑤ 見解

本件判決で重要とされたのは，子どもの権利と個人の尊重であると考えられる。これまで相続について嫡出子と非嫡出子の差別を肯定してきた者は，法律婚を尊重するべきであり，相続分を平等にすることで家族が崩壊する等と主張していた。しかし，相続を平等にしたからといって家族が崩壊するとは到底考えられない。相続分の平等は法律婚を軽視するのではなく，子の権利を守るという観点で現代において強く求められていると考える。

以上

4……学生との議論（実際に文章を書いてみて，どうだったか？）

木山：それでは，問題⑫に入りたいと思います。要約の問題ですね。出題当時は，民法に，非嫡出子の相続分を嫡出子の相続分の2分の1とする規定がありました。最高裁は，平成25年9月4日の大法廷決定（民集67巻6号1320頁）で，これが平等原則に反するとして，違憲との判断を下しました。その結果，この規定は，同年12月の民法改正で削除されたのですが，長き

にわたって，こういう差別的な規定があったわけです。
フミ・ダーヤマ：はい。
木山：おふたりとは，問題①〔→第1章参照〕で，裁判員裁判の合憲性に関する最高裁の判決を検討しましたね。あの問題は，400字以内の要約でした。最後の課題は，また要約の問題です。今回は，「1200字以内でまとめなさい。」というもので，字数が3倍に増えました。書くべきことも，①～⑤まであり，少し増えています［注：「①　争点」，「②　結論」，「③　理由」のほかに，「④　合憲判断から違憲判断に変わった理由がどこにあると考えるか」，「⑤　あなたの見解」の2つが加えられている］。

　順番に聞いていきます。フミさん，この問題は難しかったですか，やさしかったですか？
フミ：難しかったです。
木山：どういう理由からでしょうか？
フミ：今回は，字数制限も1200字と長めになって，書かなければならないことも増えましたし，「自己の見解」も述べなければならなかったので，その点で難しかったと思います。
木山：フミさんは，400字の問題①も，難しかったということでしたよね。字数的には，400字ぐらいの短いものと，1200字ぐらいの比較的長めのものと，どちらが書きやすいですか？
フミ：書きやすいのは，1200字のほうです。
木山：そうですか。短いほうがより簡潔にまとめないといけないので，大変ですか？
フミ：はい，大変だと思います。
木山：ダーヤマさんはいかがでしたか？　難しかったですか？
ダーヤマ：難しかったです。
木山：どのへんが難しかったでしょうか？
ダーヤマ：「自己の見解」を入れるところと，それと，あまり覚えていないのですが，決定文が長かったような気がして……。毎回のことなのですが，決定文の内容を理解するのが大変で，今回は，とくに長くて難しいと思いました。

木山：フミさんも，さきほど，「自己の見解」をまとめるのが難しいとおっしゃっていました。今回は，設問⑤に，「あなたの見解を」という限定があるので，自分の考えを述べなければいけないのですよね。この事案では，最高裁は「違憲だ」と言ったわけですが，「私は合憲だと考える」というのでもいいわけです。逆に，最高裁と同じように，「やはり違憲だ」というのでもかまいません。自分の考えを書くのは，どのあたりが難しいですか？

ダーヤマ：決定文を読んだら，納得してしまって……。

木山：「これでいいかな」，と？

ダーヤマ：「私もそう思う」というふうになってしまったので，理由づけを書くときに，自分なりの言葉で言わないといけないなと思って，悩んでしまいました。だから，設問⑤の記述はすごく短いです。

木山：たしかに，そんなに長くはないですね（笑）。

ダーヤマ：はい。力尽きてしまいました，設問④で（笑）。

木山：全部で5つ書かないといけないので，「自己の見解」［注：以下，「⑤あなたの見解」のこと］が長くなければいけない，ということはありません。ダーヤマさんの答案は，バランスとしては別に悪くはないです。でも，たしかに，最高裁の決定文を読んで，「なるほど，そのとおりだな」，と思った人にとっては，改めて，「自己の見解を述べよ」と言われても，最高裁の決定文以上の理由を書くというのは難しいかもしれないですね。逆に，反対意見のほうが書きやすいのかもしれない。

ダーヤマ：はい。

木山：それと，決定文そのものが長かったという話ですが，問題①で読んだ判決文に比べると，今回の決定文は20頁あって，たしかに長めにはなっています。

　非嫡出子の相続分の問題は，裁判員裁判と違って，昔から論点になっていて，わたしが司法試験に合格したのは平成13年なのですが，そのころの司法試験でも，よく聞かれた論点でした。当時は，この論点に関する最高裁の判決が，くり返し出されていたのです。

フミ・ダーヤマ：へぇ……。

木山：結論的には，ずっと「合憲」判決が出ていたのですが，少数意見も反

対意見もあったので,「いずれ,判決は引っくり返るのではないか」と言われていました。平成25年の最高裁大法廷決定は,そういう昔からある論点をまとめるかたちで出された決定です。たしかに,大学2年生がこれをいきなり読むのは,ちょっと難しかったかもしれないですね。
ダーヤマ：はい。
木山：とはいっても,「非嫡出子」と「嫡出子」が何なのかは,わかりますよね？
フミ：はい。
木山：そうすると,問題意識としては,わかりやすかったのではないですか？
ダーヤマ：はい。
木山：フミさんも,そのあたりはわかりやすかったですか？「嫡出子」と「非嫡出子」の違いとか,何が問題なのかということについてですが。
フミ：高校のとき,政治経済の授業で習ったのを覚えていたので……。
木山：ああ,そうなんですか。
フミ：この裁判で違憲判決が出たということだけは知っていたので,何について争われているかはわかりましたし,「自己の見解」もちゃんと持っていました。高校のときから,「子どもには罪がない」という意見があったのですが,それを文章として書くのが難しかったです。
木山：たしかに,フミさんの答案は,「自己の見解」のところに,迫力がありますね。最後の行を見ても,「よって,私は,違憲と考える。」とあって,ずばり,自分の考えが示されています。
フミ：はい……（笑）。
木山：第2段落の2行目には,いま,話にも出たように,「子には何の罪もない」とあって,わかりやすいです。ただ,意味はよくわかるのですが,法律文章の理由の書き方として,これでいいのかなという不安もなくはないです。
フミ：どう書こうか迷ったのですけれど,「思うから！」,みたいに言いきって書いてしまったのです……。
木山：すごく大事なポイントだと思います。子どもは,自分が嫡出子か,非

第12章　要約する力をさらに身につけよう

嫡出子か，なんて選べないわけですから，その違いで相続分が半分になってしまうというのは，たしかに問題ですね。
　では，もう1度，フミさんにお聞きします。答案を書くにあたって，悩んだ点は何かありましたか？
フミ：いちばん難しかったのが，設問③の「最高裁の決定の理由」です。決定文を読んでいたら，いろいろなことが書いてあったので，どれを使ったらいいのか悩みました。
木山：フミさんは，設問③について，わりとボリュームをとって書かれていますね。このナンバリングというか，ア，イ，ウ，エとつけて書いたのには，何か意識した点があったのですか？　内容ごとに改行するとか。
フミ：いま見ると，別にいらないような……。「何で書いたんやろ？」と思います。
木山：改行ごとにア，イ，ウ，エがついているので，なくてもいいかなという気もしますけれど，あってもかまいません。ここは，好みの問題だと思います。
フミ：はい。
木山：(3)のアで，憲法14条1項について，一般論を書いていて，次のイから，具体的な中身に入っていますね。イは，「確かに」で始まって，非嫡出子の相続分を2分の1にしてもいいのではないのかという，反対の考え方が書かれています。そして，ウで，「しかし」とあって，それを引っくり返しています。最後のエで，「また」として，子にとってどうかということも書かれているので，文章の流れとしては，上手にまとめられていると思います。
　ダーヤマさんは，答案を書くにあたって，悩んだ点はありますか？
ダーヤマ：設問③の「最高裁決定の理由」と，設問④の「最高裁が合憲判断から違憲判断に変わった理由はどこにあると考えるか」の記述に，差を出すことでしょうか……。同じことを書きそうになってしまって，差を出すのが難しいと思い，かなり悩みました。
　それと，私の答案は全体で1250字ぐらいあるので，1200字以内にまとめることができませんでした。
木山：なるほど。問題①でも，判決理由を要約して書いてもらいましたが，

この問題⑫が特殊なのは,「自己の見解」だけではなくて,設問④で「最高裁の判断の変更理由」も書かなくてはいけないことです。

ダーヤマ：はい。

木山：さきほどもお話ししたように,最高裁はずっと「合憲」と言ってきて,最近の判決だと,平成7年の段階で「合憲」判決を出しています。今回は平成25年の決定なので,平成7年から18年ぐらい経っているわけです。ですが,裁判は時間がかかるものなので,平成25年に出た決定ではあるものの,この事件の相続開始時がいつだったかというと,実は,平成13年なんですね。12年も裁判をしている……［注：ただし,提訴から12年ではなく,相続開始から12年ということである］,長いですよね（笑）。

ダーヤマ：おおっ……。

木山：この事件で,非嫡出子の相続分を2分の1とする民法の規定が「違憲だ」と言われたのは,平成13年当時のことです。つまり,「合憲だ」と言われた平成7年から,6年しか経っていないのです。

そうすると,その間にどんな変化があったのでしょうか？ もちろん,裁判官の構成が変わったので,違う考え方が入ってきたということもあるわけですけれど,そのあたりの事情について考えてほしかったのが,設問④だったのです。

ダーヤマ：そうだったのですか……。

木山：ダーヤマさんは,設問④のところ,すごくたくさん書かれてはいるけれど,ここは,いま言ったように,合憲判決が出た平成7年と今回の平成25年決定との差異というより,もっと昔からの流れなんですね。

ダーヤマ：はい。

木山：ダーヤマさんは,そういう点では,少しずれてしまったわけです。いまの答案の書き方だと,たしかに,「設問の③と④,同じことじゃん！」という感じですよね？（笑）

ダーヤマ：はい（笑）。

木山：設問④が切り込めなかったのは惜しかった。参考答案のなかには,そこが書けていたものがいくつかありました。これは1つの考え方ですが,最高裁の決定文によると,平成7年の判決の時点で,諸外国において差別が残

っていた国は，ドイツとフランスがあり，その後，ドイツは1998（平成10）年に，フランスも2001（平成13）年に，法改正で差別を撤廃し，欧米諸国には，非嫡出子の差別の規定はもはや存在しないし，世界的にも，こういう規定が置かれているのは限られた状況だった，と述べられています。おふたりには，このあたりに注目していただけるとよかったと思います。

ダーヤマ：はい。

木山：出題した側としては，そういう点を書いてほしかったというところです。

　フミさんも，いまのような話を，少しは意識して書きましたか？　それほど意識されなかったでしょうか？

フミ：はい。

木山：(4)の第2段落を見ると，「国際的にも……変化してきた。」と書かれています。ここを良く読めば，「いまの話かな？」と読めなくもなかったのですが……（笑）。

フミ：では，そういうことにしてください……（笑）。

木山：結果的には，書けていたかなとも思えるのですが，ドイツやフランスの例が挙げられてないので，やはり，「どうなのかなあ？」という感じですね。

フミ：私は，多分，世界が違憲という判断をしてきたから，「日本も変えなければならなくなってきたのではないか？」という意味で，最高裁の判断も変わったと書いたと思います。

木山：そうです。ですから，フミさんは，かなりいいところまで書けている。そこで，ダーヤマさんのおっしゃっていた，設問の③と④の差をどう記述するかという話ですけれど，④については，ちょっと違った観点で，いまのようなことを書いてほしかったということです。

　では，フミさん。この答案は，わたしの授業で最後の課題だったのですが，書くにあたって意識した点とか，工夫をした点は，何かありましたか？

フミ：はい。最後の答案だったので，いままでに習った，ナンバリングとか，「確かに」で始めて反対説を挙げたあとに「しかし」としてこれを否定する書き方がまとめやすいので，そういうのを使ったりとか，あと，問題文で聞

かれていることに必ず答えること，そういうポイントをおさえて，しっかり書けるように意識して書きました。

木山：そうですね。すごくよくなりましたね。問題①の答案では，結論が，「本件上告を棄却する。」だったわけですから（笑）。すごく成長の跡が見られると思います。「問いに答える」というのは，すごく大事な点です。フミさんの答案は，ひとつひとつの問いにナンバリングをして，見出しもつけたうえで書かれているので，すごくよいと思います。

フミ：はい。

木山：(1)の「争点」や，(2)の「結論」というのは，問題文で問われていることですが，フミさんは，2つとも2行に抑えていますね。このへんは，短くしようということだったのですか？

フミ：(3), (4), (5)で，わりと分量をとると思ったので，(1), (2)はとりあえず短くして，足りなかったら増やそうと思って書きました。

木山：なるほど。そういうメリハリも意識されたようですね。バランスもよくとれています。最初に比べて，すごく成長した跡が見られるので，わたしも嬉しいです。

フミ：はい……（笑）。

木山：でも，残念なことが1つあります。

フミ：えっ？

木山：条文について，少し不正確なところが見られるんです。(1)の1〜2行目に，「900条の但し書き」とあるのですが。民法900条には号があって，正しくは「900条4号」のただし書きなんです。決定文にも，「900条4号ただし書の規定のうち」と書いてあります。ここを正確に書くことができると，よりよかったと思います。

フミ：はい。

木山：文章全体の書き方としては，いま，フミさん自身がおっしゃったような，「確かに」，「しかし」といった接続詞の使い方も上手ですし，すごくいい答案だったと思います。

フミ：はい！

木山：次に，ダーヤマさん。答案作成にあたって，意識した点や工夫した点

はありますか？

ダーヤマ：まず，ナンバリング。それと，④の(1)，(2)とか，見出しをつけることですこの授業を受ける前は，見出しとかつける派ではなかったので。

木山："つける派"になったのですね？

ダーヤマ："つける派"になりました。あと，この5つの設問のなかで，「これは，絶対④をいっぱい書くんだな」，と勝手に思って書きました。結局，内容はちょっとずれていたのですが……。文章のバランスをとるということを授業で習ったので，とにかく，それをやろうと思って，設問④についてたくさん書きました。

木山：そうですね。ダーヤマさんの答案は，問題①の要約のときからすごくよくできていました。けれど，あのときは，まだ見出しとかナンバリングはなかったですよね。あの問題では，400字以内という字数制限もあったと思いますが，もともと"つけない派"だったというお話ですから。いまや，"つける派"になったということで（笑），上手に整理されていると思います。

ダーヤマ：（笑）。

木山：それから，文章全体のバランスというお話もありました。今回は，5つ聞かれているうちで，たとえば，設問①の「争点」と②の「結論」は，おふたりともすごく短くまとめています。だから，「このへんは，そんなに長く書く必要はないぞ」ということが，おふたりともよく理解できていますね。

ダーヤマ・フミ：はい。

木山：設問③，④，⑤については，どこが重要なのかは，出題しているわたし自身も特段決めていなかったし，書く側でも，人によって判断が違ったかもしれないです。でも，自分なりに，「ここは重要なんじゃないか」という意図をもって書くことが大事です。ダーヤマさんは，④が重要だと思ったので，ここをたくさん書こうと考えたということでした。そういう姿勢は，すごくよいと思います。

あとは，細かいことですが，ダーヤマさんの答案の⑤の下から2行目に，「子の権利」という言葉が出ています。

ダーヤマ：はい。

木山：それに対して，⑤の1行目を見ると，「子どもの権利」とありますね。

すごく細かいことですが，ここは揃えて，「子どもの権利」と書くのがよかったと思います。字数制限もあるので，若干の省略が入ったのだと思いますけれど。
ダーヤマ：ああ。
木山：やはり法律文章の場合は，日本語として同じような言葉でも，1つの文章のなかで，使う言葉を微妙に変えたりすると，読む側は，「意味が違うのかな」と判断に迷い，混乱してくることもあるんです。ですから，できる限り，同じ意味の言葉は最後まで同じ言葉を使っていくのがよいでしょう。いずれにしても，おふたりとも，この最後の課題で，すごく成長が見られてよかったと思います。
ダーヤマ：はい！
木山：最後に何かありますか？　まず，フミさんから。この授業を受けての感想でもいいです。
フミ：感想でいいですか？
木山：はい。
フミ：「書き方を習ったら，少しは文章がましになるかな」，と思って，この授業を取ったのですが，実際にレポートも書きやすくなったし，私は，この授業を受けてよかったと思いました。
木山：ありがとうございます（笑）。ダーヤマさんはどうでしょうか？
ダーヤマ：フミさんとほぼ同じなのですが，問題①と問題⑫を見くらべてみると，けっこう変わったと思いました。何度も練習すれば，少しはましになるんだなと，自分でもびっくりしました。

　あと，ほかの授業で，論述試験があったのですが，それも，この授業で教えてもらった，「問題提起」「規範定立」「あてはめ」という順番でやったら，かなり書けました。しかも，それが成績も良くて……（笑）。
木山：おおっ！　それはよかった！（笑）
ダーヤマ：はい，すごく嬉しかったです（笑）。「できるようになった！」って，思いました。
木山：「問題提起」「規範提起」「あてはめ」という流れは，司法試験の受験生が意識しなければいけないことなんです。それを，大学2年生が自然に意

識できるというのは，すごいと思いますね。

ダーヤマ：はい，本当によかったです！

フミ：よかった！

木山：では，まだ時間があるので，最後に，内容に少し触れたいと思います。今回の平成25年の最高裁大法廷決定は，いままで100年近くあった民法の規定を，憲法に違反するという理由で，裁判所が無効にしてしまったわけです。こういうことは，そう滅多にあることではないのですが，諸外国が非嫡出子の差別規定を廃止しているのに，日本だけ廃止していないということで，さすがに最高裁も，「これは，もうダメだ。」という判断だったと思います。

　フミさんは，もともと，この問題意識があったから，自分のなかでも違憲というか，差別だという考えがあったと，話されていましたよね？

フミ：はい。

木山：では，仮にそうだとしても，民主主義の観点から言えば，国民全体で話し合えないにしても，選挙を通じて選ばれる国会議員が国会で話し合って，法律で改正すべきではないかという話もあると思います。

　最高裁の裁判官は15人しかいませんから，わずか15人の考え1つで，多数決で作った法律を否定してしまうことになりますが，こういう点はどう思いますか？

フミ：えっ，この民法900条って，多数決で決められたのですか？

木山：法律として成立しているということは，そういうことですよね？
［注：制定は明治時代であり，大日本帝国憲法下での帝国議会で成立しているため，貴族院議員は選挙で選ばれているわけではないが，衆議院議員は選挙で選ばれており（ただし当時は制限選挙），理論的にはそのように言って差し支えないと考えられる］

　裁判所の役割の問題にもなってくると思いますが，結論的には，フミさんとしては，差別だというお考えだったので，「よかったな」というところですか？

フミ：この900条の規定を見て，「非嫡出子の相続分が嫡出子の2分の1というのは，当たり前」と思う人は，私はそんなにいないと思います。いるかもしれないですが，多分，「おかしい」と思う人のほうが多いでしょうし，

民主主義的に投票しても廃止されたでしょう。今回は，裁判官だけが決めるかたちになってしまいましたけれど，私はそれでもよかったと思います。

木山：つまり，そういう国民の考えを，最高裁がくみとって判決をしたのではないかということですか？

フミ：はい。

木山：今回の判決に対しては，反対の考えも少なからずあります。反対意見は，やはり民法は，日本では法律婚を尊重しているというか，法律婚を規定しているから，この点を重視すると，法律婚外で生まれる子ども［注：いわゆる愛人の子］，すなわち非嫡出子については，嫡出子と異なる扱いをすべきではないか，というものです。ただ，フミさんもおっしゃっていたように，子どもの側からすれば，そもそも非嫡出子か嫡出子かを選んで生まれてくることはできないですし，全然関係ない話ですから，結論的には，妥当な結論が出たのではないかと思います。

　決定文にも書いてあるのですが，日本では，平成23年において非嫡出子は，総人口約1億2800万人のうち，2万3000人しかいません。パーセンテージ的には，2.2％にすぎないわけです。そうすると，非嫡出子というのは，圧倒的に少数者なのです。

フミ：はい。

木山：最高裁には，よく憲法の本にも書かれているように，少数者の人権を守っていく，という役割があります。たとえば，多数派の意思でかたち成されるような法律で人権侵害が起きている場合には，少数者の人権を守るために，最高裁が，「違憲だ」と判断を下す。まさにそういう役割が実際に果たされたのが，今回の決定なのではないかと思うんですよね。

フミ：はい。

木山：ダーヤマさんは，「最高裁の判決は，そのとおりだな」，と思ったということでしたが，やはりそういう感じですか？

ダーヤマ：はい，そうです。最近は，国民意識とか，国際情況もいろいろと変化しているので，答案にはそれについても書いたのですが，そういう変化に合わせて，判断をしていくことは，すごく良いことというか，大事だと思いました。

木山：そうですね。裁判所に，これからも期待をしていきましょう。

　それでは，以上で，問題⑫は終わりにしたいと思います。お疲れさまでした。

ダーヤマ・フミ：お疲れさまでした。

5………解説

　要約のポイントについては，第1章で解説したとおりですので，もう1度，該当箇所を読んで復習をしておいてください。

　また，内容については，学生との議論で詳細にわたって検討をしましたので，この解説部分で再度確認することは，とくにありません。

　要約した文章を書くにあたっては，読みやすい文章にすることが重要です。たとえば，ナンバリングや見出しなどの工夫が求められます。そして，こうした読みやすい文章にする工夫は，法律家にならない人にとっても，社会に出ると極めて重要な力になってきます。

　「法学ライティング」の受講生，そして本書の読者の方は，みんながみんな法曹になるわけではありません。本書でトレーニングしてもらった問題に，司法試験類似の問題や，要約など試験には出ない問題もおりまぜているのは，そのためです。

　「法学ライティング」は，司法試験などを受けることを考えている人にも役立ちますし，そうではない人にも法律を学ぶ素地ができます。たとえ，法学と縁遠い職業に就いても，一般的に社会で活躍するための「文章力」（コミュニケーション力）が身につくように，問題がつくられています。

6………解答例

第1　①争点
　　非嫡出子の相続分を嫡出子の相続の2分の1と定めていた民法900条4号ただし書の規定が，同じ子であるにもかかわらず，合

理的な根拠なく法定相続分を異ならせるものであり，「法の下の平等」（憲法 14 条 1 項）に反するのではないかが争われた。

第2　②最高裁決定の結論

最高裁大法廷は，遅くとも，同事案の相続開始時である平成 13 年 7 月当時においては，立法府の裁量権を考慮しても，上記区別には合理的な根拠は失われていたとして，上記規定は，当時においては，憲法 14 条 1 項に違反していたと判示した。

第3　③最高裁決定の理由

上記判断は，要旨，以下の理由による。

憲法 14 条 1 項は，合理的な根拠に基づくものでない限り，法的な差別取扱いを禁止する趣旨のものである。相続制度は，国の伝統や社会的事情，国民感情などを考慮しなければならないため，どのように定めるかは，立法府の合理的な裁量判断に委ねられる。しかし，立法府の裁量権を考慮しても，区別に合理的な根拠が認められない場合には，当該区別は憲法 14 条 1 項に違反する。

法律婚主義といっても，その性質は時代と共に変遷する。今日では，婚姻，家族の在り方に対する国民意識も多様化している。子にとっては自ら選択・修正する余地のない事柄理由に不利益を及ぼすことは許されず，子を個人として尊重すべき考え方が確立されてきている。

第4　④違憲判断に変わった理由

上記判断は判例変更にあたる。平成 7 年大法廷決定から，平成 13 年の相続開始まで時間の経過は数年に過ぎないから，その間に，国民意識が急激に変化したと捉えることは難しい。

しかし，その間に，非嫡出子差別が残っていた主要国のうち，ドイツ，フランスともに差別が撤廃されていることが決定文で指摘されている。欧米諸国にはこうした差別は現在なくなった点が，違憲判断に変更された要因になっていると考える。

第5　⑤あなたの見解

我が国の民法は法律婚主義を採用しており，刑法では重婚が犯罪（185 条）として定められている。また，非嫡出子と嫡出子の相続差別が問題になる場面は，婚外子（いわゆる愛人の子）として生まれた子と本妻の子との対立であることが多い。この点を重

視すると，立法裁量の範囲内にとどまるとも考えられる。

　しかし，法定相続分の問題は，相続人である子の相続権の問題である。「法の下の平等」を定めた憲法14条1項の趣旨を徹底すれば，嫡出子として生まれたか，非嫡出子として生まれたか，という子の出生原因を理由に相続分を区別することが，憲法上許容されていると考えることは困難である。

　よって，上記区別取扱いは，合理的根拠のない区別として同条同項に違反すると考える。

以上

巻末資料

● 最高裁平成23年11月16日大法廷判決
（刑集65巻8号1285頁）

○主　文

本件上告を棄却する。
当審における未決勾留日数中390日を第1審判決の懲役刑に算入する。

○理　由

第1　弁護人小清水義治の上告趣意のうち，裁判員の参加する刑事裁判に関する法律（以下「裁判員法」という。）の憲法違反をいう点について

1　所論は，多岐にわたり裁判員法が憲法に違反する旨主張するが，その概要は，次のとおりである。①憲法には，裁判官以外の国民が裁判体の構成員となり評決権を持つ裁判を行うこと（以下「国民の司法参加」という。）を想定した規定はなく，憲法80条1項は，下級裁判所が裁判官のみによって構成されることを定めているものと解される。したがって，裁判員法に基づき裁判官以外の者が構成員となった裁判体は憲法にいう「裁判所」には当たらないから，これによって裁判が行われる制度（以下「裁判員制度」という。）は，何人に対しても裁判所において裁判を受ける権利を保障した憲法32条，全ての刑事事件において被告人に公平な裁判所による迅速な公開裁判を保障した憲法37条1項に違反する上，その手続は適正な司法手続とはいえないので，全て司法権は裁判所に属すると規定する憲法76条1項，適正手続を保障した憲法31条に違反する。②裁判員制度の下では，裁判官は，裁判員の判断に影響，拘束されることになるから，同制度は，裁判官の職権行使の独立を保障した憲法76条3項に違反する。③裁判員が参加する裁判体は，通常の裁判所の系列外に位置するものであるから，憲法76条2項により設置が禁止されている特別裁判所に該当する。④裁判員制度は，裁判員となる国民に憲法上の根拠のない負担を課すものであるから，意に反する苦役に服させることを禁じた憲法18条後段に違反する。

しかしながら，憲法は，国民の司法参加を許容しているものと解され，裁判員法に所論の憲法違反はないというべきである。その理由は，次のとおりである。

2　まず，国民の司法参加が一般に憲法上禁じられているか否かについて検討する。

(1) 憲法に国民の司法参加を認める旨の規定が置かれていないことは，所論が指摘するとおりである。しかしながら，明文の規定が置かれていないことが，直ちに国民の司法参加の禁止を意味するものではない。憲法上，刑事裁判に国民の司法参加が許容されているか否かという刑事司法の基本に関わる問題は，憲法が採用する統治の基本原理や刑事裁判の諸原則，憲法制定当時の歴史的状況を含めた憲法制定の経緯及び憲法の関連規定の文理を総合的に検討して判断されるべき事柄である。

(2) 裁判は，証拠に基づいて事実を明らかにし，これに法を適用することによって，人の権利義務を最終的に確定する国の作用であり，取り分け，刑事裁判は，人の生命すら奪うことのある強大な国権の行使である。そのため，多くの近代民主主義国家において，それぞれの歴史を通じて，刑事裁判権の行使が適切に行われるよう種々の原則が確立されてきた。基本的人権の保障を重視した憲法では，特に31条から39条において，適正手続の保障，裁判を受ける権利，令状主義，公平な裁判所の迅速な公開裁判を受ける権利，証人審問権及び証人喚問権，弁護人依頼権，自己負罪拒否の特権，強制による自白の排除，刑罰不遡及の原則，一事不再理など，適正な刑事裁判を実現するための諸原則を定めており，そのほとんどは，各国の刑事裁判の歴史を通じて確立されてきた普遍的な原理ともいうべきものである。刑事裁判を行うに当たっては，これらの諸原則が厳格に遵守されなければならず，それには高度の法的専門性が要求される。憲法は，これらの諸原則を規定し，かつ，三権分立の原則の下に，「第6章　司法」において，裁判官の職権行使の独立と身分保障について周到な規定を設けている。こうした点を総合考慮すると，憲法は，刑事裁判の基本的な担い手として裁判官を想定していると考えられる。

(3) 他方，歴史的，国際的な視点から見ると，欧米諸国においては，上記のような手続の保障とともに，18世紀から20世紀前半にかけて，民主主義の発展に伴い，国民が直接司法に参加することにより裁判の国民的基盤を強化し，その正統性を確保しようとする流れが広がり，憲法制定当時の20世紀半ばには，欧米の民主主義国家の多くにおいて陪審制か参審制が採用されていた。我が国でも，大日本帝国憲法（以下「旧憲法」という。）の下，大正12年に陪審法が制定され，昭和3年から480件余りの刑事事件について陪審裁判が実施され，戦時下の昭和18年に停止された状況にあった。

憲法は，その前文において，あらゆる国家の行為は，国民の厳粛な信託によるものであるとする国民主権の原理を宣言した。上記のような

時代背景とこの基本原理の下で、司法権の内容を具体的に定めるに当たっては、国民の司法参加が許容されるか否かについても関心が払われていた。すなわち、旧憲法では、24条において「日本臣民ハ法律ニ定メタル裁判官ノ裁判ヲ受クルノ権ヲ奪ハル、コトナシ」と規定されていたが、憲法では、32条において「何人も、裁判所において裁判を受ける権利を奪はれない。」と規定され、憲法37条1項においては「すべて刑事事件においては、被告人は、公平な裁判所の迅速な公開裁判を受ける権利を有する。」と規定されており、「裁判官による裁判」から「裁判所における裁判」へと表現が改められた。また、憲法は、「第6章 司法」において、最高裁判所と異なり、下級裁判所については、裁判官のみで構成される旨を明示した規定を置いていない。憲法制定過程についての関係資料によれば、憲法のこうした文理面から、憲法制定当時の政府部内では、陪審制や参審制を採用することも可能であると解されていたことが認められる。こうした理解は、枢密院の審査委員会において提示され、さらに、憲法制定議会においても、米国型の陪審制導入について問われた憲法改正担当の国務大臣から、「陪審問題の点については、憲法に特別の規定はないが、民主政治の本旨に則り、必要な規定は法律で定められ、現在の制度を完備することは憲法の毫も嫌っているところではない。」旨の見解が示され、この点について特に異論が示されることなく、憲法が可決成立するに至っている。憲法と同時に施行された裁判所法が、3条3項において「この法律の規定は、刑事について、別に法律で陪審の制度を設けることを妨げない。」と規定しているのも、こうした経緯に符合するものである。憲法の制定に際しては、我が国において停止中とはいえ現に陪審制が存在していたことや、刑事裁判に関する諸規定が主に米国の刑事司法を念頭において検討されたこと等から、議論が陪審制を中心として行われているが、以上のような憲法制定過程を見ても、ヨーロッパの国々で行われていた参審制を排除する趣旨は認められない。

刑事裁判に国民が参加して民主的基盤の強化を図ることと、憲法の定める人権の保障を全うしつつ、証拠に基づいて事実を明らかにし、個人の権利と社会の秩序を確保するという刑事裁判の使命を果たすこととは、決して相容れないものではなく、このことは、陪審制又は参審制を有する欧米諸国の経験に照らしても、基本的に了解し得るところである。

(4) そうすると、国民の司法参加と適正な刑事裁判を実現するための諸原則とは、十分調和させることが可能であり、憲法上国民の司法参加がおよそ禁じられていると解すべき理由はなく、国民の司法参加に係る制度の合憲性は、具体的に設けられた制度が、適正な刑事裁判を実現するための諸原則に抵触するか否かによって決せられるべきものである。換言すれば、憲法は、一般的には国民の司法参加を許容しており、これを採用する場合には、上記の諸原則が確保されている限り、陪審制とするか参審制とするかを含め、その内容を立法政策に委ねていると解されるのである。

3 そこで、次に、裁判員法による裁判員制度の具体的な内容について、憲法に違反する点があるか否かを検討する。

(1) 所論①は、憲法31条、32条、37条1項、76条1項、80条1項違反をいうものである。

しかし、憲法80条1項が、裁判所は裁判官のみによって構成されることを要求しているか否かは、結局のところ、憲法が国民の司法参加を許容しているか否かに帰着する問題である。既に述べたとおり、憲法は、最高裁判所と異なり、下級裁判所については、国民の司法参加を禁じているとは解されない。したがって、裁判官と国民とで構成される裁判体が、それゆえ直ちに憲法上の「裁判所」に当たらないということはできない。

問題は、裁判員制度の下で裁判官と国民とにより構成される裁判体が、刑事裁判に関する様々な憲法上の要請に適合した「裁判所」といい得るものであるか否かにある。

裁判員法では、裁判官3名及び裁判員6名（公訴事実に争いがない事件については、場合により裁判官1名及び裁判員4名）によって裁判体を構成するとしている（2条2項、3項）。裁判員の選任については、衆議院議員の選挙権を有する者の中から、くじによって候補者が選定されて裁判所に呼び出され、選任のための手続において、不公平な裁判をするおそれがある者、あるいは検察官及び被告人に一定数まで認められた理由を示さない不選任の請求の対象とされた者などが除かれた上、残った候補者から更にくじその他の作為が加わらない方法に従って選任されるものとしている（13条から37条）。また、解任制度により、判決に至るまで裁判員の適格性が確保されるよう配慮されている（41条、43条）。裁判員は、裁判官と共に合議体を構成し、事実の認定、法令の適用及び刑の量定について合議することとされ、法令の解釈に係る判断及び訴訟手続に関する判断等は裁判官に委ねられている（6条）。裁判員は、法令に従い公平誠実にその職務を行う義務等を負う一方（9条）、裁判官、検察官及び弁護人は、裁判員

がその職責を十分に果たすことができるよう，審理を迅速で分かりやすいものとすることに努めなければならないものとされている（51条）。裁判官と裁判員の評議は，裁判官と裁判員が対等の権限を有することを前提にその合議によるものとされ（6条1項，66条1項），その際，裁判長は，必要な法令に関する説明を丁寧に行うとともに，評議を裁判員に分かりやすいものとなるように整理し，裁判員が発言する機会を十分に設けるなど，裁判員がその職責を十分に果たすことができるように配慮しなければならないとされている（66条5項）。評決については，裁判官と裁判員の双方の意見を含む合議体の員数の過半数の意見によることとされ，刑の量定についても同様の原則の下に決定するものとされている（67条）。評議における自由な意見表明を保障するために，評議の経過等に関する守秘義務も設け（70条1項），裁判員に対する請託，威迫等は罰則をもって禁止されている（106条，107条）。

以上によれば，裁判員裁判対象事件を取り扱う裁判体は，身分保障の下，独立して職権を行使することが保障された裁判官と，公平性，中立性を確保できるよう配慮された手続の下に選任された裁判員とによって構成されるものとされている。また，裁判員の権限は，裁判官と共に公判廷で審理に臨み，評議において事実認定，法令の適用及び有罪の場合の刑の量定について意見を述べ，評決を行うことにある。これら裁判員の関与する判断は，いずれも司法作用の内容をなすものであるが，必ずしもあらかじめ法律的な知識，経験を有することが不可欠な事項であるとはいえない。さらに，裁判長は，裁判員がその職責を十分に果たすことができるように配慮しなければならないとされていることも考慮すると，上記のような権限を付与された裁判員が，様々な視点や感覚を反映させつつ，裁判官との協議を通じて良識ある結論に達することは，十分期待することができる。他方，憲法が定める刑事裁判の諸原則の保障は，裁判官の判断に委ねられている。

このような裁判員制度の仕組みを考慮すれば，公平な「裁判所」における法と証拠に基づく適正な裁判が行われること（憲法31条，32条，37条1項）は制度的に十分保障されている上，裁判官は刑事裁判の基本的な担い手とされているものと認められ，憲法が定める刑事裁判の諸原則を確保する上での支障はないということができる。

したがって，憲法31条，32条，37条1項，76条1項，80条1項違反をいう所論は理由がない。

（2）所論②は，憲法76条3項違反をいうものである。

しかしながら，憲法76条3項によれば，裁判官は憲法及び法律に拘束される。そうすると，既に述べたとおり，憲法が一般的に国民の司法参加を許容しており，裁判員法が憲法に適合するようにこれを法制化したものである以上，裁判員法が規定する評決制度の下で，裁判官が時に自らの意見と異なる結論に従わざるを得ない場合があるとしても，それは憲法に適合する法律に拘束される結果であるから，同項違反との評価を受ける余地はない。元来，憲法76条3項は，裁判官の職権行使の独立性を保障することにより，他からの干渉や圧力を受けることなく，裁判が法に基づき公正中立に行われることを保障しようとするものであるが，裁判員制度の下においても，法令の解釈に係る判断や訴訟手続に関する判断を裁判官の権限にするなど，裁判官を裁判の基本的な担い手として，法に基づく公正中立な裁判の実現が図られており，こうした点からも，裁判員制度は，同項の趣旨に反するものではない。

憲法76条3項違反をいう見解からは，裁判官の2倍の数の国民が加わって裁判体を構成し，多数決で結論を出す制度の下では，裁判が国民の感覚的な判断に支配され，裁判官のみで判断する場合と結論が異なってしまう場合があり，裁判所が果たすべき被告人の人権保障の役割を全うできないことになりかねないから，そのような構成は憲法上許容されないという主張もされている。しかし，そもそも，国民が参加した場合であっても，裁判官の多数意見と同じ結論が常に確保されなければならないということであれば，国民の司法参加を認める意義の重要な部分が没却されることにもなりかねず，憲法が国民の司法参加を許容している以上，裁判体の構成員である裁判官の多数意見が常に裁判の結論でなければならないとは解されない。先に述べたとおり，評決の対象が限定されている上，評議に当たって裁判長が十分な説明を行う旨が定められ，評決については，単なる多数決でなく，多数意見の中に少なくとも1人の裁判官が加わっていることが必要とされていることなどを考えると，被告人の権利保護という観点からの配慮もされているところであり，裁判官のみによる裁判の場合と結論を異にするおそれがあることをもって，憲法上許容されない構成であるとはいえない。

したがって，憲法76条3項違反をいう所論は理由がない。

（3）所論③は，憲法76条2項違反をいうものである。

しかし，裁判員制度による裁判体は，地方裁

判所に属するものであり、その第1審判決に対しては、高等裁判所への控訴及び最高裁判所への上告が認められており、裁判官と裁判員によって構成された裁判体が特別裁判所に当たらないことは明らかである。
　(4)　所論④は、憲法18条後段違反をいうものである。
　裁判員としての職務に従事し、又は裁判員候補者として裁判所に出頭すること(以下、併せて「裁判員の職務等」という。)により、国民に一定の負担が生ずることは否定できない。しかし、裁判員法1条は、制度導入の趣旨について、国民の中から選任された裁判員が裁判官と共に刑事訴訟手続に関与することが司法に対する国民の理解の増進とその信頼の向上に資することを挙げており、これは、この制度が国民主権の理念に沿って司法の国民的基盤の強化を図るものであることを示していると解される。このように、裁判員の職務等は、司法権の行使に対する国民の参加という点で参政権と同様の権限を国民に付与するものであり、これを「苦役」ということは必ずしも適切ではない。また、裁判員法16条は、国民の負担を過重にしないという観点から、裁判員となることを辞退できる者を類型的に規定し、さらに同条8号及び同号に基づく政令においては、個々人の事情を踏まえて、裁判員の職務等を行うことにより自己又は第三者に身体上、精神上又は経済上の重大な不利益が生ずると認めるに足りる相当な理由がある場合には辞退を認めるなど、辞退に関し柔軟な制度を設けている。加えて、出頭した裁判員又は裁判員候補者に対する旅費、日当等の支給により負担を軽減するための経済的措置が講じられている(11条、29条2項)。
　これらの事情を考慮すれば、裁判員の職務等は、憲法18条後段が禁ずる「苦役」に当たらないことは明らかであり、また、裁判員又は裁判員候補者のその他の基本的人権を侵害するところも見当たらないというべきである。
　4　裁判員制度は、裁判員が個別の事件ごとに国民の中から無作為に選任され、裁判官のような身分を有しないという点においては、陪審制に類似するが、他方、裁判員と共に事実認定、法令の適用及び量刑判断を行うという点においては、参審制とも共通するところが少なくなく、我が国独特の国民の司法参加の制度であるということができる。それだけに、この制度が陪審制や参審制の利点を生かし、優れた制度として社会に定着するためには、その運営に関与する全ての者による不断の努力が求められるものといえよう。裁判員制度が導入されるまで、我が国の刑事裁判は、裁判官を始めとする法曹のみ

によって担われ、詳細な事実認定などを特徴とする高度に専門化した運用が行われてきた。司法の役割を実現するために、法に関する専門性が必須であることは既に述べたとおりであるが、法曹のみによって実現される高度の専門性は、時に国民の理解を困難にし、その感覚から乖離したものにもなりかねない側面を持つ。刑事裁判のように、国民の日常生活と密接に関連し、国民の理解と支持が不可欠とされる領域においては、この点に対する配慮は特に重要である。裁判員制度は、司法の国民的基盤の強化を目的とするものであるが、それは、国民の視点や感覚と法曹の専門性とが常に交流することによって、相互の理解を深め、それぞれの長所が生かされるような刑事裁判の実現を目指すものということができる。その目的を十全に達成するには相当の期間を必要とすることはいうまでもないが、その過程もまた、国民に根ざした司法を実現する上で、大きな意義を有するものと思われる。このような長期的な視点に立った努力の積み重ねによって、我が国の実情に最も適した国民の司法参加の制度を実現していくことができるものと考えられる。
　第2　その余の上告趣意について
　弁護人のその余の上告趣意は、単なる法令違反、事実誤認、量刑不当の主張であって、適法な上告理由に当たらない。
　よって、刑訴法414条、396条、刑法21条により、裁判官全員一致の意見で、主文のとおり判決する。
　検察官岩橋義明、同上野友慈　公判出席
　(裁判長裁判官　竹崎博允　裁判官　古田佑紀　裁判官　那須弘平　裁判官　田原睦夫　裁判官　宮川光治　裁判官　櫻井龍子　裁判官　竹内行夫　裁判官　金築誠志　裁判官　須藤正彦　裁判官　千葉勝美　裁判官　横田尤孝　裁判官　白木勇　裁判官　岡部喜代子　裁判官　大谷剛彦　裁判官　寺田逸郎)

●**最高裁平成25年9月4日大法廷決定**
(民集67巻6号1320頁)
　　　　　　　　〇主　　文
原決定を破棄する。
本件を東京高等裁判所に差し戻す。
　　　　　　　　〇理　　由
　抗告人Y_1の抗告理由第1及び抗告人Y_2の代理人小田原昌行、同鹿田昌、同柳生由紀子の抗告理由3(2)について

1 事案の概要等

本件は、平成13年7月▲▲日に死亡したAの遺産につき、Aの嫡出である子（その代襲相続人を含む。）である相手方らが、Aの嫡出でない子である抗告人らに対し、遺産の分割の審判を申し立てた事件である。

原審は、民法900条4号ただし書の規定のうち嫡出でない子の相続分を嫡出子の相続分の2分の1とする部分（以下、この部分を「本件規定」という。）は憲法14条1項に違反しないと判断し、本件規定を適用して算出された相手方ら及び抗告人らの法定相続分を前提に、Aの遺産の分割をすべきものとした。

論旨は、本件規定は憲法14条1項に違反し無効であるというものである。

2 憲法14条1項適合性の判断基準について

憲法14条1項は、法の下の平等を定めており、この規定が、事柄の性質に応じた合理的な根拠に基づくものでない限り、法的な差別的取扱いを禁止する趣旨のものであると解すべきことは、当裁判所の判例とするところである（最高裁昭和37年（オ）第1472号同39年5月27日大法廷判決・民集18巻4号676頁、最高裁昭和45年（あ）第1310号同48年4月4日大法廷判決・刑集27巻3号265頁等）。

相続制度は、被相続人の財産を誰に、どのように承継させるかを定めるものであるが、相続制度を定めるに当たっては、それぞれの国の伝統、社会事情、国民感情なども考慮されなければならない。さらに、現在の相続制度は、家族というものをどのように考えるかということと密接に関係しているのであって、その国における婚姻ないし親子関係に対する規律、国民の意識等を離れてこれを定めることはできない。これらを総合的に考慮した上で、相続制度をどのように定めるかは、立法府の合理的な裁量判断に委ねられているものというべきである。この事件で問われているのは、このようにして定められた相続制度全体のうち、本件規定により嫡出子と嫡出でない子との間で生ずる法定相続分に関する区別が、合理的理由のない差別的取扱いに当たるか否かということであり、立法府に与えられた上記のような裁量権を考慮しても、そのような区別について合理的な根拠が認められない場合には、当該区別は、憲法14条1項に違反するものと解するのが相当である。

3 本件規定の憲法14条1項適合性について

(1) 憲法24条1項は、「婚姻は、両性の合意のみに基いて成立し、夫婦が同等の権利を有することを基本として、相互の協力により、維持されなければならない。」と定め、同条2項は、「配偶者の選択、財産権、相続、住居の選定、離婚並びに婚姻及び家族に関するその他の事項に関しては、法律は、個人の尊厳と両性の本質的平等に立脚して、制定されなければならない。」と定めている。これを受けて、民法739条1項は、「婚姻は、戸籍法（中略）の定めるところにより届け出ることによって、その効力を生ずる。」と定め、いわゆる事実婚主義を排して法律婚主義を採用している。一方、相続制度については、昭和22年法律第222号による民法の一部改正（以下「昭和22年民法改正」という。）により、「家」制度を支えてきた家督相続が廃止され、配偶者及び子が相続人となることを基本とする現在の相続制度が導入されたが、家族の死亡によって開始する遺産相続に関し嫡出でない子の法定相続分を嫡出子のそれの2分の1とする規定（昭和22年民法改正前の民法1004条ただし書）は、本件規定として現行民法にも引き継がれた。

(2) 最高裁平成3年（ク）第143号同7年7月5日大法廷決定・民集49巻7号1789頁（以下「平成7年大法廷決定」という。）は、本件規定を含む法定相続分の定めが、法定相続分のとおりに相続が行われなければならないことを定めたものではなく、遺言による相続分の指定等がない場合などにおいて補充的に機能する規定であることをも考慮事情とした上、前記2と同旨の判断基準の下で、嫡出でない子の法定相続分を嫡出子のそれの2分の1と定めた本件規定につき、「民法が法律婚主義を採用している以上、法定相続分は婚姻関係にある配偶者とその子を優遇してこれを定めるが、他方、非嫡出子にも一定の法定相続分を認めてその保護を図ったものである」とし、その定めが立法府に与えられた合理的な裁量判断の限界を超えたものということはできないのであって、憲法14条1項に反するものとはいえないと判断した。

しかし、法律婚主義の下においても、嫡出子と嫡出でない子の法定相続分をどのように定めるかということについては、前記2で説示した事柄を総合的に考慮して決せられるべきものであり、また、これらの事柄は時代と共に変遷するものでもあるから、その定めの合理性については、個人の尊厳と法の下の平等を定める憲法に照らして不断に検討され、吟味されなければならない。

(3) 前記2で説示した事柄のうち重要と思われる事実について、昭和22年民法改正以降の変遷等の概要をみると、次のとおりである。

ア 昭和22年民法改正の経緯をみると、その背景には、「家」制度を支えてきた家督相続は廃止されたものの、相続財産は嫡出の子孫に承継させたいとする気風や、法律婚を正当な婚姻

とし、これを尊重し、保護する反面、法律婚以外の男女関係、あるいはその中で生まれた子に対する差別的な国民の意識が作用していたことがうかがわれる。また、この改正法案の国会審議においては、本件規定の憲法14条1項適合性の根拠として、嫡出でない子には相続分を認めないなど嫡出子と嫡出でない子の相続分に差異を設けていた当時の諸外国の立法例の存在が繰り返し挙げられており、現行民法に本件規定を設けるに当たり、上記諸外国の立法例が影響を与えていたことが認められる。

しかし、昭和22年民法改正以降、我が国においては、社会、経済状況の変動に伴い、婚姻や家族の実態が変化し、その在り方に対する国民の意識の変化も指摘されている。すなわち、地域や職業の種類によって差異のあるところであるが、要約すれば、戦後の経済の急速な発展の中で、職業生活を支える最小単位として、夫婦と一定年齢までの子どもを中心とする形態の家族が増加するとともに、高齢化の進展に伴って生存配偶者の生活の保障の必要性が高まり、子孫の生活手段としての意義が大きかった相続財産の持つ意味にも大きな変化が生じた。昭和55年法律第51号による民法の一部改正により配偶者の法定相続分が引上げられるなどしたのは、このような変化を受けたものである。さらに、昭和50年代前半頃までは減少傾向にあった嫡出でない子の出生数は、その後現在に至るまで増加傾向が続いているほか、平成期に入った後においては、いわゆる晩婚化、非婚化、少子化が進み、これに伴って中高年の未婚の子どもがその親と同居する世帯や単独世帯が増加しているとともに、離婚件数、特に未成年の子を持つ夫婦の離婚件数及び再婚件数も増加するなどしている。これらのことから、婚姻、家族の形態が著しく多様化しており、これに伴い、婚姻、家族の在り方に対する国民の意識の多様化が大きく進んでいることが指摘されている。

イ　前記アのとおり本件規定の立法に影響を与えた諸外国の状況も、大きく変化してきている。すなわち、諸外国、特に欧米諸国においては、かつては、宗教上の理由から嫡出でない子に対する差別の意識が強く、昭和22年民法改正当時は、多くの国が嫡出でない子の相続分を制限する傾向にあり、そのことが本件規定の立法に影響を与えたところである。しかし、1960年代後半（昭和40年代前半）以降、これらの国の多くで、子の権利の保護の観点から嫡出子と嫡出でない子との平等化が進み、相続に関する差別を廃止する立法がされ、平成7年大法廷決定時点でこの差別が残されていた主要国のうち、ドイツにおいては1998年（平成10年）の「非嫡出子の相続法上の平等化に関する法律」により、フランスにおいては2001年（平成13年）の「生存配偶者及び姦生子の権利並びに相続法の諸規定の現代化に関する法律」により、嫡出子と嫡出でない子の相続分に関する差別がそれぞれ撤廃されるに至っている。現在、我が国以外で嫡出子と嫡出でない子の相続分に差異を設けている国は、欧米諸国にはなく、世界的にも限られた状況にある。

ウ　我が国は、昭和54年に「市民的及び政治的権利に関する国際規約」（昭和54年条約第7号）を、平成6年に「児童の権利に関する条約」（平成6年条約第2号）をそれぞれ批准した。これらの条約には、児童が出生によっていかなる差別も受けない旨の規定が設けられている。また、国際連合の関連組織として、前者の条約に基づき自由権規約委員会が、後者の条約に基づき児童の権利委員会が設置されており、これらの委員会は、上記各条約の履行状況につき、締約国に対し、意見の表明、勧告等をすることができるものとされている。

我が国の嫡出でない子に関する上記各条約の履行状況等については、平成5年に自由権規約委員会が、包括的に嫡出でない子に関する差別的規定の削除を勧告し、その後、上記各委員会が、具体的に本件規定を含む国籍、戸籍及び相続における差別的規定を問題にして、懸念の表明、法改正の勧告等を繰り返してきた。最近でも、平成22年に、児童の権利委員会が、本件規定の存在を懸念する旨の見解を改めて示している。

エ　前記イ及びウのような世界的な状況の推移の中で、我が国における嫡出子と嫡出でない子の区別に関わる法制等も変化してきた。すなわち、住民票における世帯主との続柄の記載をめぐり、昭和63年に訴訟が提起され、その控訴審係属中である平成6年に、住民基本台帳事務処理要領の一部改正（平成6年12月15日自治振第233号）が行われ、世帯主の子は、嫡出子であるか嫡出でない子であるかを区別することなく、一律に「子」と記載することとされた。また、戸籍における嫡出でない子の父母との続柄欄の記載をめぐっても、平成11年に訴訟が提起され、その第1審判決言渡し後である平成16年に、戸籍法施行規則の一部改正（平成16年法務省令第76号）が行われ、嫡出子と同様に「長男（長女）」等と記載することとされ、既に戸籍に記載されている嫡出でない子の父母との続柄欄の記載も、通達（平成16年11月1日付け法務省民一第3008号民事局長通達）により、当該記載を申出により上記のとおり更正することとされた。さらに、最高裁平成18年（行ツ）第135号

同20年6月4日大法廷判決・民集62巻6号1367頁は，嫡出でない子の日本国籍の取得につき嫡出子と異なる取扱いを定めた国籍法3条1項の規定（平成20年法律第88号による改正前のもの）が遅くとも平成15年当時において憲法14条1項に違反していた旨を判示し，同判決を契機とする国籍法の上記改正に際しては，同年以前に日本国籍取得の届出をした嫡出でない子も日本国籍を取得し得ることとされた。

オ　嫡出子と嫡出でない子の法定相続分を平等なものにすべきではないかとの問題についても，かなり早くから意識されており，昭和54年に法務省民事局参事官室により法制審議会民法部会身分法小委員会の審議に基づくものとして公表された「相続に関する民法改正要綱試案」において，嫡出子と嫡出でない子の法定相続分を平等とする旨の案が示された。また，平成6年に同じく上記小委員会の審議に基づくものとして公表された「婚姻制度等に関する民法改正要綱試案」及びこれを更に検討した上で平成8年に法制審議会が法務大臣に答申した「民法の一部を改正する法律案要綱」において，両者の法定相続分を平等とする旨が明記された。さらに，平成22年にも国会への提出を目指して上記要綱と同旨の法律案が政府により準備された。もっとも，いずれも国会提出には至っていない。

カ　前記ウの各委員会から懸念の表明，法改正の勧告等がされた点について同エのとおり改正が行われた結果，我が国でも，嫡出子と嫡出でない子の差別的取扱いはおおむね解消されてきたが，本件規定の改正は現在においても実現されていない。その理由について考察すれば，欧米諸国の多くでは，全出生数に占める嫡出でない子の割合が著しく高く，中には50％以上に達している国もあるのとは対照的に，我が国においては，嫡出でない子の出生数が年々増加する傾向にあるとはいえ，平成23年でも2万3000人余，上記割合としては約2.2％にすぎないし，婚姻届を提出するかどうかの判断が第1子の妊娠と深く結び付いているとみられるなど，全体として嫡出でない子とすることを避けようとする傾向があること，換言すれば，家族等に関する国民の意識の多様化がいわれつつも，法律婚を尊重する意識は幅広く浸透しているとみられることが，上記理由の一つではないかと思われる。

しかし，嫡出でない子の法定相続分を嫡出子のそれの2分の1とする本件規定の合理性は，前記2及び(2)で説示したとおり，種々の要素を総合考慮し，個人の尊厳と法の下の平等を定める憲法に照らし，嫡出でない子の権利が不当に侵害されているか否かという観点から判断されるべき法的問題であり，法律婚を尊重する意識が幅広く浸透しているということや，嫡出でない子の出生数の多寡，諸外国と比較した出生割合の大小は，上記法的問題の結論に直ちに結び付くものとはいえない。

キ　当裁判所は，平成7年大法廷決定以来，結論としては本件規定を合憲とする判断を示してきたものであるが，平成7年大法廷決定において既に，嫡出でない子の立場を重視すべきであるとして5名の裁判官が反対意見を述べたほかに，婚姻，親子ないし家族形態とこれに対する国民の意識の変化，更には国際的環境の変化を指摘して，昭和22年民法改正当時の合理性が失われつつあるとの補足意見が述べられ，その後の小法廷判決及び小法廷決定においても，同旨の個別意見が繰り返し述べられてきた（最高裁平成11年（オ）第1453号同12年1月27日第一小法廷判決・裁判集民事196号251頁，最高裁平成14年（オ）第1630号同15年3月28日第二小法廷判決・裁判集民事209号347頁，最高裁平成14年（オ）第1963号同15年3月31日第一小法廷判決・裁判集民事209号397頁，最高裁平成16年（オ）第992号同年10月14日第一小法廷判決・裁判集民事215号253頁，最高裁平成20年（ク）第1193号同21年9月30日第二小法廷決定・裁判集民事231号753頁等）。特に，前掲最高裁平成15年3月31日第一小法廷判決以降の当審判例は，その補足意見の内容を考慮すれば，本件規定を合憲とする結論を辛うじて維持したものとみることができる。

ク　前記キの当審判例の補足意見の中には，本件規定の変更は，相続，婚姻，親子関係等の関連規定との整合性や親族・相続制度全般に目配りした総合的な判断が必要であり，また，上記変更の効力発生時期ないし適用範囲の設定を慎重に行うべきであるとした上，これらのことは国会の立法作用により適切に行い得る事柄である旨を述べ，あるいは，速やかな立法措置を期待する旨を述べるものもある。

これらの補足意見が付されたのは，前記オで説示したように，昭和54年以降間けつ的に本件規定の見直しの動きがあり，平成7年大法廷決定の前後においても法律案要綱が作成される状況にあったことなどが大きく影響したものとみることもできるが，いずれにしても，親族・相続制度のうちどのような事項が嫡出でない子の法定相続分の差別の見直しと関連するのかということは必ずしも明らかではなく，嫡出子と嫡出でない子の法定相続分を平等とする内容を含む前記オの要綱及び法律案においても，上記法定相続分の平等化につき，配偶者相続分の変更その他の関連する親族・相続制度の改正を行う

ものとはされていない。そうすると，関連規定との整合性を検討することの必要性は，本件規定を当然に維持する理由とはならないというべきであって，上記補足意見も，裁判において本件規定を違憲と判断することができないとする趣旨をいうものとは解されない。また，裁判において本件規定を違憲と判断しても法的安定性の確保との調和を図り得ることは，後記4で説示するとおりである。

なお，前記(2)のとおり，平成7年大法廷決定においては，本件規定を含む法定相続分の定めが遺言による相続分の指定等がない場合などにおいて補充的に機能する規定であることをも考慮事情としている。しかし，本件規定の補充性からすれば，嫡出子と嫡出でない子の法定相続分を平等とすることも何ら不合理ではないといえる上，遺言によっても侵害し得ない遺留分については本件規定は明確な法律上の差別というべきであるとともに，本件規定の存在自体がその出生時から嫡出でない子に対する差別意識を生じさせかねないことをも考慮すれば，本件規定が上記のように補充的に機能する規定であることは，その合理性判断において重要性を有しないというべきである。

(4) 本件規定の合理性に関連する以上のような種々の事柄の変遷等は，その中のいずれか一つを捉えて，本件規定による法定相続分の区別を不合理とすべき決定的な理由とし得るものではない。しかし，昭和22年民法改正時から現在に至るまでの間の社会の動向，我が国における家族形態の多様化やこれに伴う国民の意識の変化，諸外国の立法のすう勢及び我が国が批准した条約の内容とこれに基づき設置された委員会からの指摘，嫡出子と嫡出でない子の区別に関わる法制等の変化，更にはこれまでの当審判例における度重なる問題の指摘等を総合的に考察すれば，家族という共同体の中における個人の尊重がより明確に認識されてきたことは明らかであるといえる。そして，法律婚という制度自体は我が国に定着しているとしても，上記のような認識の変化に伴い，上記制度の下で父母が婚姻関係になかったという，子にとっては自ら選択ないし修正する余地のない事柄を理由としてその子に不利益を及ぼすことは許されず，子を個人として尊重し，その権利を保障すべきであるという考えが確立されてきているものといることができる。

以上を総合すれば，遅くともＡの相続が開始した平成13年7月当時においては，立法府の裁量権を考慮しても，嫡出子と嫡出でない子の法定相続分を区別する合理的な根拠は失われていたというべきである。

したがって，本件規定は，遅くとも平成13年7月当時において，憲法14条1項に違反していたものというべきである。

4　先例としての事実上の拘束性について

本決定は，本件規定が遅くとも平成13年7月当時において憲法14条1項に違反していたと判断するものであり，平成7年大法廷決定並びに前記3(3)キの小法廷判決及び小法廷決定が，それより前に相続が開始した事件についてその相続開始時点での本件規定の合憲性を肯定した判断を変更するものではない。

他方，憲法に違反する法律は原則として無効であり，その法律に基づいてされた行為の効力も否定されるべきものであることからすると，本件規定は，本決定により遅くとも平成13年7月当時において憲法14条1項に違反していたと判断される以上，本決定の先例としての事実上の拘束性により，上記当時以降は無効であることとなり，また，本件規定に基づいてされた裁判や合意の効力等も否定されることになろう。しかしながら，本件規定は，国民生活や身分関係の基本法である民法の一部を構成し，相続という日常的な現象を規律する規定であって，平成13年7月から既に約12年もの期間が経過していることからすると，その間に，本件規定の合憲性を前提として，多くの遺産の分割が行われ，更にそれを基に新たな権利関係が形成される事態が広く生じてきていることが容易に推察される。取り分け，本決定の違憲判断は，長期にわたる社会状況の変化に照らし，本件規定がその合理性を失ったことを理由として，その違憲性を当裁判所として初めて明らかにするものである。それにもかかわらず，本決定の違憲判断が，先例としての事実上の拘束性という形で既に行われた遺産の分割等の効力にも影響し，いわば解決済みの事案にも効果が及ぶとすることは，著しく法的安定性を害することになる。法的安定性は法に内在する普遍的な要請であり，当裁判所の違憲判断も，その先例としての事実上の拘束性を限定し，法的安定性の確保との調和を図ることが求められているといわなければならず，このことは，裁判において本件規定を違憲と判断することの適否という点からも問題となり得るところといえる（前記3(3)ク参照）。

以上の観点からすると，既に関係者間において裁判，合意等により確定的なものとなったといえる法律関係までをも現時点で覆すことは相当ではないが，関係者間の法律関係がそのような段階に至っていない事案であれば，本決定により違憲無効とされた本件規定の適用を排除した上で法律関係を確定的なものとするのが相当であるといえる。そして，相続の開始により法

律上当然に法定相続分に応じて分割される可分債権又は可分債務については，債務者から支払を受け，又は債権者に弁済をするに当たり，法定相続分に関する規定の適用が問題となり得るものであるから，相続の開始により直ちに本件規定の定める相続分割合による分割がされたものとして法律関係が確定的なものとなったとみることは相当ではなく，その後の関係者間での裁判の終局，明示又は黙示の合意の成立等により上記規定を改めて適用する必要がない状態となったといえる場合に初めて，法律関係が確定的なものとなったとみるのが相当である。

したがって，本決定の違憲判断は，Ａの相続の開始時から本決定までの間に開始された他の相続につき，本件規定を前提としてされた遺産の分割の審判その他の裁判，遺産の分割の協議その他の合意等により確定的なものとなった法律関係に影響を及ぼすものではないと解するのが相当である。

5　結論

以上によれば，平成13年7月▲▲日に開始したＡの相続に関しては，本件規定は，憲法14条1項に違反し無効でありこれを適用することはできないというべきである。これに反する原審の前記判断は，同項の解釈を誤るものであって是認することができない。論旨は理由があり，その余の論旨について判断するまでもなく原決定は破棄を免れない。そして，更に審理を尽くさせるため，本件を原審に差し戻すこととする。

よって，裁判官全員一致の意見で，主文のとおり決定する。なお，裁判官金築誠志，同千葉勝美，同岡部喜代子の各補足意見がある。

裁判官金築誠志の補足意見は，次のとおりである。

法廷意見のうち本決定の先例としての事実上の拘束性に関する判示は，これまでの当審の判例にはなかったもので，将来にわたり一般的意義を有し，種々議論があり得ると思われるので，私の理解するところを述べておくこととしたい。

本決定のような考え方が，いかにして可能であるのか。この問題を検討するに当たっては，我が国の違憲審査制度において確立した原則である，いわゆる付随的違憲審査制と違憲判断に関する個別的効力説を前提とすべきであろう。

付随的違憲審査制は，当該具体的事案の解決に必要な限りにおいて法令の憲法適合性判断を行うものであるところ，本件の相続で問題とされているのは，同相続の開始時に実体的な効力を生じさせている法定相続分の規定であるから，その審査は，同相続が開始した時を基準として行うべきである。本決定も，本件の相続が開始した当時を基準として，本件規定の憲法適合性を判断している。

また，個別的効力説では，違憲判断は当該事件限りのものであって，最高裁判所の違憲判断といえども，違憲とされた規定を一般的に無効とする効力がないから，立法により当該規定が削除ないし改正されない限り，他の事件を担当する裁判所は，当該規定の存在を前提として，改めて憲法判断をしなければならない。個別的効力説における違憲判断は，他の事件に対しては，先例としての事実上の拘束性しか有しないのである。とはいえ，遅くとも本件の相続開始当時には本件規定は憲法14条1項に違反するに至っていた旨の判断が最高裁判所においてされた以上，法の平等な適用という観点からは，それ以降の相続開始に係る他の事件を担当する裁判所は，同判断に従って本件規定を違憲と判断するのが相当であることになる。その意味において，本決定の違憲判断の効果は，遡及するのが原則である。

しかし，先例としての事実上の拘束性は，同種の事件に同一の解決を与えることにより，法の公平・平等な適用という要求に応えるものであるから，憲法14条1項の平等原則が合理的な理由による例外を認めるのと同様に，合理的な理由に基づく例外が許されてよい。また，先例としての事実上の拘束性は，同種の事件に同一の解決を与えることによって，法的安定性の実現を図るものでもあるところ，拘束性を認めることが，かえって法的安定性を害するときは，その役割を後退させるべきであろう。本決定の違憲判断により，既に行われた遺産分割等の効力が影響を受けるものとすることが，著しく法的安定性を害することについては，法廷意見の説示するとおりであるが，特に，従来の最高裁判所が合憲としてきた法令について違憲判断を行うという本件のような場合にあっては，従来の判例に依拠して行われてきた行為の効力を否定することは，法的安定性を害する程度が更に大きい。

遡及効を制限できるか否かは，裁判所による法の解釈が，正しい法の発見にとどまるのか，法の創造的機能を持つのかという問題に関連するところが大きいとの見解がある。確かに，当該事件を離れて，特定の法解釈の適用範囲を決定する行為は，立法に類するところがあるといわなければならない。裁判所による法解釈は正しい法の発見にとどまると考えれば，遡及効の制限についても否定的な見解に傾くことになろう。そもそも，他の事件に対する法適用の在り方について判示することの当否を問題にする向きもあるかもしれない。

しかし，本決定のこの点に関する判示は，予

測される混乱を回避する方途を示すことなく本件規定を違憲と判断することは相当でないという見地からなされたものと解されるのであって、違憲判断と密接に関連しているものであるから、単なる傍論と評価すべきではない。また、裁判所による法解釈は正しい法の発見にとどまるという考え方については、法解釈の実態としては、事柄により程度・態様に違いはあっても、通常、何ほどかの法創造的な側面を伴うことは避け難いと考えられるのであって、裁判所による法解釈の在り方を上記のように限定することは、相当とは思われない。コモン・ローの伝統を受け継ぐ米国においても、判例の不遡及的変更を認めている。

また、判例の不遡及的変更は、憲法判断の場合に限られる問題ではないが、法令の規定に関する憲法判断の変更において、法的安定性の確保の要請が、より深刻かつ広範な問題として現出することは、既に述べたとおりである。法令の違憲審査については、その影響の大きさに鑑み、法令を合憲的に限定解釈するなど、謙抑的な手法がとられることがあるが、遡及効の制限をするのは、違憲判断の及ぶ範囲を限定しようというものであるから、違憲審査権の謙抑的な行使と見ることも可能であろう。

いずれにしても、違憲判断は個別的効力しか有しないのであるから、その判断の遡及効に関する判示を含めて、先例としての事実上の拘束性を持つ判断として、他の裁判所等により尊重され、従われることによって効果を持つものである。その意味でも、立法とは異なるのであるが、実際上も、今後どのような形で関連する紛争が生ずるかは予測しきれないところがあり、本決定は、違憲判断の効果の及ばない場合について、網羅的に判示しているわけでもない。各裁判所は、本決定の判示を指針としつつも、違憲判断の要否等も含めて、事案の妥当な解決のために適切な判断を行っていく必要があるものと考える。

裁判官千葉勝美の補足意見は、次のとおりである。

私は、法廷意見における本件の違憲判断の遡及効に係る判示と違憲審査権との関係について、若干の所見を補足しておきたい。

1　法廷意見は、本件規定につき、遅くとも本件の相続が発生した当時において違憲であり、それ以降は無効であるとしたが、本決定の違憲判断の先例としての事実上の拘束性の点については、法的安定性を害することのないよう、既に解決した形となっているものには及ぶことないとして、その効果の及ぶ範囲を一定程度に制限する判示（以下「本件遡及効の判示」という。）をしている。

この判示については、我が国の最高裁判所による違憲審査権の行使が、いわゆる付随的審査制を採用し、違憲判断の効力については個別的効力説とするのが一般的な理解である以上、本件の違憲判断についての遡及効の有無、範囲等を、それが先例としての事実上の拘束性という形であったとしても、対象となる事件の処理とは離れて、他の同種事件の今後の処理の在り方に関わるものとしてあらかじめ示すことになる点で異例ともいえるものである。しかし、これは、法令を違憲無効とすることは通常はそれを前提に築き上げられてきた多くの法律関係等を覆滅させる危険を生じさせるため、そのような法的安定性を大きく阻害する事態を避けるための措置であって、この点の配慮を要する事件において、最高裁判所が法令を違憲無効と判断する際には常に必要不可欠な説示というべきものである。その意味で、本件遡及効の判示は、いわゆる傍論（obiter dictum）ではなく、判旨（ratio decidendi）として扱うべきものである。

2　次に、違憲無効とされた法令について立法により廃止措置を行う際には、廃止を定める改正法の施行時期や経過措置について、法的安定性を覆すことの弊害等を考慮して、改正法の附則の規定によって必要な手当を行うことが想定されるところであるが、本件遡及効の判示は、この作用（立法による改正法の附則による手当）と酷似しており、司法作用として可能かどうか、あるいは適当かどうかが問題とされるおそれがないわけではない。

憲法が最高裁判所に付与した違憲審査権は、法令をも対象にするため、それが違憲無効との判断がされると、個別的効力説を前提にしたとしても、先例としての事実上の拘束性が広く及ぶことになるため、そのままでは法的安定性を損なう事態が生ずることは当然に予想されるところである。そのことから考えると、このような事態を避けるため、違憲判断の遡及効の有無、時期、範囲等を一定程度制限するという権能、すなわち、立法が改正法の附則でその施行時期等を定めるのに類した作用も、違憲審査権の制度の一部として当初から予定されているはずであり、本件遡及効の判示は、最高裁判所の違憲審査権の行使に性質上内在する、あるいはこれに付随する権能ないし制度を支える原理、作用の一部であって、憲法は、これを違憲審査権行使の司法作用としてあらかじめ承認しているものと考えるべきである。

裁判官岡部喜代子の補足意見は、次のとおりである。

本件の事案に鑑み，本件規定の憲法適合性の問題と我が国における法律婚を尊重する意識との関係について，若干補足する。
　1　平成7年大法廷決定は，民法が法律婚主義を採用した結果婚姻から出生した嫡出子と嫡出でない子の区別が生じ，親子関係の成立などにつき異なった規律がされてもやむを得ないと述べる。親子の成立要件について，妻が婚姻中に懐胎した子については何らの手続なくして出生と同時にその夫が父である嫡出子と法律上推定されるのであり（民法772条），この点で，認知により父子関係が成立する嫡出でない子と異なるところ，その区別は婚姻関係に根拠を置くものであって合理性を有するといえる。しかし，相続分の定めは親子関係の効果の問題であるところ，婚姻関係から出生した嫡出子を嫡出でない子より優遇すべきであるとの結論は，上記親子関係の成立要件における区別に根拠があるというような意味で論理的に当然であると説明できるものではない。
　婚姻の尊重とは嫡出子を含む婚姻共同体の尊重であり，その尊重は当然に相続分における尊重を意味するとの見解も存在する。しかし，法廷意見が説示するとおり，相続制度は様々な事柄を総合考慮して定められるものであり，それらの事柄は時代と共に変遷するものである以上，仮に民法が婚姻について上記のような見解を採用し，本件規定もその一つの表れであるとしても，相続における婚姻共同体の尊重を，被相続人の嫡出でない子との関係で嫡出子の相続分を優遇することによって貫くことが憲法上許容されるか否かについては，不断に検討されなければならないことである。
　2　夫婦及びその間の子を含む婚姻共同体の保護という考え方の実質上の根拠として，婚姻期間中に婚姻当事者が得た財産は実質的には婚姻共同体の財産であって本来その中に在る嫡出子に承継されていくべきものであるという見解が存在する。確かに，夫婦は婚姻共同体を維持するために働き，婚姻共同体を維持するために協力するのであり（夫婦については法的な協力扶助義務がある。），その協力は長期にわたる不断の努力を必要とするものといえる。社会的事実としても，多くの場合，夫婦は互いに，生計を維持するために働き，家事を負担し，親戚付き合いや近所付き合いを行うほか様々な雑事をこなし，あるいは，長期間の肉体的，経済的負担を伴う育児を行い，高齢となった親その他の親族の面倒を見ることになる場合もある。嫡出子はこの夫婦の協力により扶養され養育されて成長し，そして子自身も夫婦間の協力と性質・程度は異なるものの事実上これらに協力するのが通常であろう。

　これが，基本的に我が国の一つの家族像として考えられてきたものであり，こうした家族像を基盤として，法律婚を尊重する意識が広く共有されてきたものということができるであろう。平成7年大法廷決定が対象とした相続の開始時点である昭和63年当時においては，上記のような家族像が広く浸透し，本件規定の合理性を支えていたものと思われるが，現在においても，上記のような家族像はなお一定程度浸透しているものと思われ，そのような状況の下において，婚姻共同体の構成員が，そこに属さない嫡出でない子の相続分を上記構成員である嫡出子と同等とすることに否定的な感情を抱くことも，理解できるところである。
　しかし，今日種々の理由によって上記のような家族像に変化が生じていることは法廷意見の指摘するとおりである。同時に，嫡出でない子は，生まれながらにして選択の余地がなく上記のような婚姻共同体の一員となることができない。もちろん，法律婚の形をとらないという両親の意思によって，実態は婚姻共同体とは異ならないが嫡出子となり得ないという場合もないではないが，多くの場合は，婚姻共同体に参加したくてもできず，婚姻共同体維持のために努力したくてもできないという地位に生まれながらにして置かれるというのが実態であろう。そして，法廷意見が述べる昭和22年民法改正以後の国内外の事情の変化は，子を個人として尊重すべきであるとの考えを確立させ，婚姻共同体の保護自体には十分理由があるとしても，そのために婚姻共同体のみを当然かつ一般的に婚姻外共同体よりも優遇することの合理性，ないし，婚姻共同体の保護を理由としてその構成員である嫡出子の相続分を非構成員である嫡出でない子の相続分よりも優遇することの合理性を減少せしめてきたものといえる。
　こうした観点からすると，全体として法律婚を尊重する意識が広く浸透しているからといって，嫡出子と嫡出でない子の相続分に差別を設けることはもはや相当ではないというべきである。
　（裁判長裁判官　竹崎博允　裁判官　櫻井龍子　裁判官　竹内行夫　裁判官　金築誠志　裁判官　千葉勝美　裁判官　横田尤孝　裁判官　白木勇　裁判官　岡部喜代子　裁判官　大谷剛彦　裁判官　大橋正春　裁判官　山浦善樹　裁判官　小貫芳信　裁判官　鬼丸かおる　裁判官　木内道祥）

著者紹介

木山泰嗣（きやま・ひろつぐ）

弁護士，青山学院大学法科大学院客員教授（租税法）。1974年横浜生まれ。上智大学法学部法律学科卒。鳥飼総合法律事務所に所属し，税務訴訟及び税務に関する法律問題を専門にする。『税務訴訟の法律実務』（弘文堂・2010年）で，第34回日税研究賞（奨励賞）を受賞。専門書にとどまらず，『小説で読む民事訴訟法』（法学書院・2008年）などの法律小説や，『弁護士だけが知っている反論する技術』（ディスカヴァー・トゥエンティワン・2012年）などのビジネス書，『最強の法律学習ノート術』（弘文堂・2012年）などの法律学習書といった，さまざまなジャンルの執筆を行う（単著は，本書で39冊目となる）。『弁護士が書いた究極の文章術』（法学書院・2009年），『センスのよい法律文章の書き方』（中央経済社・2012年）など「文章術」に関する書籍も多く，その技術やノウハウは，上智大学法科大学院の「文章セミナー」（2010年〜）や，大阪大学法科大学院の「法律文章の書き方」（2014年〜）でも定評があり，受講生から司法試験合格者も多く輩出している。モットーは，「むずかしいことを，わかりやすく」，そして，「あきらめないこと」。

twitter：kiyamahirotsugu

法学ライティング

2015（平成27）年3月30日　初版1刷発行

著　者　木山　泰嗣
発行者　鯉渕　友南
発行所　株式会社 弘文堂　　101-0062　東京都千代田区神田駿河台1の7
　　　　　　　　　　　　　　TEL 03(3294)4801　振替 00120-6-53909
　　　　　　　　　　　　　　http://www.koubundou.co.jp

装　丁　笠井亞子
印　刷　三陽社
製　本　井上製本所

© 2015 Hirotsugu Kiyama. Printed in Japan

JCOPY 〈(社)出版者著作権管理機構　委託出版物〉

本書の無断複写は著作権法上での例外を除き禁じられています。複写される場合は，そのつど事前に，(社)出版者著作権管理機構（電話 03-3513-6969，FAX 03-3513-6979，e-mail:info@jcopy.or.jp）の許諾を得てください。
また本書を代行業者等の第三者に依頼してスキャンやデジタル化することは，たとえ個人や家庭内での利用であっても一切認められておりません。

ISBN 978-4-335-35612-4

法律の勉強を0（ゼロ）からサポート！
最強の法律学習ノート術
木山泰嗣＝著

　授業を受けるときに何をノートに書けばいいのか、授業を受けた後のノートの読み返し法、判例、学説、テキストにわけ、それを読むときのノートの取り方、事例問題を読解するためのノート術、さらには、試験に合格することをめざしての過去問ファイル・弱点問題ファイル、反省ノートの作り方など、具体的にひとつひとつ丁寧に説明します。

　弁護士・著述家として大活躍の著者が、学生時代、単位を落としたり、司法試験になかなか受からなかった経験をとおしてつかんだノート術を披露。初公開の著者オリジナルノート、学習段階別サイトマップも必見。法律学習の大海へ漕ぎ出すための羅針盤。A5判 260頁 2000円

　　第1章　法律を勉強するためにノートは必要か？
　　第2章　授業を受けるときにとるノート術
　　第3章　あたまを整理し、理解するためのノート術
　　第4章　勉強グッズとしてのノート術
　　第5章　問題を解くときのノート術
　　第6章　試験に合格するためのノート術

弘文堂

＊定価（税抜）は、2015年3月現在